律令家族法の研究

成 清 弘 和 著

塙 書 房 刊

目次

目次

律令家族法の研究

序章

近代法史学がわが国に定着して以降、律令家族法については今日に至るまで数多くの業績が蓄積されてきた。中国法制史でも戦前から、仁井田陞氏の大著『中国身分法史』[1]や牧野巽氏（専門は家族社会学）の『中国家族研究』[2]、戦後の代表的な業績である滋賀秀三氏の『中国家族法の原理』[3]など、まとまった著作がすでに公刊されている。ところが、日本のそれを対象とした、まとまった著作は残念ながら未だ公刊されていないといえる。もちろん戦前・戦中の史的唯物論に基づいた諸業績[4]や瀧川政次郎氏の若干の業績[5]、戦後の古代家族の実態に迫ろうとした実証主義による諸業績などがある。なかでも、基本的には実証主義に依りつつ社会人類学の親族概念（双方〈系〉制）を援用された吉田孝氏の『律令国家と古代の社会』[6]、史的唯物論に立脚された関口裕子氏の二大著[7]『日本古代婚姻史の研究』（上・下）、『日本古代家族史の研究』（上・下）、吉田氏と同じく社会人類学の理論を援用された明石一紀氏の『日本古代の親族構造』[8]などが近年の代表的業績として挙げられるだろう。あるいは、律令そのものの注釈書である『律令』[9]（日本思想大系）や、律（唐律および律疏と日本律）を中心とした注釈書である『譯註 日本律令』[10]（全十一巻）も出版された。

しかしながら、戦前・戦中からの史的唯物論に基づいた諸業績はその理論に根本的な疑義があり、正倉院の戸籍や計帳に対する史料批判も加えられていない。また瀧川氏のものは戦後の研究水準に照らすと、その内容をそのまま認めるわけにはいかない。一方、戦後の四著は古代社会や家族・親族の実態解明がそのテーマであり、律令家族法に限定した研究ではない。さらに、『律令』や『譯註 日本律令』は律令の本文そのものの注釈が中心であり、やはり律令家族法のみを対象としたものとはいえない。したがって、古代日本の律令家族法に関する専著は未だないと言わざるを得ないのである。

こうした研究の空白を埋めるべく本書を構想したものだが、その際、法学の家族法体系に準じるべく、章立てなどを考慮した。

では、本書の基本的な立場・方法について説明しておきたい。

古代日本の家族史研究は、戦前・戦中からの史的唯物論によるものが、戦後の一定時期まで大きな影響力を保っていた。一方、実証主義に基づくものも当然のことながら多数蓄積されていた。ところが史的唯物論は、一九八〇年代半ばからのソビエト連邦の改革・解体や東欧社会主義諸国の解体などにより、学界でも急速にその力を失うこととなった。しかし、関口氏や明石氏などが研究者としての人格を形成した時期には、石母田正氏などの史的唯物論を古代日本社会に適用しようとする研究者が積極的に活動され、依然としてその影響力を誇っていた。それゆえに、両氏の当初の研究には史的唯物論の影響がかなりうかがえるが、明石氏はその後、吉田氏の影響を受けて社会人類学へ接近し、史的唯物論を克服しようとされた。それに対して、関口氏は高群逸枝の業績を再評価しようとされつつ、その死に至るまで史的唯物論の立場を基本的には堅持され続けたのである。

こうした諸先学の影響下に本書はあるのだが、基本的には吉田孝、明石一紀両氏の立場・方法を継承するものである。その理由は、本書でも明らかにするように律令の諸規定が両氏の立場・方法に論理的整合性を持つと判断できることである。一方、史的唯物論は一九世紀後半の学問水準に立脚した理論であるという根本的な限界が存在するにも拘わらず、それに依拠され続けた関口裕子氏の業績には自ずと疑義が存在すると言わざるを得ないからである。

以上のように、本書は社会人類学の家族・親族論の一つである双方（系）制という概念に依拠しつつ、実証的方法によって古代日本の律令家族法の実体を明らかにしようとするものである。

さて、上記の立場・方法によって明らかにした律令家族法の実体を概略説明しておこう。第一章（および補論一・補論二）は親族規定を総体的に分析したもので、以下のような諸点を指摘した。従来は、儀制令五等親条と喪葬令服紀条との二元的な親族規定のうち、服紀条に古代日本固有の親族の姿がうかがえ、しかも大宝律令ではこの服紀条と関連する条文が多く、したがって、大宝律令にその固有の姿が表現されているとみなされてきた。しかし、近年中国で発見された『天聖令』に関する研究成果を参照すると、そもそも二元的な規定は隋・唐律令によるものであった可能性が想定でき、さらにこの両条を詳細に検討すると、固有のものと唐制的なものとが混在していることが明らかである。しかも「妾」を親族の一員として明瞭に認める養老律令の方に、古代日本の固有の姿がよく表れていると評価できるのである。またその法的効果としての律規定を分析すると、内廷（後宮）に仕える女性官人の刑の軽減という処置がその親族にも適用されることは、男性官人のそれとあまり大きく異なるものではなかったことも指摘できるのである。

両条の規定やこうした分析結果を基に古代日本の親族の実体に迫ってみると、親族そのものの範囲は唐のそれに比べると狭小であり、世代深度も浅く、父方、母方の親族がほぼバランスよく含まれ、妻妾の差別も不明確であった、などという諸点が指摘できるのである。そして何よりも大宝律令ではなく養老律令の規定に、古代日本固有の女性への対処のあり方（つまり双方的特性）が明確にうかがえると評価できることとなる。

第二章は、親子関係のうち「子」の意味および親権の強さなどを中心に分析したものである。その結果として以下のことが指摘できる。すなわち、律令法における「子」には男子のみのものと男女をともに含むものとの二種類があり、前者は公的な事案に関わる条文に多く見受けられ、後者は私的な事案に関わる条文に多い。しかし、養老令の遺産相続などでは女子もその権利が認められており、『令集解』などに引用される諸注釈では、公的な事案に関わる条文でも女子を含みうるとする誤解が生じやすかったようだ。一方、大宝令の注釈である古記では、「子」はほぼ男子のみを指すと理解していたと推定できる。この辺りに大宝令と養老令との差異が確認でき、通説とは異なり養老令の方に古代日本の固有性（女性もその存在が社会的に認められていた）が表れているという見通しを立てることができるだろう。

また親権については、それを規定する日本律がほとんど唐律の引き写しである、という史料的限界を克服することがきわめて困難である。それゆえに、説得的な論証に基づいたものとはいえないが、子女の売買が広く行われていたことをもって、親権の強さの証しとはできないと理解した。その第一の理由として、儒教的家族道徳に則して子女の売買を禁じた律規定を早くから持った前近代中国においてさえ、そうした慣行は絶えることなく行われていたことである。第二に、このような道徳を持ち得なかった古代日本社会において、同様の慣行は史料上より明確に表れやすいが、それは必ずしも親権の強さを示しているとはいえず、むしろ子女の売買という慣行は、生産力の未熟な時代・社会では普遍的なものだったと考えられることである。それゆえに、古代日本社会では親権は強かったとする通説に対して再考を促すことになるのではなかろうか。

第三章は、婚姻規定を分析したものである。まず、令の婚姻規定に対する違犯行為への処罰が定められた戸婚律のなかの、通則規定（唐律、養老律、明律の三者）の比較・分析を行い、それをもとに唐の戸令嫁女条を復元した。

次に、これを養老戸令のそれと比較した結果、古代日本の婚姻は、唐制とは異なり婚姻する男女当人の主体的な意思に基づいて行われるもので、唐制では主体的な役割を担っていた「主婚」（男女当人の祖父〈母〉・父〈母〉）は、単に男女当人からそのことを告げられる対象に過ぎないものとなっていることを明らかにした。こうした分析結果は、前章で提示した古代日本の親権は必ずしも強いものではなかったとする認識を補強するものでもあるだろう。

そして婚姻後も男女が同居に至らなかった場合があることも、九世紀の明法家たちの議論から推定できる。しかし、それをもって直ちに群婚のあとに存在したと考えられた「対偶婚」と認定できるのかは未だ不十分だと考え、むしろ嫁取り婚（夫方居住婚）、婿取り婚（妻方居住婚）、通い婚（妻問い婚）などの多様な婚姻形態があったと推考するものである。

第四章は、離婚規定を分析したものである。養老律令の離婚に関する諸規定は、唐制のそれをそのまま継受したものが大半で、彼我の相違を摘出するのは困難である。しかし、婚姻規定との対応関係を前提にすると、やはり唐制とは違い、男女当人の判断が重んじられたと推定できるし、妻の持参財産も離婚時に妻へ全面的に返還されたと理解できる。それゆえに、妻の経済的自立性が認められる。これは、第五章で明らかにする養老令において遺産相続権が妻妾にも認められていたことと関連するだろう。だが、夫の専権離婚が中心であったように理解できる点は、唐制と大きく異なるものではないのかもしれない。

したがって、養老律令の離婚に関する多くの規定は、空文である可能性が高く、その規定を分析するのみでは、その実体に迫るのはきわめて難しいと判断できる。これは、第二章の親権についての分析とほぼ同様であろう。

第五章は、遺産の相続規定を分析したものである。従来から、遺産相続を規定した戸令応分条は多くの研究者の関心を集め、家族法の領域ではその業績数も群を抜いていた。ところが、その大半は「嫡子」に関連した条項の分析に止まる傾向が強く、その結果、大宝令の規定を重視する風潮が生じてしまった。しかしながら、それは必ずしも全条項の詳細な検討から導かれたものではなかったのである。

こうした状況を克服するために、本章は唐令・大宝令・養老令の三者の応分条各々を総合的に分析・検討した。さらに、当時の社会実態を反映した正倉院の籍帳や『平安遺文』の諸史料の検討も加えた。その結果として、以下の諸点を指摘することができる。

まず第一に、唐令の応分条は家産分割法であるのに対して、大宝・養老両令のそれは遺産相続法であるとする、旧来の指摘が再確認できたこと。したがって、唐令では遺言などは認められていなかったのに対して、大宝令ではそれが認められていたと推定でき、養老令ではそれが明瞭に認められていたこと。

第二に、唐令においては兄弟均分であったのに対して、大宝令では嫡子がきわめて優遇されていたこと、他方、養老令では嫡子は優遇されていたが、他の諸子（女子も含む）とそれほどの差違がなかったこと。

第三に、唐令においては女子は家産分割から原則的に排除されており、大宝令においても女子は遺産相続の権利を認められていなかったと推定できるのに対して、養老令においては妻（妾も含む）や女子の遺産相続権が明確に認められていたこと。

第四に、唐制では夫が中心の夫婦同財制に近かったのに対して、養老令では夫婦別財制に近いと推定できること。

第五に、大宝令の規定から養老令のそれへの変更の原因として、正倉院の籍帳や『平安遺文』などに表れた当時の社会実態が大宝令の目指した理念的な制度とは大きく異なっていたことと、為政者の政治的思惑などがあったことと推定できること。

したがって、第六に、本条の規定は養老令のそれが古代日本社会の固有性を反映していたと結論づけることができること。

以上のように、養老戸令応分条では、女子の遺産相続権を明確に認め、男女が二対一の割合で相続し、しかも、夫婦別財制に近い夫婦財産制の存在がうかがえた。これは八世紀という時代において、唐制の圧倒的な影響下にあったことを考えるときわめて注目に値するものであり、そこに前近代中国の社会とは大いに異なった古代日本社会の実態がうかがえると判断してよいだろう。さらに、大宝令の規定が古代日本の実情をかなり正確に反映し、養老令のそれは単に字句の改変に過ぎない、という通説的な律令認識に鋭く再考を迫るものでもあるだろう。

第六章は、社会的地位などの継承規定を分析したものである。分析対象は継嗣令継嗣条と選叙（任）令為人後者条などであり、他章のように戸令のそれではない。しかし、相続という観点からすると戸令応分条との関連にも十分注意を払う必要があるのは言うまでもない。

こうして分析を進めた結果、以下のことを明らかにすることができる。すなわち、大宝令継嗣条は、官位を持たない庶人層までも対象にし、唐封爵令の嫡子・嫡孫を重視した嫡々相承（こうした継承原理が成立する親族の構造は、前近代中国社会などのように世代深度が深いものである）の導入を目指した理念的な規定であり、大宝戸令応分条のそれと対応するといえる。一方、選叙（任）令為人後者条のように五位以上の官人の出身の場合は、嫡子がなければ兄弟子（あるいは弟）などの養子を重視する傍系継承的な規定も設けていたのである。これに対して、養老令の継嗣条では三位以上とそれ以下とに二分し、前者は嫡々相承を、後者は選叙令為人後者条と同じく兄弟子（あるいは弟）などの養子を各々重視するように変更し、世代深度の浅い古代日本の親族の実情に合わせたものと評価できる。

このような両令のあり方から、大宝令は唐制の嫡々相承主義（嫡子制）を早急に導入しようとしたもので、それは大宝戸令応分条に（あるいは皇位の嫡々相承を定めた「不改常典」にも）対応しているといえる。これに比べて、養老令は三位以上の上級貴族が王権の真の藩屏たるゆえに、その地位継承には皇位継承と同様のものを規定したが、それ以下のものに対しては古代日本固有の傍系継承的な規定を設けたと評価できるだろう。

以上の指摘より、古代日本の地位の継承においては、傍系継承的なものが固有のものであったといえ、やはりここでも大宝令の規定は唐制の直接的な受容から生まれたものであったといえるだろう。

なお補論三は、離婚規定（とくに「七出」のうちの「妬忌（嫉妬）」）を補足するために、その実態と記紀説話との関連に着目し、仁徳「皇后」のイハノヒメの嫉妬譚は律令規定のような否定的なものではなく、むしろ多産などの優れた資質を持った女性自身の豊かで大きな愛情表現という側面をも包含し、そうした表現を付随させた女性が、いわば地母神的な存在として伝承世界に定着したものではないか、と推論した。

補論四は、律令の休暇規定を対象とし、唐制では冠婚葬祭の各々の行事の際には公的休暇が官人に与えられたのに対して、養老令ではそれらに対応する公的休暇は見えない。しかし、正倉院文書などを検討すると、そのうちの葬礼・祭礼に対応する行事の際には休暇が認められていたようだが、冠礼と婚礼の行事に際しての休暇は明瞭にうかがえず、その結果、これらの行事が社会的に広く行われていたとは言い難いのではないかと推定した。したがって、第三章の議論を一定程度、補足できるものであろう。

最後に、以上のような律令家族法総体に対する分析結果より、一般化して何が導けるのか、あるいは課題として何が残されたのか、という二点について述べておきたい。

まず第一章と第五章（あるいは第二、三章、補論一も）から、古代日本社会では男女の格差がそれほど大きくなく、夫と妻は各々かなりの程度まで自立し、妻妾の差もほとんど認められず、父方・母方の血族、さらには妻側の姻族などをバランスよく含むような親族集団でもあったと推定できる。次に第三章と第四章から、婚姻や離婚において男女当人の意思が重んじられ、親権がさほど強いものではなかったと推定できる（あるいは第二章からも）。第六章の地位などの継承原理（＝傍系継承）も第一章と第五章の分析結果と対応し、世代深度の浅い社会に適合的なものであった。こうした特徴は、とくに養老令の家族法領域において明瞭に反映されたものとなっていたといえるだろう。

それゆえに古代日本社会が、前近代中国のように男（父）系社会ではなく、社会人類学のいう双方（双系）制社会に包含される蓋然性が高く、したがって、男（父）権的社会ではなく、男女が対等に近い社会であったことを認めるべきだろう[11]。

また上記のことから、課題として大宝令が養老令に比べて古代日本の固有性をよく表現し、養老令は大宝令の単なる字句の修正に過ぎない、という通説を再検討せねばならないこととなる。すでに榎本淳一氏は条文そのものの内容面と古代日本における律令法典編纂過程との両面の分析を通して[12]、結論的に「養老律令は、大宝律令に比べ形式・内容共に整った法典であり、一部唐風化により日本の実情から遊離した改変点があるにしても、概して日本の政務の実態により適合した形に改められていると言ってよいと思われる」と述べられている。家族法の領域に限定した本書だが、その評価を妥当だと考える。今後は、中国で新たに発見された『天聖令』の分析成果なども積極的に生かし、ほかの領域でもより詳細に検討されることを期待したい。そうした作業を前提として、大宝令と養老令とに対する新たな総体的評価が導かれるだろう。

注

(1) 仁井田陞『中国身分法史』(東京大学出版会、一九八三年、ただし初版は一九四二年)。
(2) 牧野巽『中国家族研究』(『牧野巽著作集』第一、二巻所収、御茶の水書房、一九七九年、一九八〇年、ただし初版は一九四四年)。
(3) 滋賀秀三『中国家族法の原理』(創文社、一九六七年)。
(4) 代表的なものとして、渡部義通『古代社会の構造』(伊藤書店、一九四八年、ただしその大半は一九三〇年代に発表)と石母田正『石母田正著作集』第一、二巻(岩波書店、一九八八年、ただし発表は一九三八年より始まる)所収の諸業績のみを挙げるに止める。
(5) 瀧川政次郎『律令賤民制の研究』(角川書店、一九六七年)所収の一部の論考。
(6) 吉田孝『律令国家と古代の社会』(岩波書店、一九八三年)。
(7) 関口裕子『日本古代婚姻史の研究』上・下(塙書房、一九九三年)、同『日本古代家族史の研究』上・下(塙書房、二〇〇四年)。
(8) 明石一紀『日本古代の親族構造』(吉川弘文館、一九九〇年)。拙著『日本古代の家族・親族』(岩田書院、二〇〇一年)も、これらの先学に導かれる形でまとめたものである。
(9) 井上光貞ほか『律令』(岩波書店、一九七六年)。
(10) 瀧川政次郎ほか『譯註 日本律令』全十一巻(東京堂出版、一九七五年〜一九九九年)。
(11) こうした社会的基盤のもとに、八代六名の女帝(女性天皇)が古代日本の政治史を飾ったことは、すでに拙著『女帝の古代史』(講談社現代新書、二〇〇五年)で論じた。

(12) 榎本淳一「養老律令試論」(『日本律令制論集』上巻、吉川弘文館、一九九三年)。

成稿一覧

序章
新稿。

第一章　親族
旧著『日本古代の家族・親族』（岩田書院、二〇〇一年）第三章「親等制（五服制）と親族名称」をもとに大幅に改稿したもの。論旨を大きく変更した点もあるので、今後は、本章の見解を私見として扱っていただきたい。

第二章　親子
新稿。

第三章　婚姻
旧稿「戸令嫁女条に関する一考察」（『続日本紀研究』第三二〇号、一九九九年）。

第四章　離婚
旧稿「律令の離婚規定について」（『続日本紀の諸相』塙書房、二〇〇四年）。

第五章　財産の相続
旧稿「戸令応分条の比較研究」（『日本書紀研究』第二四冊、塙書房、二〇〇二年）。

第六章　地位の相続
　新稿。
補論一　養老律における妻と妾
　新稿。
補論二　養老名例律婦人有官位条小考—日唐の女性官人に対する待遇の相違を中心に—
　旧稿「養老名例律婦人有官位条小考—日唐の女性官人に対する待遇の相違を中心に—」（『日本書紀研究』第三〇冊、塙書房、二〇一四年）。
補論三　記紀の嫉妬譚と律令の「七出」について—「皇后」イハノヒメ像の再構築—
　旧稿「記紀の嫉妬譚と律令の「七出」について—「皇后」イハノヒメ像の再構築—」（『日本書紀研究』第二三冊、塙書房、二〇〇〇年）。
補論四　律令の休暇制度について
　旧稿「律令の休暇制度について」（『続日本紀研究』第三二七号、二〇〇〇年）。

第一章　親族

はじめに

律令の家族法分野を分析するにあたり、まずはじめに親族全体を俯瞰するために、本章では親族そのものを考察する。そのための具体的な対象として、古代日本の親等制（五服制）を再び取り上げ[1]、前近代中国のそれとの比較を通して分析することとしたい。その理由は、その後の研究の進展により、拙著の見解を修正しなければならない点が生じたからである。しかしながら、古代日本の親族を双方的なものとする基本的な認識には変更はない。

一　前近代中国（唐）の五服制（親等制）

(1)　前近代中国（唐）の五服制（親等制）概観

はじめに、古代日本の親等制に大きな影響を与えた前近代中国における五服制を一見しておく。古来、中国では死者に対する服喪のありようを行動規範としての礼制で詳細に規定し、五種類の服に分類し、それが親等制の機能をも果たしていた[2]。したがって、五服制は律令に規定されるものではなく、唐代では『儀礼』などに準拠した『開元礼』などに規定があった。つまり、五服制は単なる法制度ではなく、社会の根底を規定する規範である礼制（ただし支配層のみを対象とした）の一つとして前近代中国社会では古くから存在していたのである。

では、親等制に代替するこの五服制(3)の概略を説明するために、服の軽重が喪服の布地や喪に服すべき期間により五段階に区分された五服（斬衰《ざんさい》・斉衰《しさい》・大功《たいこう》・小功《しょうこう》・緦麻《しま》）の内容を簡単に示しておく(4)。

斬衰　＝　最も重い服で、子が父のため、妻が夫のために三年間喪に服する服。

斉衰（期〈親〉を含む）　＝　直系尊属ないしは妻に対する服（斉衰＝三年）と、期（親）と略称される父を同じくする傍系親族に対する服（三年から三月まで）。妻の服では自らの祖父母、父母、夫の両親（舅・姑）など。

大功　＝　祖父を同じくする傍系親族のために九月間喪に服する服。妻の服では夫の祖父母、自らの兄弟姉妹など。

小功　＝　曽祖を同じくする傍系親族のために五月間喪に服する服。外姻では外祖父母、舅・姨、甥などに対する服。妻の服では夫の兄弟姉妹など。

緦麻　＝　高祖を同じくする傍系親族のために三月間喪に服する服。外姻では妻の父母、壻、外孫などに対する服。妻の服では夫の高・曽祖父母および曽祖を同じくする傍系親族など。

これら以外に袒免《たんぶん》（高祖の父を同じくする傍系親族のための服）という服もあったが正式な服には数えられない。

次に、「本族」（父〈男〉系血族で連なる一族）、「外姻」（母〈女〉系で連なる一族）と「妻の服」を表した(5)図を各々掲げる。

本族の服

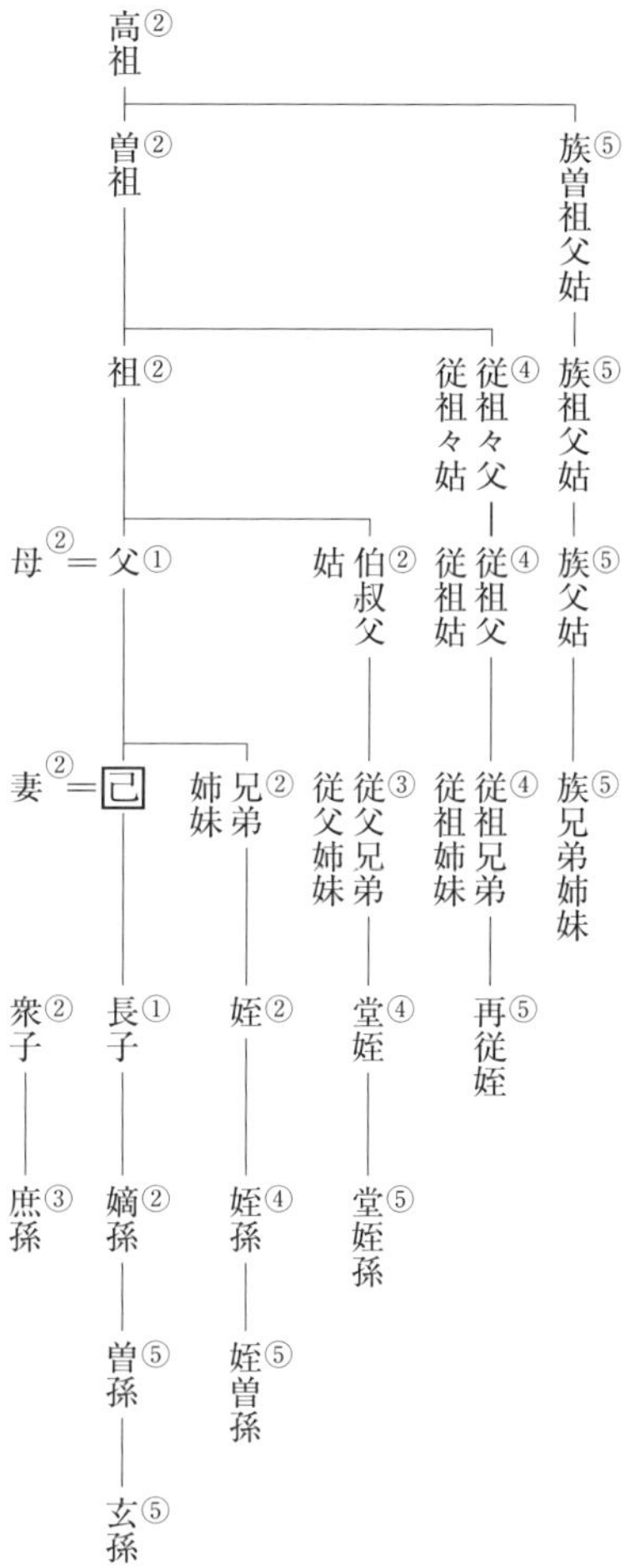
高祖②
曽祖②
祖②
父①
母②
己
妻②
族曽祖父姑⑤
族祖父姑⑤
従祖々父④
従祖々姑
族父姑⑤
従祖父④
従祖姑
伯叔父②
姑
族兄弟姉妹⑤
従祖兄弟④
従祖姉妹
従父兄弟③
従父姉妹
兄弟②
姉妹
再従姪⑤
堂姪④
姪②
長子①
衆子②
堂姪孫⑤
姪孫④
嫡孫②
庶孫③
姪曽孫⑤
曽孫⑤
玄孫⑤

外姻の服

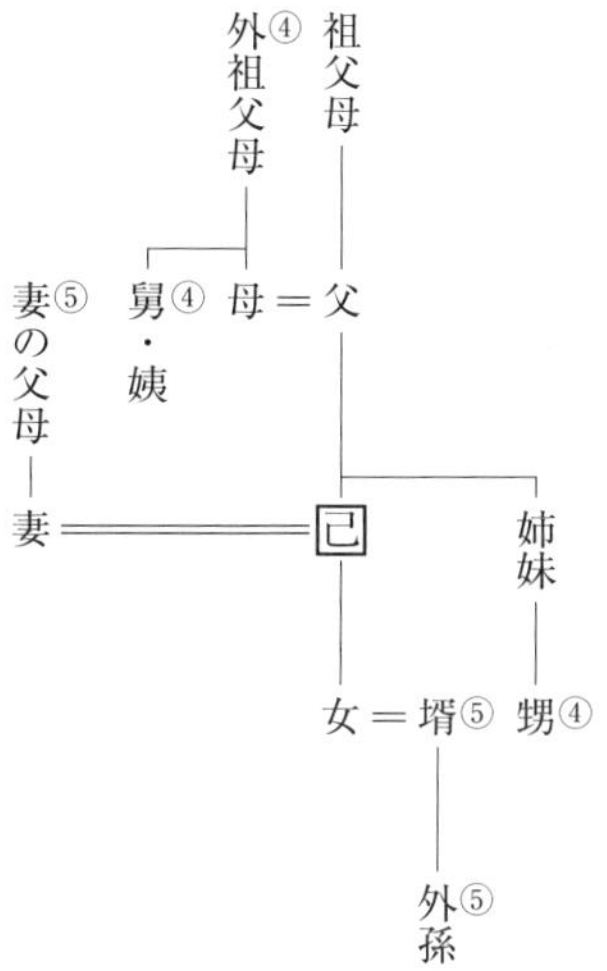
祖父母
外祖父母④
父
母
舅④・姨
妻の父母⑤
己
妻
姉妹
甥④
女
壻⑤
外孫⑤

妻の服

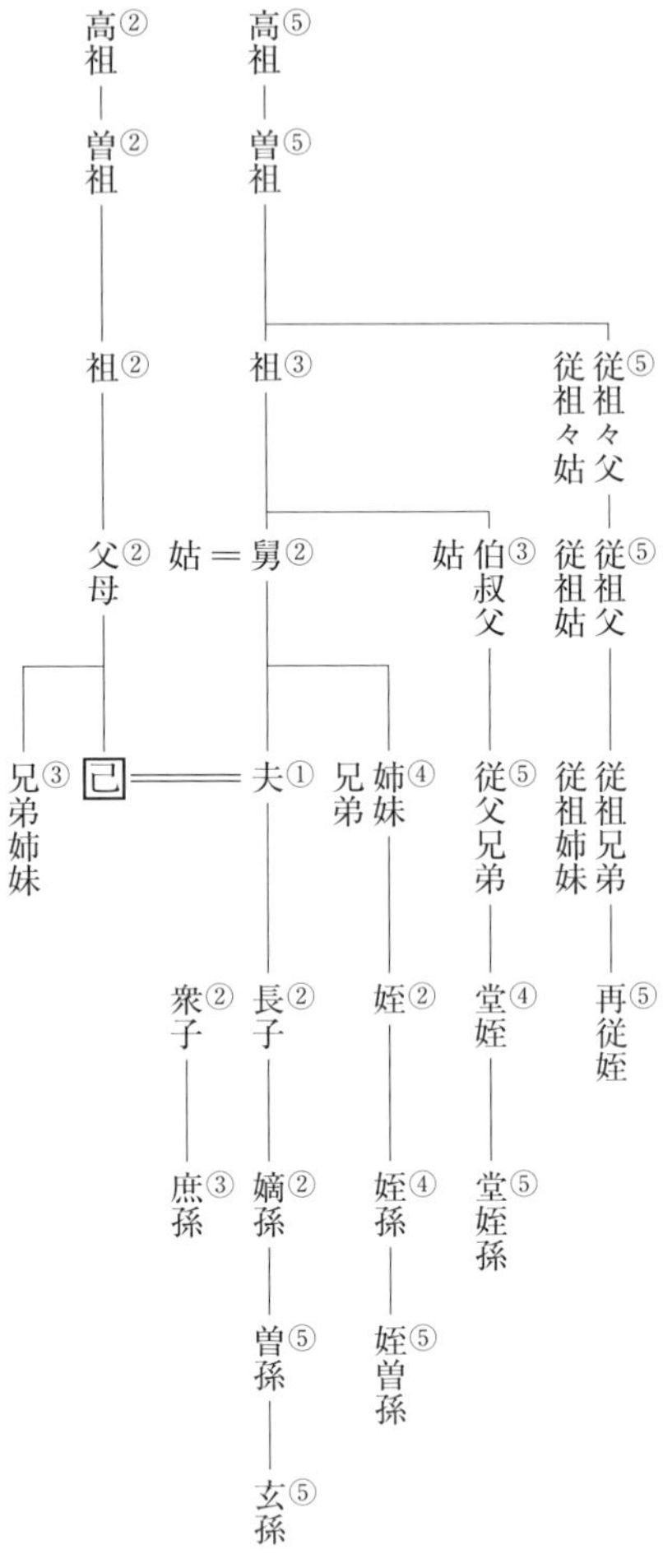

・外姻の「姨」は「従母」ともいう。また「舅」の子である「内兄弟姉妹」（緦麻《しま》）、同じく「姨（従母）」の子である「従母兄弟姉妹」（緦麻《しま》）は作成の都合により省略した。

・右肩の数字は、①が斬衰《ざんさい》、②が斉衰《しさい》（期を含む）、③が大功《たいこう》、④が小功《しょうこう》、⑤が緦麻《しま》、という五服を示す。

こうした五服制を概観すると、

ア　「本族」である父系血族の範囲が広いこと（傍系親を数多く含む）

イ　「本族」の世代深度が深いこと（直系尊属、卑属ともに四世代を含む）

ウ　「本族」の序列が他の二者に比べると高いこと
エ　「外姻」（母方の親族が中心）はその範囲が狭いこと
オ　「外姻」の序列が低いこと
カ　妻の服は自らの親族をわずかしか含まないこと
キ　妻の服は夫方の親族をきわめて多く含むこと
ク　本族の高祖系や曽祖系に顕著に見られるように、系として序列が固定していること
ケ　三者のいずれを見ても、直系尊属が直系卑属に比べ序列が高いこと

などの特徴が指摘できる。

これらより、親族として父（男）系血族である「本族」が中心とされているのが明白であり、それに対して母（女）系で連なる「外姻」はごく少数しか含まれない。また、「妻の服」を見ると、自らの血族はごくわずかとなっているのに対して、夫の血族（つまり姻族）が圧倒的に多く含まれ、きわめてアンバランスである。さらに、現代から見ると親族そのものの範囲がかなり広く、世代深度も深い（ただし上の世代を厚遇し、下の世代は軽んじる）と評価できる。したがって、前近代中国の五服制は父（男）系血族に偏り、婚姻も妻が夫方の親族と緊密な関係を持つ嫁取り婚（夫方居住婚）である、父系親族組織としての特徴を如実に示しているといえるだろう(6)。

(2)　その法的効果

このような五服制が親等制として機能するさまを顕著に示すのが、律の諸規定である。たとえば五服制に基づく行為規範に対する重大な違反として、「悪逆」「不孝」などが定められるとともに、殺傷などの加害行為におい

て当事者間に服の関係があれば、通常の場合に比べ刑を加減したり、本族で服の関係があれば婚姻を禁じる、などとして確認できる。一方、律ほど顕著ではないが、令にも関連する条項がある。たとえば、官人の親族の死による休暇を規定した假寧令の「喪假」や葬送儀礼などの諸規定である喪葬令などにその法的効果がみえる。ここでは五服制との関係が明瞭にうかがえたり、日本律令との相違が顕著に表れたりしている唐律の規定をいくつか例示したい(7)。

まず、律の総則に当たる名例律のなかから、儒教道徳に則った支配イデオロギーに対する重大な違背行為を端的に明文化した「十悪」のうちの悪逆条を掲げてみる。

四曰、悪逆。謂、殴二及謀レ殺三祖父母、父母一、殺二伯叔父母、姑、兄姉、外祖父母、夫、夫之祖父母、父母者一。　（名例律十悪条）

そもそも十悪とは、謀反（君主・現王朝などに危害を加えようと謀ること＝積極的反逆）・謀大逆（宗廟、山陵や皇居などを破壊しようと謀ること）・謀叛（君主・現王朝などに背こうと謀ること＝消極的反逆）・悪逆（祖父母父母などを殺傷したり殺害を謀ること）・不道（一家三人を殺害したりする残虐な犯罪）・大不敬（御物や御璽などを盗んだりすること）・不孝（祖父母父母を告発したり、祖父母父母と別籍したり、祖父母父母の喪を聞きながら隠したりなどすること）・不睦（五服に含まれるすべて親族の殺害を謀ったりなどすること）・不義（自ら所属する官庁の長官などを殺害したり、夫の喪を聞きながら隠したりなどすること）・内乱（親族と姦淫を犯すこと）などをいい、いずれも儒教倫理に対する重大な背反行為であることが明らかなものである。

このうち、謀反・謀大逆・謀叛・大不敬・不義などはいわば公的道徳に対する違背であり、悪逆その他は私的道徳に対する違背といえるかもしれないが、これらの罪を犯すと官人などが享受できる刑法上の特典が適用されなくなり、実刑がそのまま科せられる。それほど厳しい処分が下されるわけで、いかに重大な犯罪であるかと認識されていたことが分かるだろう。

したがって、悪逆は私的道徳に対する背反行為の第一に掲げられていることより、その重大さが了解でき、祖父母、父母に対する暴行、殺人予備、および伯叔父母、姑、兄姉、外祖父母、夫、夫の祖父母、父母などの近親尊長に対する殺害などがその構成要件である。つまり、父系親族組織に即する形で祖父母、父母以下兄姉までの父系近親の尊属（五服制の斬衰と斉衰〈期親を含む〉）、夫そのもの（同じく斬衰）と母方の祖父母である外祖父母（同じく小功）、さらに夫の祖父母、父母（同じく期親）に対する犯罪である。その大半は五服制の第一の「斬衰」と第二の「斉衰（期親を含む）」に属する血族・姻族だが、外祖父母のみが第四の「小功」である。これは、母方とはいっても直系尊属として重視されたからだろう。

この悪逆と第八の不睦に対する具体的な罰則規定が次に紹介する賊盗律の謀殺期親尊長条である。

諸謀レ殺二期親尊長、外祖父母、夫、夫之祖父母、父母一者、皆斬。（中略）謀レ殺二緦麻以上尊長一者、流二千里。已傷者、絞。已殺者、皆斬。（以下略）

（賊盗律謀殺期親尊長条）

この規定を一見すればわかるように、悪逆条の注の第一項「祖父母、父母を殴り及び殺さむと謀」ることについては何ら触れるところがない。しかしながら、名例律五〇条の「軽きを挙げて以て重きを明らかにす」の通則規定より「斬」（死刑の一つで斬殺）とされるのは当然と考えられる。したがって、五服制の期親（小功の外祖父母も含むが）以上の尊長の「謀殺」（殺人予備）はすべて「斬」に処せられ、緦麻以上の尊長の殺害も「斬」、「謀殺」は「流」（流刑）、傷つけた者は「絞」（死刑の一つで絞殺）にそれぞれ処せられることになる。それ程までに親族内の秩序を乱すこと、とくに尊属を殺傷するのは重大な犯罪とみなされ、非常に厳しい処罰が科せられたのである。こうした事例で分かるように、唐律の罰則規定では親族関係を五服に代えて表現するのが通例となっているのである。

次に、名例律、同居相為隠条を紹介しよう。

諸同居、若大功以上親及外祖父母、外孫、若孫之婦、夫之兄弟及兄弟妻、有レ罪相為隠、部曲、奴婢為レ主隠、皆勿レ論。（中略）其小功以下相隠、減二凡人三等一。若犯二謀叛以上一者、不レ用二此律一。

（名例律同居相為隠条）

本条は親族が互いに罪をかばい合う場合の免責または軽減についての規定で、同居の者（前近代中国では財産を共有する間柄をいい、同居する場合も多かった）もしくは大功以上の親は免責され、小功・緦麻のなかでは「外祖父母」（小功）、「外孫」（緦麻）、「孫の婦」（小功あるいは緦麻）、「夫の兄弟」（小功）、「兄弟の妻」（小功）も「服は軽しと雖も情を論ずれば重し」（律疏─律の注釈）なので免責される。また、その他の小功・緦麻の親は免責されないが、罪を三等軽減されるのである。ただし、謀叛以上の罪は免責・軽減から除外される。

つまり免責の対象となる、大功以上の親、それに準ずる「孫の婦」「兄弟の妻」（前近代中国では、これらは財産を共有する場合が多い）、「外姻」ではあるが日常の交流が頻繁であったと考えられる「外祖父母」「外孫」、妻の服として近しい「夫の兄弟」（財産を共有する場合が多い）などは、五服制通りの序列とは必ずしも言えないが、いずれも父系親族ならびにその外縁に連なる近しい親族である。そしてこれらの周辺に軽減の対象となる小功・緦麻の親族が配されるという全体の構図となっているのである。

　次に、職制律の匿父母喪条を取り上げてみたい。

諸聞㆓父母若夫之喪㆒、匿不㆑挙㆑哀者、流二千里。喪制未㆑終、釈㆑服従㆑吉、若忘㆑哀作㆑楽、自作、遣㆑人等。徒三年。（中略）聞㆓期親尊長喪㆒、匿不㆑挙㆑哀者、徒一年。喪制未㆑終、釈㆑服従㆑吉、杖一百。大功以下尊長、各逓減㆓二等㆒。卑幼、各減㆓一等㆒。

（職制律匿父母喪条）

　本条は礼制のなかで最も重んじられる喪に関連するもので、父母・夫をはじめとした親族の喪を隠したり、喪中の礼に違反する行為に及んだ場合の処罰を規定し、その中に不孝・不義などに該当するもの（父母の喪を隠したりその礼に違反するのが不孝に当たり、夫の喪を隠したりその礼に違反するのが不義に相当する）も含まれる。ここでも、隠された喪がいかなる親族のものであったかにより、またいずれの親族の喪中の礼に違反したかにより、「父母」「夫」（斬衰および斉衰）、「期親の尊長」、「大功以下の尊長」（小功、緦麻までの尊長を含む）そして「各々の卑幼」の四段階に分けて処罰が規定されている。つまり、本条は喪に直接、関わるものなので、五服制の序列通りに処罰が逓減して規定されているのである。

　最後に、罰則において皇族や官人に与えられる一定の特典を規定した、名例律の八議条から五品以上妾有犯条までを紹介してみよう。

八議。
一曰、議親。謂二皇帝袒免以上親及太皇太后、皇太后緦麻以上親、皇后小功以上親一。（中略）六曰、議貴。謂二職事官三品以上、散官二品以上及爵一品者一。（以下略）
（名例律、八議条）

諸八議者、犯二死罪一、皆条二所レ坐及応レ議之状一、先奏請レ議、議定奏裁。議者、原レ情議レ罪。称二定レ刑之律一而不二正決一之。流罪以下、減二一等一。其犯二十悪一者、不レ用二此律一。
（名例律、八議者条）

諸皇太子妃大功以上親、応レ議者期以上親及孫、若官爵五品以上、犯二死罪一者、上請。請、謂、条二其所レ犯及応レ請之状一、正二其刑名一、別奏請。流罪以下、減二一等一。其犯二十悪、反逆縁坐、殺人、監守内姦、盗、略人、受財枉法一者、不レ用二此律一。
（名例律、皇太子妃条）

諸七品以上之官、及官爵得レ請者之祖父母、父母、兄弟、姉妹、妻、子孫、犯二流罪以下一、各従下減二一等一之例上。
（名例律、七品以上之官条）

諸応二議、請、減一、及九品以上之官、若官品得レ減者之祖父母、父母、妻、子孫、犯二流罪以下一、聴レ贖。（以下略）
（名例律、応議請減条）

諸婦人有二官品及邑号一、犯レ罪者、各依二其品一、従二議、請、減、贖、当、免之律一、不レ得レ蔭二親属一。（以下略）

（名例律、婦人官品邑号条）

（名例律、五品以上妾有犯条）

諸五品以上妾、犯㆑非㆓十悪㆒者、流罪以下、聴㆓以㆑贖論㆒。

これらの条文は、応議請減条までが「議」「請」「減」「贖」と称する、皇族と官人自身およびその親族が十悪など以外の死罪や流罪を犯した場合、減刑などが加えられることを規定し、婦人官品邑号条と五品以上妾有犯条との二条が、自ら品位を持った女性や五品以上の官人の妾にも同じような特典が与えられることを規定している（ただし、妾には贖のみ、またその恩恵は彼女たちの親族には及ばない）。

「議」とは、皇帝の祖免以上の親族および太皇太后、皇太后の緦麻以上の親族、皇后の小功以上の親族と三品以上の官人などが十悪以外の死罪を犯したときに、官司が判決を立案しないまま高官の会議にかけ、最終的に皇帝にその判断を仰ぐという特権が与えられることをいう（流罪以下の場合は当然、「減」「贖」の特権が与えられる）。「請」とは、皇太子妃の大功以上の親族や八議の者の期親以上の親族、五品以上の官人自身などが十悪など以外の死罪を犯したり、流罪を犯したりしたときに皇帝の配慮や一定の減刑が加えられることをいう（流罪以下の場合は当然、「減」「贖」の特権が与えられる）。「減」とは、「請」の対象者の祖父母、父母、兄弟、姉妹、妻、子孫などの親族や七品以上の官人などが、流罪以下を犯したときに刑を一等減じることをいう。「贖」とは、「議」「請」「減」の対象者、「減」の対象者の祖父母、父母、妻、子孫などの親族や九品以上の官人、五品以上の官人の妾などが、流罪以下を銅で贖罪することをいう。

このように、これらの規定には皇族や官人自身だけではなく、蔭としてその親族が対象に含まれ、それを「期親」以下「祖免」までの五服制の語で表現する。すなわち、「議」の対象として皇帝の最も疎遠な親族としての

「祖免」を筆頭に、「贖」の対象として七品以上の官人の、最も近しい親族として「期親」（ただし傍系の伯叔父姑、兄弟姉妹は除かれる）に至るまで、その特典の及ぶ範囲が五服制に基づいて規定されているのである。

以上のように、五服制と関連する律規定を数例示したにすぎないけれども、前近代中国（唐）において父系親族組織に基づいた礼制としての五服が、とくに律と明瞭な関係を有し、法的規範において親等制的な機能を持っていたことが明らかだろう。

二　古代日本の親等制（五服制）

(1)　喪葬令服紀条について

これまで述べたような前近代中国の五服制（親等制）を古代日本社会は受容したわけだが、従来は、前近代中国（唐）の律令ではなく礼典から日本律令のなかにすべて取り込んだとし、法制度としての親等制は主として儀制令五等親条に、礼制としての五服はもっぱら喪葬令服紀条に、各々規定されたと考えられてきた。[8]ところが、最近の研究によると両条ともに前近代中国（唐）の礼典ではなく、律令に対応する条項があったのではないかと推論されている。[9]なかでも、喪葬令服紀条は近年発見された北宋の天聖令の喪葬令末尾に「喪服年月」が付載されていることより、唐令（あるいはそれ以前の令か）にならった可能性が大いに高まったといえるだろう。[10]

すると、近年の古代日本の親等制研究ではもっとも広範かつ詳細な明石一紀氏の業績[11]も再検討されなければならないことになる。その理由は、以下に紹介する氏の基本的な視点に関わるからである。

まず、氏は、前近代中国（唐）の一元的な五服親制とは違い、日本令において儀制令五等親条と喪葬令服紀条との二元的な親等制がなぜ成立したのか、という疑問から出発される。その回答として、令の編纂が先行して進められるに際して、親等法も令規定と関連する公的な親族規定が要請されてまず五等親条が作成され、その後、律の編纂が進むにおよび、私的な親族秩序を規定するために服紀条が作成されることになり、その成立は偶発的な所産であったと結論づける。その考察過程で、養老令に見られる儀制令五等親条と喪葬令服紀条に分けて規定されるのは大宝令から始まると考えられ、唐の五服制のうちの傍系親や姻族を大幅に削除して横の親族連帯機能が認められる五等親条が成立したのに対し、縦の親族秩序機能が認められる服紀条にこそ日本固有の親等制がうかがえ、また大宝律令では多くの規定で服紀条が重視されていたと考えられるのに対し、養老律令では五等親条が重んじられるようになったとする。だが、これらの親等法を実際に運用するに当たり、二元的な規定では種々の困難が生じ、養老律令では五等親条を中心に一元化が図られたと推定されたのである。そしてこれは養老律令の唐制化を証するものであるとも評価されたのである。

このように、氏の立論の根本には従来の通説にしたがった、日本律令の親等制に対する二元的な性格把握があるわけだが、それが古代日本固有のものではなく唐（あるいはそれ以前か）の律令そのものに淵源を持つものであるならば、その成果そのものも当然のことながら検証し直さなければならなくなる。また、服紀条が日本固有のものであり、五等親条が唐制の影響を大きく被ったものであるという認識にも大いに疑問がある。

そこでまず、氏が古代日本固有のものと評価された一方、最近では唐の喪葬令に直接、起源を持つのではないかと推定されている、喪葬令服紀条の分析から始めることとする。

では、養老喪葬令服紀条を掲げる[12]。

凡服紀者、為㆓君、父母、及夫、本主㆒、一年。祖父母、養父母、五月。曽祖父母、外祖父母、伯叔姑、妻、兄弟姉妹、夫之父母、嫡子、三月。高祖父母、舅姨、嫡母、継母、継父同居、異父兄弟姉妹、衆子、嫡孫、一月。衆孫、従父兄弟姉妹、兄弟子、七日。

本条は、前節で紹介した前近代中国（唐）の五服制のように「斬衰」以下の用語は受容せず、単に喪に服する期間により親族を五段階に分類したものだが、その親族も大幅に縮小されている。この養老喪葬令服紀条に関し古くは牧野巽氏が、第一にその親族範囲が後世の近親に近いものであること、第二に外親（母方の親族）を重んじること、第三に傍系親を軽んじること、第四に前近代中国（唐）の「叔」「姪」の緊密な関係が大きく緩和されていることなどを列挙され、「（服紀条に基づく）服紀制は（五等親条に基づく）五等親制比べ相対的意味においてであるが一層日本的であったように思われる。」と指摘された[13]。また明石氏も、服紀条が直系尊属を起点として一世代下るごとに一等ずつ下がっていく日本固有の親等法であるとする中田薫説[14]などをふまえて、「日本の実情にあわせて喪葬令に服紀条を創出して、この狭小な親族概念にもとづいて大宝律を作成した。服紀条は浄御原令の親等法を母体としてつくられた可能性が強い。」としてその固有性を強調され、他の律文や令文との関係も精査し、私的な性格が強いと指摘する。

ところが、そのように一面的に評価することが出来るのか、疑問な点も大いにある。牧野氏が「相対的意味においてであるが」という留保をつけられたことにやはり注意したい。というのは、唐の礼制と類似する点もいくつか指摘できるからである。

すなわち、本条で第一に挙げられている「君」は、義解、令釈、古記ともに天皇と解釈するが、実は『大唐開元礼』の「斬衰三年」の義服の項に「国官為国君」とあり（前節では親族ではないので省略した）、『儀礼』にも「諸侯為天子、君、（中略）三年」（喪服篇、斬衰の項）とある。つまり、「君」が第一に規定されているのは、こうした前近代中国の礼典に即したものであり、君臣秩序を第一とする儒教の礼制を明白に示す（「本主」も同様の意図で加えられたか）。したがって、「君」（「本主」も）は親等制とは本来、無関係のもので、日本固有の親族組織とも無縁のものであるのは明白である。

次に、妻の序列である。本条では第三に規定されるが、これも『大唐開元礼』の「斉衰杖周（期）」の義服の項に「夫為妻」とあり、第三の序列といえる（のちに紹介する五等親条では第二に序列される）。また五等親条では妻と同じ序列である妾が本条では除外されるが、これも唐の礼制と同様である。

さらに「嫡子」と「衆子」、「嫡孫」と「衆孫」とを区別するあり方も『大唐開元礼』や『儀礼』に近い規定内容である（五等親条では「子」と「孫」のままで、区分しない）。

なお、この「嫡子」「衆子」などに対して古記が興味深い注釈を加えている。すなわち、「嫡子」に対しては「戸婚律云、嫡妻之長子為二嫡子一。案二儀制令一、父子為二一等一是也、父母共為二嫡子服三月一也。俗云二男子一也。」とする一方、「衆子」には「除二嫡子一之外、庶子及妾之子。案二儀制令一、父子為二一等一是也。俗云二男女一也。」と注釈する。また、「嫡孫」には「儀制令、祖孫為二二等一是也。俗云二宇麻古一也。」とするのに対して、「衆孫」には「除二嫡孫一之外、諸孫祖孫為二二等一是也。俗云二宇麻古一也。」と注釈する。つまり、古記は儀制令の規定（五等親条）を引用して子に区別がないことを述べる一方で、嫡妻の長男子を「嫡子」とし、それ以外はすべて（女子も含む）「衆子」と理解し、男女の区別を明確にするが、「嫡孫」と「衆孫」に対してはともに「宇麻古」という俗訓を紹介して男女の区別を放棄しているのである。したがって、この「嫡子」認識は、「嫡子」とそれ以外の諸子（女子を含む）を峻別しようとする大宝戸令応分条のそれを想起させるもので、子の世代に対してはおそらく正当な解釈（前近代中国的で男女を差別する）を下していると判断できるが、孫の世代については「嫡孫」と「衆孫」の区別や男女の区別も不明瞭なままで、あるいはこの辺りに古代日本の親族の実態がうかがえるように思われる。

そして何よりも服紀条とするその名称である。やはり礼制に即し死者を弔う服の期間を定めることが主目的の規定であるのは明らかで、親等制的機能は副次的なものである。古記も「問、服紀若為。答、服耳、年紀一種也。」と問答を交わしている。したがって、大宝令の段階で本条の性格は一応正しく認識されていたといえるだろう。

しかも、このような規定は各項目に古記がかなり数多く引用されていることからわかるように、大宝令でも大差なかったと推定できるのである。[15]

以上のように、大宝、養老両令の服紀条は、確かに古代日本固有の親等制をその背後にうかがわせることを認めるが、その一方、前近代中国（唐）の礼制（あるいは喪葬令の条文）から強く影響を受けていることも認めねばならない。したがって、本条の性格として古代日本の固有性を強調される明石氏の評価は訂正されるべきだろう。また、服紀条制定の経緯も氏が想定されたようには考えられない。おそらく大宝令成立の時点で本条は五等親条とともに制定され、唐律令の五服親制の影響により、服の期間を定める本条の規定が他の令条や律条に多く適用されたと考えるべきだろう。

(2) 儀制令五等親条について

では次に、儀制令五等親条について考えたい。まず養老令と明石氏によって復元された大宝令の各々を掲げる。[16]

凡五等親者、父母、養父母、夫、子、為㆓一等㆒。祖父母、嫡母、継母、伯叔父姑、兄弟、姉妹、夫之父母、妻、**妾**、姪、孫、子婦、為㆓二等㆒。曽祖父母、伯叔婦、夫姪、従父兄弟姉妹、異父兄弟姉妹、夫之祖父母、夫之伯叔姑、姪婦、継父同居、夫前妻**妾**子、為㆓三等㆒。高祖父母、従祖々父姑、従祖伯叔父姑、夫兄弟姉妹、兄弟妻**妾**、再従兄弟姉妹、外祖父母、舅姨、兄弟孫、従父兄弟子、外甥、曽孫、々婦、妻**妾**前夫子、為㆓四等㆒。妻**妾**父母、姑子、舅子、姨子、玄孫、外孫、女聟、為㆓五等㆒。

（養老儀制令五等親条）

凡五等親者、父母、夫、子、為㆓一等㆒。祖父母、嫡母、継母、伯叔父姑、兄弟、姉妹、夫之父母、妻、妾、孫、子婦、為㆓二等㆒。曽祖父母、従父兄弟姉妹、異父兄弟姉妹、継父同居、兄弟子、曽孫、夫前妻妾子、為㆓三等㆒。高祖父母、従祖々父姑、従祖伯叔父姑、再従兄弟姉妹、外祖父母、舅、従母、従孫、従父兄弟子、外甥、玄孫、妻妾前夫子、為㆓四等㆒。妻妾父母、姑子、舅子、従母子（或いは従母兄弟姉妹）、外孫、女聟、為㆓五等㆒。

（大宝儀制令五等親条明石氏復元案）

また養老令の五等親を唐の五服制にならって図示すると次のようになる。

・右肩の数字は、それぞれの等親を示す。太字の数字は大宝令のそれと推定されたもの。ただし、「姪」は大宝令では「兄弟子」とされていたか。

・伯叔婦（三等親）、姪婦（三等親）、兄弟妻**妾**（四等親）は作成の都合により省略した。

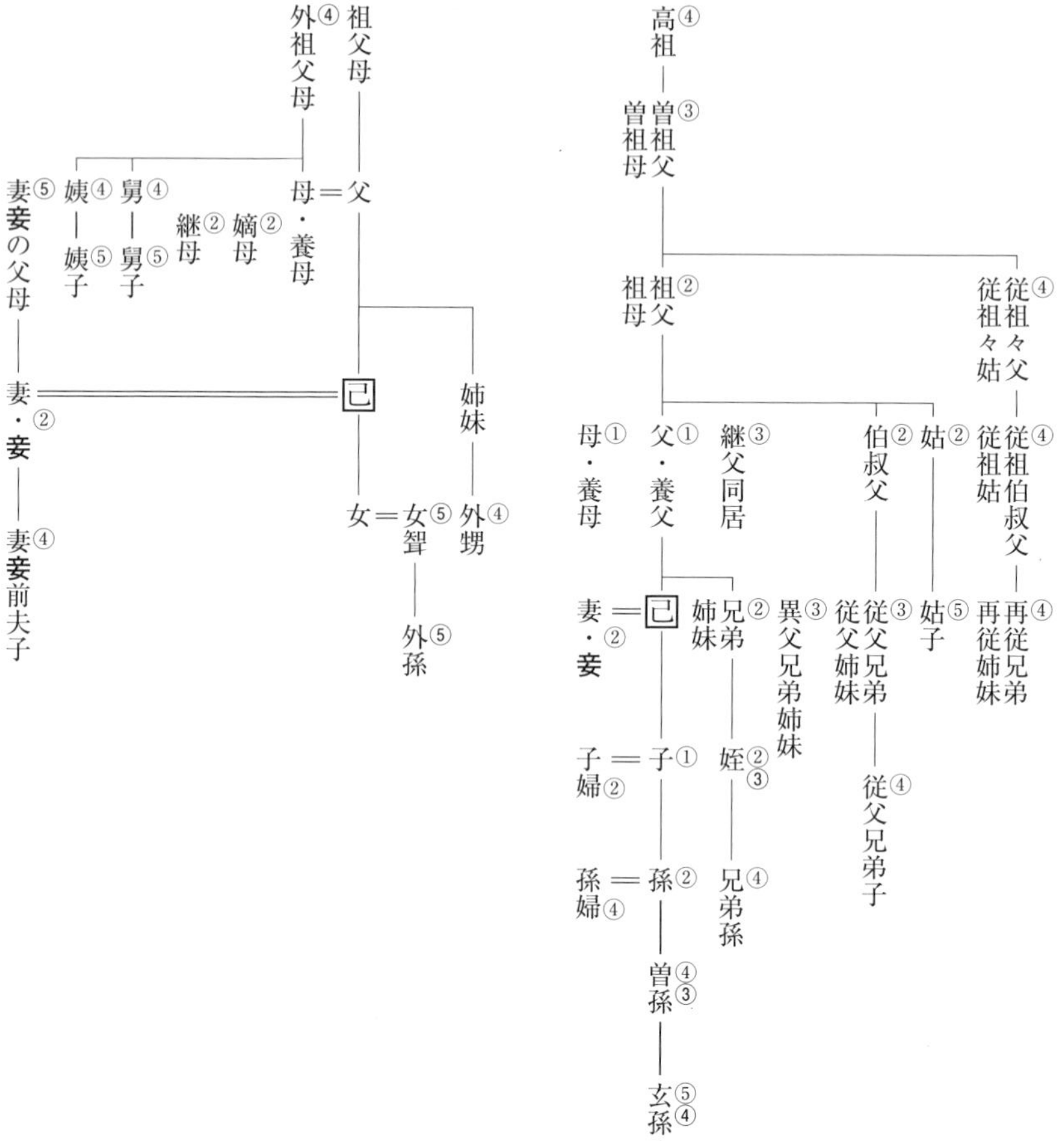

高祖④
曽祖父③
曽祖母
祖父②
祖母
従祖々父④
従祖々姑
父①・養父
母①・養母
継父同居③
伯叔父②
姑②
従祖伯叔父④
従祖姑
己
妻・妾②
兄弟②
姉妹
異父兄弟姉妹③
従父兄弟③
従父姉妹
姑子⑤
再従兄弟④
再従姉妹
子①
子婦②
姪②③
従父兄弟子④
孫②
孫婦④
兄弟孫④
曽孫④③
玄孫⑤④
祖父母
外祖父母④
父
母・養母
嫡母②
継母②
舅④
姨④
舅子⑤
姨子⑤
妻妾の父母⑤
姉妹
妻・妾②
女
女聟⑤
外甥④
外孫⑤
妻妾前夫子④

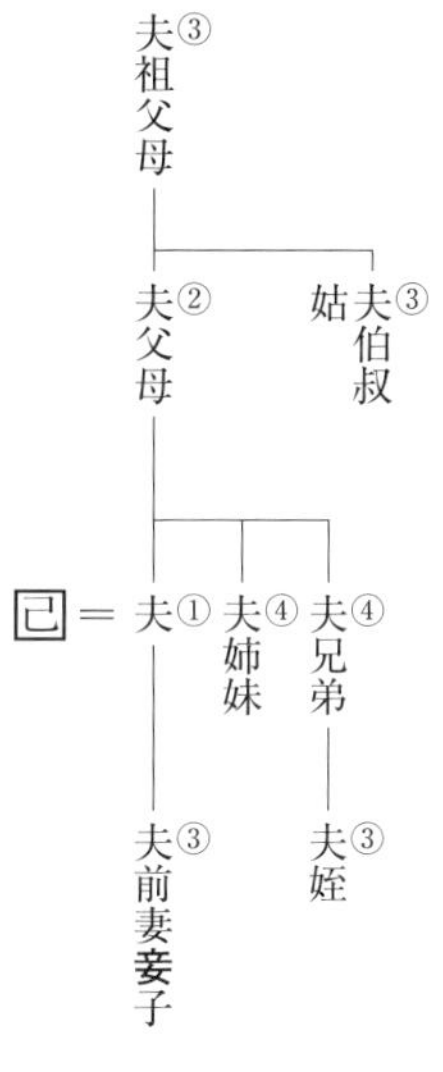

本条は前述したように、唐の礼制から新たに日本律令で創作されたものという見解が有力だったが、最近では唐、儀制令にも同様の規定があったとも推測されている。ただ、直接的な根拠は示されず、本条のみ（服紀条は唐令に起源を持つ可能性が高まった）が礼典をもとに作成されたと考えることに不自然さがあるゆえである。したがって、その正否を簡単には判断できないが、大勢としてそのように推測できる蓋然性があるように思われる。

さて、この規定を先に紹介した唐の五服制と比較すると、すでに指摘されているように原則的にはあまり大きな相違はない（異父兄弟姉妹や継父同居などは図に示さなかったが唐の五服制でも規定されている）。また、明石氏は養老五等親条の親族序列の不自然さ、他の律文や令文との関連などを詳細に検討され、姻戚をかなり削減した前掲の大宝五等親条を復元された。

しかし、以下の相違点があるのも確認しておきたい。すなわち、

ア　父系親族のうち高祖からの傍系親が削除されていること

イ　妻から見た夫方の親族（直系親、傍系親ともに）が大幅に縮小されていること

ウ　妻と妾が同等に扱われていること

エ　父系の傍系親や己系の直系親の序列が世代ごとに変化していることなどである。たしかに前近代中国の五服制に準じたものではあるが、イとウはかなり大きな相違であり、夫婦を巡る各々の親族の相互関係や妻と妾の類似性などには注意するべきだろう。

とくに本条では、二等親の「妻」「妾」から五等親の「妻妾父母」にいたる五項目において、妻と妾を同一の序列としたことについて検討したいと考える。これは前近代中国の礼制ではあり得ない、きわめて大きな変更だからである（たとえ唐の令文があったとしても、礼の規定に基づいたものであったのは間違いなかろう）。[17]

そもそも日中の妻と妾との相違などについては、滋賀秀三氏[18]や関口裕子氏[19]の研究がある。まず滋賀氏は前近代中国社会における妻と妾との関係を詳細に分析され、第一に妻は宗への所属という理念的な基礎を持つのに対し、妾にはそれがないけれども制度的に家族身分として認められること、第二に古典的な礼制やその影響を受けた後世の礼典では妻と妾とを差別し、妾を賤しい身分と規定する傾向が強いこと、第三に実生活においては時代が下がるにつれ、妻と妾との身分差があまり明瞭ではなくなること、第四に立嗣権や財産権においては、時代が下がっても妾は排除されること、第五に夫の死後、妾は終身、家に養われる資格とある程度の発言権とが認められること、などを指摘された。

一方、関口氏は古代日本社会における妻妾の相違を考察され、第一に養老律の大半が妻妾を差別するが、それは唐制をそのまま受容したものによること、第二に養老令の離婚と服紀関連の条文などにおいても妻妾差別規定が確認できるが、これも唐令そのままであること、第三に養老の儀制令五等親条や戸令応分条などでは妻妾同一視の思想が確認できること、第四に闘訟律妻殴夫条や戸令三歳条、同じく為戸条、同じく応分条などの大宝、養老両令の相違から、養老令より大宝令の方が一層強烈な家父長制思想に貫かれていること、などを指摘された。[20]

このような先学の業績に基づいて考察を進めたいが、まず令文における妻妾のあり方を表にまとめておく。

		唐令	大宝令	養老令
1	戸令三歳以下条	寡妻妾	寡婦	寡妻妾
2	**戸令為戸条**	**なし**	**寡婦**	**寡妻妾**
3	**戸令応分条**	**寡妻**	**寡妻**	**寡妻妾**
4	**儀制令五等親条**	**？（礼制では妻）**	**？**	**妻妾**
5	戸令戸主条	妻・妾	？	妻・妾
6	戸令先奸条	妻妾	妻妾	妻妾
7	戸令七出条	妻	妻	妻
8	戸令先由条	妻	妻	妻
9	戸令殴妻祖父母条	妻	妻	妻
10	喪葬令京官三位条	なし	？	妻
11	喪葬令服紀条	？（礼制では妻）	妻	妻
12	獄令流人科断条	妻妾	？	妻妾

この表について、養老令の条文内容に即しながらそれぞれ簡単に補足しておく。

1　本条は公民の年齢区分を規定したもので、その最後に「無㆑夫者、為㆓寡妻妾㆒。」とあり、夫がない者の呼称を規定した部分に記される。

2　本条は戸を新たに作るときの規定で、「凡戸内欲㆘析㆓出口㆒為㆖戸者、非㆑成㆓中男㆒、及寡妻妾者、並不㆑合㆑析。」とあり、戸を構成する者として規定した部分に記される。

3　本条は遺産相続（唐令では家産の分割）の規定で、その後半部の一項に「寡妻妾無㆑男者、承㆓夫分㆒。」とあり、相続人（家産を分割する主体としての夫）を亡くした配偶者の相続権（分有権）を規定した部分に記される。

4 本条は前記したように五等親を構成する親族メンバーとしての規定で、そのうちの二等親から五等親に含まれる親族名称として記される。

5 本条は戸主の規定だが、戸のメンバーのうち不課口の内容を補足するものとして「不課。謂、皇親、及八位以上、男年十六以下、并蔭子、耆、廃疾、篤疾、妻、妾、女、家人、奴婢。」とある本注部分に記される。

6 本条は、結婚にいたる過程に不正があると強制的に離婚させる規定で、「凡先奸、後娶為二妻妾一。雖レ会レ赦、猶離之。」という部分に記される。

7 本条は夫の意志により離婚できる事由を規定したもので、その冒頭に「凡棄レ妻、須レ有二七出之状一。」と記される。

8 本条は離婚に関する手続きを規定したもので、その冒頭に「凡棄レ妻、先由二祖父々母々一。」と記される。

9 本条は「義絶」という法による強制的な離婚を規定したもので、「凡殴二妻之祖父々母々一、及殺二妻外祖父母、伯叔父姑、兄弟姉妹一、若夫妻祖父々母々、外祖父母、伯叔父姑、兄弟姉妹、自相殺、及妻殴二詈夫之祖父々母々一、殺二傷夫外祖父母、伯叔父姑、兄弟姉妹一、及欲レ害レ夫者、雖レ会レ赦、皆為二義絶一。」などと記される。

10 本条は京官の五位以上の死と四位以上の喪に対する弔使派遣の規定で、「凡京官三位以上、遭二祖父母父母及妻喪一、（以下略）」と記される。

11 本条は前記したように、服の序列を五段階に規定したものの第二項に記される。

12 本条は流罪などに処断された人物の随行者やその逃亡についての規定で、そのうち「凡流人科断已定、及移郷人、皆不レ得下棄二放妻妾一至中配所上。」と記される。

さて、妻妾の扱いについて唐令、大宝令、養老令三者の関係をみると、不明なものはあるが、1から4までは唐令と大宝令、養老令との相違が明瞭なもので、5以下は三者ともにほぼ同一のものである。

まず、三者の間でほとんど異同のない5以下を検討してみよう。すると戸令の6、7、8、9の婚姻ないしは離婚に関連するものと、10、11の喪葬令関連のものとが目につく。これらは婚礼、葬礼という礼制と深く関係するもので、滋賀氏が指摘されたように妻妾の区別がかなり厳格ゆえに、規定の対象として妻のみが取り上げられたものと考えてよいだろう。それを日本令はそのまま受け入れたと一応推定できる。ただし、関口氏がすでに指摘されているが、9の戸令殴妻祖父母条集解の古記一云では「本令、妾比二賤隷一、所以不レ載。此間妾与レ妻同体。」とあり、古代日本では唐とは異なり妻妾が「同体」であるという認識があった可能性もある。[21]

だが、礼制と深く関係するゆえに妻だけが取り上げられたという解釈だけでは、6の先奸条において妻だけではなく妾も規定対象となっているのが理解できないし、10の京官三位条では唐令では妻が確認できないのに対し、養老令ではそれを明記する理由が不分明となる。しかし前近代中国では、妾はやはり妻と同様、配偶者の一人として公然と認められたものであり、「奸」と称する密やかな男女の関係とは異なったものと認識されていたようである。[22] したがって、先奸条のように妻妾が並記されるのはむしろ当然だったといえるだろう。ただ京官三位条において養老令がなぜ妻を新たに加えたのかについては、今のところ不明としかいいようがない。あるいは前近代中国に比べて古代日本の官人にとり、妻の死は夫にとり五服制の序列を超越するような、かなり重要な事象であったと考えられるのかもしれない。

5は、不課口の一員として妻妾が挙げられているにすぎず、日唐の規定ともに問題とすべきものではないし、12も名例律の犯流応配条などと関連する規定で、犯罪者が遠方へ送られるに際して配偶者として妻妾が同行することを規定したものにすぎない。

こうして唐令、大宝令、養老令三者の間でほとんど異同のない各条文は、もっぱら前近代中国の礼制に関わるものが多く、その意味において妻妾の区別が厳格であり、それを日本令もほぼそのまま受容したものであるといえるだろう。

ところが、1から4は明らかに異同（とくに唐令と養老令との間に）がある。まず1は、大宝令のみ異なった例外的なものだが、夫を亡くした者に対する呼称の規定なので、ことさら問題とはならない。もっとも、大宝令が「寡婦」という曖昧な用語に変更している意図は明瞭には理解できない。

問題とすべきは、2、3、4の三条だろう。2は戸を主体的に構成し得るメンバーとして唐令が認めないにもかかわらず、大宝令では「寡婦」が、養老令では「寡妻妾」がそれぞれ認められている。唐制の場合、夫を亡くした寡妻は原則として夫家のメンバーであり続けるので、戸を構成する主体者たり得ない（もちろん寡妾も）。それに対して、大宝、養老の日本令では各々名称は異なるが戸の主体者たり得るように変更されている。なかでも「寡妻妾」と明記した養老令の変更は注目に値する。これはおそらく3の変更とも密接に関わっているに違いないだろう。すなわち、第五章で詳しく論じるように、養老令では遺産の相続権が妾にもはっきりと認められているが、こうした処遇は唐令、大宝令ともに確認できないのである。滋賀氏の指摘に従えば、唐令で妾が財産の分有権から排除されるのはきわめて当然の処置であり、大宝令もそれをそのまま受け入れたということになる。つまり、令規定では財産の所有という裏付けがあってはじめて戸が成立でき、それゆえ徴税の対象となり、それを養老令では寡妻だけではなく寡妾にまで認めたのである。こうした養老令の変更は、きわめて大きな意味があるといえるだろう。その背後には、妻と同様に妾にも一定の自立性を認めようとする、古代日本社会の固有性が十分に推量できるのである。それに比べると、大宝令の「寡婦」は3での妾への経済的裏付けが欠落しており、非常に曖昧な用語といえる。むしろ、唐制に近いというべきだろう。それゆえに、2と3の養老令規定は古代日本の妾の地位を考えるに際して、大いに注目すべき変更といわねばならないのである。

ここで、ようやく本項で取り上げた4の儀制令五等親条の検討に移ることができる。養老令において唐制を変更していることにやはり着目せねばならない。本条の規定もおそらく礼制に基づいたもの（かりに唐の儀制令に同様の規定があったとしても、この評価は変わらない）といえようが、滋賀氏の指摘のように妻妾を並記するのは前近代中国ではあり得ないことであった。それをあえて変更した養老令編者の意図を読み取るべきである。2、3の変更を前提として考えると、本条でも妻と同様に妾にも一定の自立性を認めようとする、古代日本社会の固有性が十分に確認できると評価してよいだろう。同じく礼制を基盤として設定されたはずの服紀条と齟齬をきたすにもかかわらず、養老令の五等親条でこうした変更をあえて行ったことは十二分に考慮する必要があり、そこに立法者の強い意志を読み取るのは行き過ぎではないはずである。したがって、そこに古代日本社会の固有性が表現されているとみるのは、妥当な判断だろう。こうした視点に立つと、本条は服紀条のように礼制と密着したものではなく、親族間の親疎をより一般的に規定したもの、という養老令制定者の認識もうかがえることとなる。

残された問題は、大宝令の規定である。すでに紹介したように明石氏は四種類の親族名称にすべて「妾」を付して復元された。ところが、これまでの論述からその復元には疑問が生じることとなるだろう。

すなわち、2の大宝令では唐令を変更して「寡婦」（寡妻妾ではない）に戸の主体的な構成者としての意味を与えたにもかかわらず、3では唐令と同じく妾の自立を支える遺産相続（財産所有）権は付与しなかったのである。しかも、このことは妾の身分にも関わり奴婢の「主」たり得ない、という重要な点と関係するのである。[23]したがって、2の「寡婦」には「寡妾」が含まれていなかったと理解するのが妥当だろう。

また11はいうまでもなく、9の古記でも妻と妾とを差別した注釈が確認できるし、家父長制イデオロギー持ち込みの頂点が大宝律令制定時であったという見通しも関口氏によって示されている。つまり、妾の処遇に関し大宝令は唐制にきわめて近いといえるのである。これらをふまえると、大宝令では本条においても、唐制と同様に「妾」の語を伴わない形で各親族名称が規定されていたと推論するのが妥当だろう。

以上の考証により、明石氏の復元案を修正した大宝儀制令五等親条の復元私案を掲げておく。

凡五等親者、父母、夫、子、為㆓一等㆒。祖父母、嫡母、継母、伯叔父姑、兄弟、姉妹、夫之父母、妻、孫、子婦、為㆓二等㆒。曽祖父母、従父兄弟姉妹、異父兄弟姉妹、継父同居、兄弟子、曽孫、夫前妻子、為㆓三等㆒。高祖父母、従祖々父姑、従祖伯叔父姑、再従兄弟姉妹、外祖父母、舅、従母、従孫、従父兄弟子、外甥、玄孫、妻前夫子、為㆓四等㆒。妻父母、姑子、舅子、従母子（或いは従母兄弟姉妹）、外孫、女聟、為㆓五等㆒。（大宝儀制令五等親条復元私案）

これまでの考察に大過ないとすれば、養老令の五等親条も服紀条と同じく唐制からの影響を受けつつ、古代日本の固有性（とくに女性―妾―の地位など）を反映した条文と評価するのが穏当だと考える[24]。一方、大宝令のそれもほぼ同じ評価に落ち着くといってよいだろう。つまり、妻妾の差別などは前近代中国の礼制そのままだが、親等制の構造などでは明石氏が指摘されたように、古代日本の固有性が確かに認められるからである。また、前記した養老五等親条は服紀条のように礼制と密着したものではなく、親族間の親疎をより一般的に規定したものという側面は、両条と他条との関係で五等親条の適用が養老令において拡大するという明石氏の指摘に対応するといえるだろう。

(3)　その法的効果

では、五等親条と服紀条にそれぞれ規定された古代日本の親等制が律令の他の規定とどのように関連していたのか、前節と同様の諸規定を引用しながら見ていくこととしたい。

まず、養老名例律のなかから、「八虐」のうちの悪逆条を掲げてみよう。なお、養老律では唐律の「十悪」のなかの「内乱」を削除し、「不睦」を「不道」条に合成した。[25] なかでも父系親族間の姦淫（婚姻以外の男女の関係）を規制した「内乱」を削除したということは、古代日本社会ではそうした規制が元来、存在しなかったことを推測させ、その背後に彼我の親族形態の相違、すなわち前近代中国の父系制と古代日本の双方制をうかがわせる。さて本条は、

四曰、悪逆。謂、殴㆓及謀㆑殺㆔祖父母、父母㆒、殺㆓伯叔父、姑、兄姉、外祖父母、夫、夫之父母㆒。　（名例律八虐条）

とあり、唐律の「夫之祖父母」を削除しているが、それ以外はほとんど同一の文言である。したがって、その親族の序列も大差なく、ことさらに指摘すべき問題はない。ところが、この悪逆条の具体的な罰則規定である賊盗律の謀殺祖父母条を見ると、

凡謀㆑殺㆓祖父母々々、外祖父母、夫、夫之祖父母、父母㆒者、皆斬。嫡母、継母、伯叔父、姑、兄姉者、遠流。已

傷者、絞。五等以上尊長者、徒三年。已傷者、中流。已殺者、皆斬。（以下略）　（賊盗律謀殺祖父母条）

とあり、注目すべき相違がある。すなわち、唐律の第一項では「期親尊長」と「外祖父母、夫、夫之祖父母、父母」が一括されていたのが、本条では「祖父母々々、外祖父母、夫、夫之祖父母、父母」と「祖父母々々」が明記されて直系尊属中心に改められ、そこから除外された傍系尊属である「伯叔父、姑、兄姉」に「嫡母・継母」が加えられて新たに第二項をつくっているのである。その他、処罰が軽減されているほかは大きな違いはない。これを詳細に見れば、養老律においては「外祖父母」に対する処罰が重くなっていることになり、また「嫡母・継母」が明記されることにより律の一般則である「母」には「嫡母・継母」などが含まれるが、同一に扱うのではなく実の母とは異なった処罰となることを明確化していると考えられる。つまり、母方の「外祖父母」が重んじられる一方、実の母ではない非血縁者はやや軽んじられると理解できるのではないだろうか。

次に、同じく名例律、相隠条の逸文を見てみよう。

凡同居、若三等以上親及外祖父母、外孫、若孫之婦、夫之兄弟及兄弟妻、有レ罪相為隠。家人、奴婢為レ主隠、皆勿レ論。（中略）其四等以下親相隠、減二凡人三等一。若犯二謀叛以上一者、不レ用二此律一。　（名例律相隠条逸文）

本条では、唐律の「大功以上親」が「三等以上親」に、「部曲・奴婢」が「家人奴婢」に、「小功以下」が「四等以下親」にそれぞれ変更されているが、これらはいずれも唐律と日本律間の通例の変更であり、特に問題にすべきものはないだろう。

次に、職制律の匿父母夫喪条を取り上げてみたい。

凡聞二父母若夫之喪一、匿不レ挙レ哀者、徒二年。喪制未レ終、釈レ服従レ吉、若忘レ哀作レ楽、自作、遣レ人等。徒一年半。（中略）聞二祖父母、外祖父母喪一、匿不レ挙レ哀者、徒一年。喪制未レ終、釈レ服従レ吉、杖一百。二等以下尊長、各逓減二一等一。卑幼、各減二一等一。

（職制律匿父母夫喪条）

本条の唐律との大きな相違点は、唐律の「期親尊長」が「祖父母、外祖父母」に変更されていることであり、先の喪葬令服紀条や賊盗律の謀殺祖父母条以上に母方の「外祖父母」が重んじられ、父方の祖父母とあい並んで対等に扱われていることであろう。先述したように、本条は礼制のいわば根幹ともいえる喪に関わるもので、唐律では五服制の序列通りに処罰が逓減して規定されていた。ところが、養老律では唐律の原則そのままではなく、このような変更をあえて加えたわけであり、その背後には唐の父系制とは異なる、古代日本の双方的親族組織の存在を強く示唆していると考えられるのである。

最後に、罰則において皇族や官人に与えられる一定の特典を規定した、養老名例律の六議条から五位以上妾条までを紹介しておこう。

六議。
一曰、議親。謂二皇親、及皇帝五等以上親、及太皇太后、皇太后四等以上親、（中略）皇后三等以上親一。（中略）六曰、議貴。謂二三位以上一。

（名例律、六議条）

凡六議者、犯二死罪一、皆条二所レ坐及応レ議之状一、先奏請議、議定奏裁。（中略）議者、原レ情議レ罪。称二定レ刑之律一而不二正決一之。流罪以下、減二一等一。其犯二八虐一者、不レ用二此律一。（以下略）　（名例律、議条）

凡応レ議者祖父母、父母、伯叔、姑、兄弟姉妹、妻子、姪、孫、（中略）若五位及勲四等以上、犯二死罪一者、上請。（中略）請、謂、条二其所レ犯及応レ請之状一、正二其刑名一、奏請。（中略）流罪以下、減二一等一。其犯二八虐一、殺レ人、監守内姦二他妻妾一、盗、略レ人、受レ財枉レ法者、不レ用二此律一。（以下略）　（名例律、請条）

凡七位勲六等以上、及官位勲位得レ請者之祖父母、父母、妻、子孫、此孫不レ及二曽玄一。犯二流罪以下一、各従下減二一等一之例上。（以下略）　（名例律、減条）

凡応二議、請、減一及八位勲十二等以上、若官位勲位得レ減者之父母、妻子、犯二流罪以下一、聴レ贖。（以下略）　（名例律、贖条）

凡婦人有二官位一犯レ罪者、各依二其位一、従二議、請、減、贖、当、免之律一。　（名例律、婦人有官位条）

凡五位以上妾、犯レ非二八虐一者、流罪以下、聴二以レ贖論一。（以下略）　（名例律、五位以上妾条）

これら六条を一見すればわかるように、前節で紹介した唐律の諸条と基本的には同じ構造の規定である。そこで、両者を比較しやすいように、処罰が軽減される蔭が親族のどの範囲にまで及ぶのかを表としてまとめておく。

	唐　律	養　老　律
議親	皇帝の袒免以上、太皇太后・皇太后の緦麻以上、皇后の小功以上の各々の親族	皇親と皇帝の五等以上、太皇太后・皇太后の四等以上、皇后の三等以上の各々の親族 **（女帝の右記と同範囲の親族）**
請	皇太子妃の大功以上の親族と八議の者の期以上の親族と孫	六議の者の祖父母、父母、伯叔、姑、兄弟姉妹、妻子、姪、孫 **有位の婦人の（右記と同範囲の）親族**
減	五品以上の者の祖父母、父母、兄弟、姉妹、妻、子孫	五位及び勲四等以上の者の祖父母、父母、妻、子孫（ただし曽孫、玄孫は除く） **有位の婦人の（右記と同範囲の）親族**
贖	七品以上の者の祖父母、父母、妻、子孫 五品以上の者の妾	八位及び勲十二等以上の者の父母、妻子 **有位の婦人の（右記と同範囲の）親族** 五位以上の者の妾

この表のなかで最も注目すべき相違は、養老律の「請」「減」「贖」の各項にゴチック体で表記した親族が存在していることである。これらの親族がなぜ記されるのかといえば、それは養老名例律婦人有官位条において、唐律にあった「不レ得レ蔭ニ親属一」という文言が削除されたことによるものだ[26]。つまりこの改変により、唐制では婦人の官品などに由来する蔭は他の親族に及ばず彼女個人に限定されていたのに対して、養老律では婦人の蔭が他の親族にまで及ぶようになったのである。すなわち、養老律において女性官人は処罰軽減の恩恵に浴するのが当人だけではなく、その親族にまで及ぶことが認められたのである。この処遇は男性官人とまったく変わらないことになる。もちろん、女性官人が外廷という正規の官司に登用されることはなかったが、内廷（後宮）では登用され、官人としての蔭も男性と同様に認められていたといえるだろう。ただし、この刑法上の蔭が、税法上にも官

吏任用法上にも拡大適用されたとまではいえそうにない。なお、議親の項で女帝の親族を補うのは、本条の規定からは直接、導出できないが、継嗣令皇兄弟子条の本注に「女帝子亦同」とあることを考慮することにより、推論できるのではないかと判断するからである。

このように、養老名例律婦人有官位条の規定は、養老律において女性官人が男性官人とさして変わらず、処罰軽減の恩恵を受ける基点として認められていたことを明瞭に示すものであり、古代日本の女性の社会的地位を考察する上で、見逃してはならないものである。

次に、議、請、減、贖の蔭の及ぶ親族範囲が、唐律に比べ養老律では大幅に縮小されているのが明白である。議親の項では日本律令では継受していない「袒免親」が皇帝の親族として唐律では含まれ(27)、請の項では唐律にある皇太子妃の大功以上の親族が養老律では削除され、また唐律の期以上の親族と孫から養老律では子婦と孫婦という姻族が削除され、減の項では唐律にあった兄弟姉妹と曽孫、玄孫が養老律では削除され、贖の項では唐律にあった祖父母と孫、曽孫、玄孫がそれぞれ削除されている。

そもそも唐律でも減と贖の対象者となると、期親以内のより近い親族に限定されるので、五服制がそのまま適用されるのではないが、養老律では五等親制の語は、議親のみにみえるのに止まり、請以下はすべて個々具体的な親族名称で規定している。このように、養老律におけるこれらの条文では五等親制がそのまま適用されるのではなく、より狭い範囲の親族がその対象となるのである。なかでも傍系親や姻族は排除される傾向にあり、世代深度も浅いのが、その特徴といえるだろう。

最後に、大宝律との相違がごく一部の条文で確認できることを指摘しておきたい。それは六議条と贖条で、そのうち大宝律六議条は「議親。謂㆓皇親、及太皇太后、皇大后本服七日以上親、皇后本服一月以上親㆒。」と復元されている。

これらの相違をもとに、すでに明石氏は利光三津夫氏などの指摘もふまえ、[28]「大宝律では一部を除き、服紀親規定が多数を占めていたであろうことは想像に難くはない。」という見解を示された。首肯されるべき見通しであろう。

以上のように、養老令五等親条の律における法的効果を検討してきたが、唐制に比べると第一に外祖父母が重んじられ、第二に五等親制の親族範囲が縮小された形で適用され、第三に女性官人が男性官人とあまり格差のない処遇を受けていたことなどが確認できた。そして第三の特徴より、古代日本社会において女性が一定の主体性を持つものと認識されていたと推論することが可能であろう。

同様のことは、いわゆる縁坐の規定でも指摘できる。たとえば賊盗律謀反条において、犯罪者の親族に対する罰則規定を見ると、養老律では没官の対象が父子（ただし男子と推定できる）に限定され、祖孫、兄弟は遠流の対象となるのみで、妻や女子、姉妹などの女性親族は除外されたのに対して、唐律では父子は絞殺され、母、女、妻妾（子の妻妾も）、祖孫、兄弟姉妹などが没官の対象となり、さらに伯叔父、兄弟の子は流三千里とされた。また、一般的にその及ぶ範囲（賊盗律謀叛条など）は、唐律では妻などの婦人も対象としていたが、養老律では除外される場合が多かった。[29]このようなあり方は、夫たる男性「家長」に妻などの女性親族が必ずしも従属していないことを表すものであり、右の認識を補強してくれるだろう。

三　古代日本の親族

(1)　古代日本の親等制

では、これまで検討してきた日本令における服紀条と五等親条の特性を、明石氏などの指摘も参照しながらまとめておきたい。

ア　大宝令の制定時から五等親条と服紀条とに分割する形で親等制の規定が設けられたが、それは母法の唐（隋）令に存在した形態であった可能性がある。

イ　大宝令が成立した段階では、服紀条の規定が他の令条や律条に適用された可能性が高く、それはおそらく五服親制としての唐制から影響を大きく被ったものと推定できる。

ウ　大宝、養老両令の服紀条は唐の礼制の影響も受け、第一の序列に「君」を加えたり、「嫡子」と「衆子」を区別したりする面もある一方で、その親等構造は日本固有のものをうかがわせる。

エ　大宝令の五等親条は世代ごとに親等が変化したり、姻族が削除されたりするなどの日本固有の特徴を示すとともに、唐制の影響を被り「妾」を親族から除外した可能性が高い。しかも、制定当初は他の条文にあまり適用されなかった。

オ　養老令の五等親条は、曽祖系などのように世代を隔てても親等に変化が生じないなどの唐制の影響を被る一方で、「妾」を親族の一員として認め、女性の社会的地位が高かった日本固有の特徴も示す。

カ　養老令の五等親条は、親族間の親疎を表す一般的な親等制の規定という認識が立法者にあり、それゆえに他の令条や律条に適用されたと考えられる。

キ　養老名例律の規定などから、大宝律令に比べると養老律令では女性の社会的地位を認めようとする姿勢が明瞭に確認できる。

以上の七点をさらに集約すると、服紀条と五等親条とはともに固有性と外来性の二面を所持するが、女性の処遇という観点に立つと、むしろ養老令のそれにおいて固有性が顕著に認められることになる。したがって、養老令において唐制化が進んだなどとは決していえないのである。

(2)　古代日本の親族

最後に、以上のような法規範における諸特性から古代日本の親族の実体を、解明できる範囲で明らかにしておきたい。

すでに先学が指摘されているように、親族そのものの範囲は前近代中国のそれに比べるとはるかに狭小であり、世代深度も浅いものであったと推定できる。具体的には服紀条の規定する親族が近いと考えられ、律令の「祖」、「近親」概念などを合わせ重ねると、直系尊属では祖父母あたりが上限、直系卑属では孫が下限（ただし「嫡子」「衆子」や「嫡孫」「衆孫」の区別はない）、傍系親では従父兄弟姉妹までを含むものと推定してよいだろう。[30] 姻族では、明石氏は親族名称の分析などから「夫の父母」を含むほどではないかと考えられたが、[31] 正倉院文書に「妻の兄」がみえるので、[32] 前節で図示した五等親のうちの、妻からみた夫の親族までの広がりがあったと推定しておく。つまり、夫婦を介してそのあり方をみると、夫側、妻側ともにあまり変わらない範囲の親族が含まれると考えられることになる。唐の五服制が夫側の親族に偏っていたことと比べると、その異同は明らかだろう。

次に女性配偶者のあり方をみると、妻妾の差別はあまりなく、妾にも財産所有が認められていたことから家族・親族の一員として認知されていたと考えられ、妾は次妻という位置づけだったと評価してよいだろう。古語の「コナミ」「ウハナリ」が妻・妾（むしろ次妻）それぞれに対応するといえる。これも前近代中国とはかなり異なったものといえる。

おわりに

結論的に述べた古代日本の親族の実体は、先学の明らかにされたものとさほど違いのないものとならざるを得なかったが、服紀条や五等親条については、ともに固有性と外来性の二面を表現したものという点を再確認することができたと考える。したがって、大宝律令が古代日本の固有性を表現し、養老律令は唐制化したものという明石氏の硬直した見通しをそのまま首肯することはできないだろう。また、父系に偏らない古代日本の双方的な親族の実体もある程度、示すことが出来たのではないかと考える。

注

（1）かつて拙著『日本古代の家族・親族―中国との比較を中心として―』（岩田書院、二〇〇一年）第三章「親等制（五服制）と親族名称」を発表し、その見解を明らかにしたが、本章で論じるものを私見として改めて提示したい。

（2）大隅清陽「唐の礼制と日本」（池田温編『古代を考える 唐と日本』吉川弘文館、一九九二年）は「前近代中国の家族法では、自然的な血縁の濃淡を数値で表示する近代法のような親等法は存在せず、礼の定める五服の服忌の等級がそのまま律令にも適用され、さまざまな法律効果を規定していたのである。」と指摘する。また胡潔「親等、服紀と親族名称」（同著『律令制度と日本古代の婚姻・家族に関する研究』風間書房、二〇一六年）は魏晋南北朝から五服制用語が法律用語として用いられていたと推定する。

（3）前近代中国の五服制全般について、中田薫「日本古代親族考」（同著『法制史論集』第三巻上、岩波書店、一九三四年、ただし初発表は一九二九年）、牧野巽「日中親等制の比較」（『牧野巽著作集』第一巻、御茶の水書房、一九七九年、ただし初発表は一九二八年）、仁井田陞『中国身分法史』（東京大学出版会、一九八三年、ただし初版は一九四二年）、滋賀秀三『中国家族法の原理第二版』（創文社、一九七六年）、『譯註日本律令』五（東京堂出版、一九七九年）などを参照した。

（4）五服は時代により細かな変遷があるが、注3『譯註日本律令』五（東京堂出版、一九七九年）序録（滋賀秀三氏がおもに『大唐開元礼』に準拠して執筆したもの）を参照し、その内容を記した。

（5）注3『譯註日本律令』五（東京堂出版、一九七九年）序録所載の、第一図本族の服、第二図外姻の服、第三図妻の服に基づき作成した。

（6）注2、胡潔論考もほぼ同様の認識を示す。

（7）明石一紀「大宝律令と親等法」（同著『日本古代の親族構造』吉川弘文館、一九九〇年、ただし初発表は一九八四年）が、すでに日本律令の五服親制が他の律規定や令規定とどのような関係を持っていたのかを網羅的に分析されている。以下、氏の見解を引用する場合、すべて本論文による。なお、唐律の引用はすべて『譯註日本律令』二、三（東京堂出版、一九七五年）により、その内容については『譯註日本律令』五～八（東京堂出版、一九七九～一九九六年）を参照した。

（8）吉田孝「『律令国家』と『公地公民』」（同著『律令国家と古代の社会』岩波書店、一九八三年）は「唐律を手本として日本律を編纂しようとしたとき、まず直面したのがこの五服の制度の処理であったと想像される。そこで日本律令の制定者は、唐の五服制度がもっていた二つの機能、すなわち、（A）喪制としての本来の機能と、（B）律の基礎にある、親族組織の段階区分としての機能を分離し、（A）は喪葬令の末に服紀条として規定し、（B）は儀制令に五等親条として規定したと推定される。」と述べる。
（9）稲田奈津子「喪葬令と礼の受容」（池田温編『日中律令制の諸相』東方書店、二〇〇二年）。
（10）呉麗娯「唐喪葬令復元研究」（『天一閣蔵明鈔本天聖令校證』中華書局、二〇〇六年）。
（11）注7、明石論文。
（12）日本思想大系『律令』（岩波書店、一九七六年）による。
（13）注3、牧野論文。
（14）注3、中田論文。
（15）注7、明石論文は大宝令の服紀条を復元を試みられたが、第一項の「本主」のあとに「出母」を復旧され、第二項の「養父母」を削除されたのみである。
（16）注12の『律令』による。以下の図は当該書、儀制令の補注（黛弘道氏執筆）に基づいて作成した。
（17）注3、牧野論文は「妾を妻と同位置に置いたことは、日本五等親制の一大特色」とする。
（18）注3、滋賀秀三著書の第六章「不正規な家族員」。
（19）関口裕子『日本古代婚姻史の研究』上・下（塙書房、一九九三年）の付論Ⅰ「律令国家における嫡妻・妾制について」（初発表は一九七二年）。
（20）関口説に対する反論として中田興吉「大宝二年籍にみえる妻と妾」（同著『日本古代の家族と社会』清文堂出版、二〇〇七年）がある。しかし、その主な論拠は大宝二年籍のみの分析であり、しかもその背後に家父長制家族の初期的存在を想定されており、受け入れ難い。
（21）ただし、小林宏「日本律における妾の地位―唐律との比較から―」（『法史学研究会会報』八、二〇〇三年、のちに同著『日本における立法と法解釈の史的研究』第1巻 古代・中世、汲古書院、二〇〇九年、に所収）によると、古記一云のいう「此間」は他の事例から「此間令」とするのが正しく、したがって、この注釈は古代日本の実態を直接表すのではなく、大宝令においても妻妾が「同体」として扱われる規定が多かった、と古記が認識していたと解釈するべきだと指摘する。ところが、たとえば直前の古記では「但妾者不レ載レ文、夫任レ意耳。」ともあり、必ずしも大宝令全体においてそうであったとはいえないと考えられる。この小林論文の指摘などもふまえて、妻妾については稿を改めて補論1「養老律における妻と妾」で考証する。

(22) 注3、滋賀秀三著書は「妾は礼と律とによって規制の対象として正面から取り上げられた一個の制度的な身分である。この制度にのらないような闇の情交関係も現実にはあり得たけれども、それはよからぬこととして指弾せられた。」(五五六頁)と指摘する。

(23) この点についても、補論1「養老律における妻と妾」で詳論する。

(24) 注2、胡潔論考は「五等親条は、律令全体及び戸籍などの行政上の親等基準として用いられ、礼法を継承した服紀条は民の教化として、主に家族・親族間の新秩序を示す役割をしている。両条は有機的に五服制に対応し、漢型の父系宗族の親族体系を部分的に摂取し、双系的に読み替えていったものである」と結論的に述べるが、近年発見された『天聖令』についての研究は参照されていない。

(25)「不睦」については第二章で再び言及する。

(26) 本条の改変については、注12の『律令』に「婦人でも有位者はその蔭を親族に及ぼし得ると解される。女帝の存在と共に、女性の地位を示す例である。」(名例律の補注、青木和夫氏執筆)という指摘がすでにある。ただし、このような見解を認めようとしない説(高塩博「名例律婦人有官位條について」、同著『日本律の基礎的研究』汲古書院、一九八七年)もある。しかしながら、高塩説は唐律において本条の規定以外にも、夫や子と関わりなしに独自に官品を与えられた婦人が罪を犯した時に、刑の軽減などにあずかれる場合がある、という強引な解釈に基づいた見解で、認められるものではない。なお、補論2「名例律婦人有官位条小考」で以上のことを詳しく考証したので、参照していただきたい。

(27) 本条の祖免親についてかつて考察し、「唐の祖免親を継受するに際し日本律令は、その対象を天皇の親族のみに限定し、皇親という語に対応させ」たと指摘した(拙稿「古代親等制小考」、拙著『日本古代の王位継承と親族』岩田書院、一九九九年)。

(28) 利光三津夫「律令考二題」(同著『律令制の研究』慶應義塾大学法学研究会、一九八一年。ただし初発表は一九七五年)。

(29) しかし、『魏志倭人伝』では「其犯レ法、軽者没二其妻子一、重者滅二其門戸及宗族一」とあり、三世紀頃の日本列島の法では縁坐が妻に及んでいたと記す。すると、本文の認識は成立しないかのように理解できるが、そのように判断するのは根拠が薄弱だろう。というのも、そもそも「倭人伝」の記述は実見記事と伝聞記事とが混在している可能性が高く、とくに伝聞記事の場合には筆録者自身の社会的常識（つまり当該時点の中国社会の常識）が混入しやすいからであり、また八世紀の時点で唐律の規定をわざわざ変更した養老律の規定と異なり、中国社会の実態に近いものが三世紀頃の日本列島にすでに存在していたと推論するのは、論理的整合性に欠けるからである。もっとも、長屋王の変に際して、その妻、吉備内親王も自殺しているので、縁坐の事例と考えられるかもしれない。だが、その直後に記される夫妻の葬礼に関する勅には「吉備内親王者無レ罪」（『続日本紀』天平元年二月甲戌条）とあり、その罪を認めていないようでもある。したがって、吉備内親王の自殺が縁坐に因るものであるのか否かの判断は、保留せざるを得ないだろう。縁坐については第二章で再び言及する。

(30) 注27、拙著所収「『祖』に関する基礎的考察」（初発表は一九八八年）で分析した。
(31) 注7、明石著書所収「日本古代の親族名称」。
(32) 宝亀三年八月二一日の日付を持つ荊国足解（『大日本古文書』巻二〇―五四所収）。

第二章　親子

はじめに

中国律令における親子規定については、はやく中田薫氏が研究の先鞭をつけ[1]、「教令権」という概念を提唱して親権の強さを指摘され、法史学界ではこの見解がほぼ通説と認められてきた。それを日本法制史も受け入れ、子女の売買などの事例をもとに親権の強さが瀧川政次郎氏により指摘され[2]、近年でも以下のような見解が通説的地位を占めている。すなわち「父母（祖父母を含む）は子に対し広大な親権を有し、子孫は逆に殆ど無条件に近い服従義務を負った。親権の核は子に対して命令しうる教令権で、闘訟律では子孫が父母等の教令に違反して、父母等の告言があれば徒二年が科されるとするのに対し、父母等が教令に違反する子孫を懲戒のため殴打して殺害した場合でも徒一年半に留まり、単に殴打または殴傷した場合、若しくは懲戒行為の結果誤って殺害しても罪責は追及されなかった[3]」などとする。おそらく家父長制の強固なイメージがその背後にあるのだろう。

しかしながら、こうした通説的見解に対する批判が、中国法制史の側からすでに提起されている。つまり、中田氏が定立した「教令権」という概念に対して、滋賀秀三氏は家産の単独所有者である父にも自由になし得ない事柄があり、そうした現象が生じるのは「教令権」（あるいは家父長権威）によるのではなく「承継」の原則によるものだと述べ、「教令権」概念の有効性を否定されるのである[4]。この滋賀氏の見解が認められるならば、右の日本法制史における通説的見解に疑義が生じるのは明らかであろう。

また日本古代社会（特に九世紀以前）に家父長制を見出そうとする見解も、もはや大方の支持を得られないだろう。そのうえ律の規定は空文的なものが多く、そのまま古代日本社会に正しく対応していたと見なすのは疑問のあるところである。

以下では、このような疑念を念頭に置きながら、律令規定の分析を進めたいと考える。なお、養子についてはすでに包括的な業績があるので[5]、本稿では必要最小限の言及に止めることとする。

一　律規定における「子」

そもそも、律の親族名称としての「子」について定義規定を記した養老名例律称二等親祖父母条逸文には「称レ子者、男女同」とあり、唐律のそれと異同はないようだが、唐律注の「縁坐者、女不レ同」は復元されていない[6]。しかし、日本律での「縁坐」規定は、唐律のそれよりもはるかに緩やかであり、特に妻や女子などの女性親族に適用される場合は、のちに紹介する賊盗律謀反条などのように確認しがたいので[7]、この注の復元可能性は大であろう。

一方、養老律本条に対応する唐、称期親祖父母条の律疏では「称レ子者、闘訟律、子孫違二犯教令一、徒二年、此是男女同。縁坐者、謂下殺二一家三人一之類、縁坐及二妻子一者上。女並得レ免。故云、女不レ同（以下略）」とあり、闘訟律四七（子孫違犯教令）条や賊盗律一二（殺一家三人）条などを引いて、「子」には男女が同一視される事例と男女が異なる事例とを具体的に示して説明する。この律疏については、注に規定する縁坐の場合以外に、戸婚律八条と四〇条の「無子」の「子」も加えざるを得ないことはすでに指摘されている。(8) 名例律の定義は律規定全体に及ぶので、他の律でも「子」には男女がともに含まれる場合と、男子のみをいう場合とがあり、その意味内容が異なることを確認しておかねばならない。

では次に、律の「子」規定の代表として、養老賊盗律謀反条とそれに対応する唐、賊盗律の当該条を以下に掲げる。

凡謀反及大逆者、皆斬。父子、若家人、資財、田宅、並没官。年八十及篤疾者、並免。祖孫兄弟、皆配㆓遠流㆒。不㆑限㆓籍之同異㆒。（以下略）　（養老賊盗律謀反条）

諸謀反及大逆者、皆斬。父子年十六以上、皆絞。十五以下及母女、妻妾、子妻妾亦同。祖孫兄弟姉妹、若部曲、資財、田宅、並没官。男夫年八十及篤疾、婦人年六十及廃疾者、並免。余条婦人応㆓縁坐㆒者、準㆑此。伯叔父、兄弟之子、皆流三千里。不㆑限㆓籍之同異㆒。（以下略）　（唐、賊盗律謀反大逆条）

本条は、君主や国家に対する大罪である「謀反」および「大逆」を犯した場合の罰則規定であり、いわゆる「八虐」（唐律では「十悪」）の第一、第二とされる。こうした大罪を犯した場合は、当人だけではなくその親族にまで罪が及ぶのが律規定の通例であり、これが「縁坐」である。その縁坐に「父子」や「祖孫兄弟」が含まれる（唐律では「母女妻妾」や「子妻妾」「姉妹」「伯叔父」「兄弟之子」まで含まれる）。養老律の記述では、この「子」に女子が含まれるのか否か不明だが、唐律の本文に「子」とは別に「女」が明記されている（縁坐において女子は男子と同じではないとする、先ほどの名例律称期親祖父母条の注と同一である）ことから、また他の縁坐規定でも女性親族が除外されるのが通例であることから、養老律でも「子」は男子のみを指すと理解してよいだろう。そして、養老律の第二項以下の規定では、唐律のそれとは異なって処罰が格段に緩やかになっていることも指摘できる。

　つまり公権力の転覆を意図するような大罪に対する罰則規定である養老律本条は唐律と同じく、縁坐の対象としての「子」には女子が含まれず、男子のみとなっていることが確認できるのである。日唐ともにこうした政治的犯罪には女子が関わることはない、という認識であったのだろうか。

　次に、養老賊盗律謀叛条とそれに対応する唐、賊盗律の当該条を掲げる。

凡謀レ叛者、絞。已上道者、皆斬。（中略）子中流。若率二部衆十人以上一、父子配二遠流一。（以下略）（養老賊盗律謀叛条）

諸謀レ叛者、絞。已上道者、皆斬。謂二協同謀計乃坐一。被二駆率一者非。余条被二駆率一者、準レ此。妻子流二千里。若率二部衆百人以上一、父母、妻子流三千里。（以下略）（唐、賊盗律謀叛条）

　本条も「八虐」の第三とされる「謀叛」（国家から離反しようとする大罪）を犯した場合の罰則規定であり、縁坐に父や子が含まれる（唐律では「妻」も含まれる）が、その「子」が男子のみなのか否か、養老律の記述ではやはり判断できない。そこで、唐の律疏をみると前条と同じく、「在レ室之女、不レ在二配限一、名例律、縁坐者女不レ同故也」とあり、唐律本条での「子」は名例律の規定通り、男子のみと理解できる。したがって、養老律本条の「子」も、謀反条と同様に男子のみを指すと考える蓋然性が高いだろう。

つまり本条は前条と同じく、その縁坐の対象には男子のみが含まれると考えてよいだろう。

このように、養老律の条文では「子」と称する場合、男子のみを指す場合と男女をともに指す場合とがあるが、君主や国家に対する大罪を処罰する規定における縁坐の対象である「子」は、唐律と同じく、男子のみを指すと理解してよいだろう。

以上のことは、公権力を覆すような、ある意味ではきわめて公的な側面の強い犯罪の実行者の「子」として、日唐の立法者は男女子ではなく、男子のみを念頭において条文を作成したことを表しているともいえるだろう。あるいは、養老律は多くの箇所でもそうであるように、唐律をほぼそのまま受容したのであろうか。いずれであるのかは明確にし難いところである。

余談だが、妻（妾）の扱いは日唐において異なっている。この点に両者の親族関係の相違を見て取ることが可能だろう。つまり、唐では妻は夫に従う存在（父系的）であるのに対して、古代日本では妻は必ずしも夫に従属的ではなかった存在（双方的）といえるだろう。

二　令規定における「子」

では、令規定の検討に移ろう。

まずはじめに、後宮職員令親王及子乳母条より。

凡親王及子者、皆給㆓乳母㆒。親王三人、子二人。所㆑養子年十三以上、雖㆓乳母身死㆒、不㆑得㆓更立替㆒。其考叙者、並准二宮人一。自外女竪、不レ在二考叙之限一。

本条は、親王とその子に乳母を国家から給する規定だが、義解は「謂、若内親王嫁二諸王一所レ生子者、不レ在二給限一也」と注釈し、令釈や古記も同様であるとする。そしてその根拠として「凡子者、以レ父可レ称也、依レ母不レ可レ称故也」と朱説は提示している。朱説の挙げる根拠は、律令が基本的に子の父系帰属主義をとっていることからも整合性があるだろう。

つまり、本条の規定は子の父系帰属主義により、父としての親王の子が乳母を給付される対象であり、母としての内親王の子はその対象から除外される、と解釈できるのである。このことは、令における「子」を考察する場合に確認しておくべき点である。

同様のことは戸令の新付条でもいえる。すなわち、「子」を新たに戸籍につけるとき、集解の諸注釈は父の国を本国と解釈する。ところが、古記は「従二本国一為レ定。謂父国是。但女不レ在二此例一。随レ便耳」と述べ、女子はこの原則から外れると注釈するのである。したがって、女子は必ずしも父の戸籍に登載することはないと考えているようであり、女子の父系帰属主義をあまり重視していないかのようである。

戸令聴養条は、集解諸注釈ともに養子には女子を含めないことが明確なので、詳細は省略する。

次に、遺産相続規定である戸令応分条を取り上げる。本条の総合的な分析はすでに行ったが、[9] ここでは「子」の解釈にしぼって言及する。一応、養老令の全文を掲げておく。

凡応レ分者、家人、奴婢、氏賤不レ在二此限一。田宅、資財其功田功封、唯入二男女一。摠計作レ法。嫡母、継母、及嫡子、各二分、妾同二女子之分一。庶子一分。妻家所得、不レ在二分限一。兄弟亡者、子承二父分一。養子亦同。兄弟倶亡、則諸子均分。其姑姉妹在レ室者、各減二男子之半一。雖二已出嫁一、未レ経二分財一者、亦同。寡妻妾無レ男者、承二夫分一。女分同レ上。若夫兄弟皆亡、各同二一子之分一。有レ男無レ男等。謂下在二夫家一守レ志者上。若欲二同財共居一、及亡人存日処分、證拠灼然者、不レ用二此令一。

まず第一項の「資財」の注に「其功田、功封、唯入二男女一」とあり、義解は「男女嫡庶、並皆均分也」とし、新令釈も同様に理解しているようだ。それゆえに、「功田、功封」については男女嫡庶の区別なく、均等に分割し相続できたと解釈してよいだろう。したがって、本項については男女子の区別は認められないと考えられる。

第三項には「兄弟亡者、子承二父分一」とあり、この「子」を巡って諸注釈がある。義解は「子承二父分一者。謂二称レ子者、男子一者」とし、「子」を男子と解釈する。穴記や朱説も同様である。ところが、令釈は「称レ子男女子」とする。しかし、その書き入れには「於レ今不レ合也。何者、下文无レ男者、妻妾承二夫分一故。但无二男并妻妾一者、女子得二父分一耳歟。何之」とあり、その解釈に反対する。ただし、その後に「唯兄弟曽无、而女子一人耳者、女子之男女受二母財一耳」とも注釈し、もともと男子がない場合には、女子が相続できると解釈する。令釈が引く師説も「子謂二男子一也」とし、ここでの「子」は男子であり、男子がない場合に限り女子と考えるとしている。整合性のある解釈だろう。

一方、古記は「子承二父分一、謂二嫡子之長子一」として、大宝令における第一項の嫡子優遇を、そのままここでも適用しようと解釈する。ある意味では一貫性が認められるが、「養子亦同」とする養老令の注があることをふまえると、やや強引な解釈のようにも考えられる。いずれにせよ、古記は女子の存在など全く考慮していないかのようだ。古記一云も女子のことは全く言及していないので、この点においてはほぼ同様のように考えられる。大宝令における本項は、唐令をそのまま引き写したものに過ぎず、古記などが女子の存在を全く考慮しないのも十分に首肯できるが、新付条の解釈も併せ考えると、大宝令の段階では女子の存在が軽視されていたとも推論できるだろう。

また第三項には「兄弟倶亡、則諸子均分」という規定もあり、注意を要するが、この「諸子」も義解をはじめとする諸注釈は男子と解釈する。しかし、これらの諸注釈が必ずしも断案ではなく、女子を含めうることも推論できるだろう[10]。

さらに、本条の第一項の注には「妾同二女子之分一」とあり、第五項の注にも「女分同レ上」などと明記されていることから分かるように、遺産相続の場において女子が一定の割合で、その権利を認められていたことが確認できるのである。この事実はきわめて重要なことであろう。

結局、本条の「子」に対する諸注釈は、男女子を同一視する場合と、男子のみを指すと理解する場合とがともに存在し、なかでも古記は「嫡子」の長子と解釈する特異な傾向があることを指摘できる。そして、男子に比べて制約はあるが、女子の遺産相続が認められていたことをここでも確認、強調しておきたい。母法の唐令ではあり得ない規定であるのだから。

次に、婚約と婚姻を女家が解消できる事由を規定した戸令結婚条には、第二項に「雖二已成一、其夫没二落外蕃一、有レ子五年、無レ子三年不レ帰、及逃亡、有レ子三年、無レ子二年不レ出者、並聴二改嫁一」とある。すなわち、成婚（律令の建前として、婚約が成立した後に行われる婚姻儀礼のことで、これを以て婚姻の最終的な成立とみなす）の後でも、夫が近隣の外国に滞在せざるを得なかったり、国内の他の地域に逃亡したりして、一定の年限が経過した場合に、妻は離婚することができるとする。その中で「子」の有無が条件になるようだが、義解はそれに対して「謂、称レ子者男女同也」と注釈し（令釈も同じ）、男女子を同一視する。ところが、ここでも古記は「有レ子、謂二女子不一レ同」と注釈し、女子を男子と同一視しない。もっとも、一云は「女子同例、妻妾亦同也」とし、一応、男女子を同列に扱っているようだ。

つまり、本条の「子」に対する諸注釈は、古記を除いて男女子を同一視していると考えてよいだろう。

次に、夫が離婚できる、あるいは離婚できない事由を規定した戸令七出条がある。離婚できる事由のうちに「一無レ子」があり、義解は「謂、雖レ有二女子一、亦為レ无レ子、更取二養子一故也」として、男子のみを指すと解釈する。これは古記も含めた諸注釈に共通するもので、本条での「子」は、家などの継承を念頭においた意味での理解であることが確認できる。

ここで、後宮職員令親王及子乳母条や戸令の諸条における「子」の分析結果を一応まとめておきたい。第一の後宮職員令親王及子乳母条や第二の戸令新付条では、「子」の父系帰属主義が確認でき、そのうち古記は女子の存在を軽視しているように考えられる。第三の戸令聴養条以下では、律と同様に「子」が男子のみを指す場合と男女子を指す場合とがともに存在することが明らかである。それを分類すると、男子のみを指すのが第三の聴養条と第六の七出条、男女子を指すのが第四の応分条（ただし「子」という語句に対する理解ではない）と第五の結婚条ということになる。すなわち、家の継承などに必要な養子などと関係するのが前者であり、遺産相続や離婚の申し立てなどと関係するのが後者となり、前者は公的な側面が強いのに対して、後者は私的な側面が強いものといえるのではないだろうか。つまり、公的な意味においての「子」は男子のみを指すものであり、私的な意味においての「子」は男女子をともに指すものであると評価できるのではなかろうか。さらに、大宝令の注釈である古記は女子の存在を軽視する傾向をはっきりと示すことも指摘しておきたい。

では、田令以下の諸条の分析を続けることとする。

まず、功田の世襲などについて規定した田令功田条には「下功伝レ子」とある。これに対して義解は「謂、男女同也」とし、令釈以下の諸注釈も同様である。これは、先に述べた戸令応分条第一項の注「其功田、功封、唯入二男女一」に対する諸注釈と対応する。ただ古記のみ「謂、女子不レ入二子之例一也」とするが、その直後に「今行事、女子亦伝」と続ける。国家から給付された功田の世襲において男女の区別なく「子」に伝えられるとするのが大勢だが、やはり古記は女子を排除しようとする。しかし、現在の慣行は女子にも伝えられると注釈せざるを得なかったようである。

次に、三位以上と五位以上の者の親族の課役を免除する規定である賦役令三位以上条を取り上げる。

凡三位以上父祖兄弟子孫、及五位以上父子、並免二課役一。

この規定に対して義解は「謂、為二男五位以上一生レ文。其婦女不レ同二此例一」とし、「子孫」および「父子」の「子」には女子は含まれないと注釈する。一方、穴記は「問、三位者、為二男三位一生レ文、未レ知、女三位亦習二男三位一、其父祖兄弟子孫等、免二課役一哉」と問いを発し、やや不明瞭だが女三位の親族にも認められる可能性は排除できないと理解しているのかもしれない。また朱説も「問、称二三位五位以上一者、女何、同不」という問いを発している。しかし「答、可レ案者」として明瞭な回答は求められないが、義解に近い私案を引用する。これらに対して、古記はこうした問いを発してはいない。

つまり、三位や五位という高位の女性官人（宮人）は当時存在した（たとえば県犬養三千代など）のだから、穴記や朱説の疑問は当然だが、公定の解釈としては義解のそれであったのだろう。ただし、それは養老令成立から約百年後の理解であり、その上、穴記や朱説はそれに反する状況も想定していると考えられ、明法家たちの解釈が統一されたものであったとは必ずしもいえないだろう。

次に、皇親の蔭を規定した選叙令蔭皇親条には「親王子従四位下」という語句があり、それに対して朱説は「親王子従四位下者、未レ知、皇太子之子何、同不。答。問、称レ子者、女子不レ入、又内親王之子不レ入、何」という問いを投げかけるだけで、その回答は記されない。当然の疑問だろうが、他の諸注釈はなんら言及していない。したがって、どのように理解してよいのかは不明としか言いようがない。

同じく、蔭子孫の蔭位に関する規定である五位以上子条でも、「五位以上子出身者、一位嫡子従五位下（以下略）」などとし、もっぱら「嫡子」「嫡孫」「庶子」「庶孫」などの差違が諸注釈の議論の中心になっている。しかし、ここでも朱説が男女子の扱いについて関心を寄せ、「此文凡称二五位以上子出身一、不レ別二男女一、而女子不レ被二父蔭一、依二何所一云。」と注釈し、五位以上の「子」の出身には男女の区別はないと考えているようだが、その後に女子には父親の蔭が及ばないとも明記しており（本条の規定からこれが蔭に関しての原則であろう）、今一つ明快に理解できない。

ところで、「女子不レ被二父蔭一」という朱説の指摘については、後宮職員令縫司条の、

右諸司掌以上、皆為二職事一。自余為二散事一。各毎二半月一、給二沐假三日一。其考叙法式、一准二長上之例一。東宮々人、及嬪以上女竪准レ此。

という規定とも関連があるように考えられる。すなわち、本条は後宮などに出仕する女性官人の処遇などを規定するが、その中で令釈の「氏女、采女等、限二年十三以上一貢之。但叙位者、依二選叙令一限二廿五年一耳。私選叙令云、凡授レ位者、皆限二年廿五以上一。唯以レ蔭出身者、皆限二年廿一以上一」という注釈が注意される。つまり、有力な注釈の一つであった令釈が「唯以レ蔭出身者、皆限二年廿一以上一」ともいい、「氏女、采女等」の出身に蔭によるものがあるかのように理解できる指摘をしているのである。もちろん、単なる一般則として授位条を引用したに過ぎないという理解もあり得よう。だが、「氏女、采女等」の出身についての注釈として、なぜこのような一般則を引かなければならなかったのだろうか。あるいはこれら「氏女、采女等」の出身にも蔭が適用される、という誤解が生じやすかったからではなかろうか。このような推測が成り立つとすれば、五位以上子条の朱説の「不レ別二男女一」という注釈も、同じ誤解から生じたものと理解できるだろう。

以上より、これらの注釈は女性官人に蔭が適用されることもあり得る、という誤解まで生じさせるという点で、その特殊な存在形態を浮かび上がらせてくれると考えられよう。

このように、賦役令三位以上条、選叙令五位以上子条、後宮職員令縫司条などを検討した結果、女性官人の特殊な存在形態が指摘できるだけではなく、律令の原則に反して、官人の女子にも一定の特権が及ぶかのように理解できる注釈が存在していたことが明らかであろう。そしてその背後には、明法家たちを混乱させる社会通念や実態があったかのように推測できるのではないだろうか。

では最後に、儀制令五等親条をみておこう。本条は親族の範囲とその等級を規定したもので、当然のことながら「夫、子為二一等一」という一句があり、「子」を一等親としているのが確認できる。これに対する注釈をみると、義解は「謂、養子亦同也」とし、令釈は「称レ子者、女及養子亦同」とする。一方、古記は「問、等親入レ女以不。答、不レ入。唯不レ得レ離准入耳」とするのに対して、古記一云は「称レ等者女亦同、他准レ此」とする。義解は令釈をふまえた解釈であることが多いので、おそらく公定の解釈は「子」には女子も含まれると考えてよいだろう。ところが、ここでも古記は女子を含まないと注釈するが、一云はそれに反対し、女子も含まれると注釈する。したがって、女子を「子」から排除しようとする古記の特異な解釈がより鮮明となる。

以上のように、令の各規定のなかで「子」がどのように理解されているのかを分析してきた。その結果は以下のように整理できるだろう。すなわち、まず後宮職員令親王及子乳母条により子の父系帰属主義という律令の原則が確認でき、戸令応分条や結婚条、田令功田条、儀制令五等親条などでは、「子」に女子を含めるように理解できるのに対して、戸令聴養条や七出条、賦役令三位以上条、選叙令五位以上子条、後宮職員令縫司条などでは、「子」は男子のみを含意していたと判断できるが、女子も含みうるとの誤解が生じていた可能性も推定できる。また、大宝令の注釈である古記は常に「子」から女子を排除しようとする理解を示していた。

つまり、前者のグループは個々の人間の帰属を規定するような条文であるのに対して（ただし、戸令応分条や田令功田条などは私的な遺産相続や公的な功田の相続などの規定であり、必ずしもそのようにはいえない）、後者のグループは「家」の継続や官人の特権などの公的な一面を規定する条文である。

要するに、前節の律に対する分析結果をも勘案すると、日本律令における「子」の意味は、私的な事案に関わる規定においては男女ともに含意していたと推考できるのに対し、公的な事案に関わる規定においては男子のみを指していたと推考できるだろう。ただし、公的な事案に関わる規定においても、「子」に女子も含みうるとの誤解も生じやすかったようだし、養老令の遺産相続規定では女子にも相続権を認めるものであった。この点は、男女間の格差があまり明確ではなかったようにも推測させる。

ところが、大宝令の注釈である古記においてはこの区分はほとんど意識されず、「子」はほぼ男子のみを指すものとを理解していたように推測できるのである。大宝令が家父長制を積極的に導入しようとしていたという関口裕子氏の指摘(11)と整合性を持つものであろう。

三　親権について

次に親権のあり方について、分析を行うこととしたい。

まず、通説において必ず取り上げられる闘訟律詈祖父母父母条の養老律逸文とこれに対応する唐律殴詈祖父母父母条を掲げる。

(凡)詈二祖父母、父母一者、徒三年。殴者、皆斬。過失殺、流。傷、徒。若子孫違二犯教令一、而祖父母、父母殴殺者、徒一年半。以レ刃殺者、徒二年。故殺者、各加二一等一。即養父母殺者、又加二一等一。過失殺者、各勿レ論。

(養老律逸文)

諸詈二祖父母、父母一者、絞。殴者、斬。過失殺者、流三千里。傷者、徒三年。若子孫違二犯教令一、而祖父母、父母殴殺者、徒一年半。以レ刃殺者、徒二年。故殺者、各加二一等一。即嫡、継、慈、養殺者、又加二一等一。過失殺者、各勿レ論。

(唐律殴詈祖父母父母条)

本条は「八虐」の第四の「悪逆」（子孫が祖父母父母を殴傷したりする罪）と第七の「不孝」（子孫が祖父母父母を詈《ののし》ったりする罪）を犯した場合と、反対に祖父母父母が子孫を殺した場合などの処罰を規定したものである。なによりも前者の処罰が後者のそれに比べて圧倒的に重いのが目につく。こうした罰則規定が儒教道徳に根ざした社会秩序や宗族秩序維持のためであるのは、夙に指摘されているところである。養老律もこのような構造をそのまま受容している。

ただし、養老律は唐律の罰則規定をそのままには受け入れておらず、変更を施している点がある。それは、冒頭部の子孫が祖父母父母を詈った場合の処罰が「絞」から「徒三年」へと大幅に軽減されていることである。これ以外の処罰は唐律のそれをそのまま受け入れているので、こうした変更にどのような意図があるのかは今一つ判然としない。一つの推理として、あまりに当時の社会通念とかけ離れていたのかもしれない。

次に、闘訟律子孫違犯教令条を検討する。

（凡）子孫違犯㆓教令㆒及供養有㆑闕者、徒二年。　（養老律逸文）

諸子孫違犯㆓教令㆒及供養有㆑闕者、徒二年。謂㆘可㆑従而違、堪㆑供而闕者㆖。須㆓祖父母、父母告㆒、乃坐。　（唐律）

本条は、子孫が祖父母父母の教令に反した場合の処罰を規定したもので、「教令権」概念の根拠ともいえる条文である。また「供養有㆑闕」は「不孝」の一要件であり、その処罰は徒二年という重い刑罰となっている。それを養老律はやはりそのまま受容している。したがって、養老律制定者は唐律にうかがえる祖父母父母の教令権らしきものを一定程度理解し、それを律文に定着させた可能性もあるだろう。もっとも、唐の律疏をみると、「若教令違レ法、行即有レ愆、家実貧窶、無レ由二取給一、如レ此之類、不レ合レ有レ罪」とあり、祖父母父母の教令が法に反していた場合は、子孫は罪に問われないとし、その教令を無制限に認めているものではないことが確認できる。

　このように、闘訟律二条の規定は「悪逆」や「不孝」という重罪に関わるもので、子孫に対する処罰はきわめて重く、祖父母父母の権限がひろく認められていたといえるだろう。それを養老律もほぼそのまま受容しているゆえに、古代日本でも親権がきわめて強いものであった、という認識が学界に共有されているのである。だが、律に規定があるからといってその内容が古代日本社会の実態を反映しているとする認識は、先に指摘したように大いに疑問である。

　では次に、古代日本の親権の強さを主張する通説のもう一つの根拠となってきた、養老賊盗律売二等卑幼条とそれに対応する唐賊盗律略売期親卑幼条を検討することとする。各々の条文を以下に掲げる。

凡売二二等卑幼及兄弟孫外孫一、為二奴婢一者、徒二年半、子孫者、徒一年。即和売者、各減二一等一。其売二余親一者、各従二凡人和略法一。（養老律売二等卑幼条）

諸略売二期親以下卑幼一、為二奴婢一者、並同二闘殴殺法一。無服之卑幼亦同。即和売者、各減二一等一。其売二余親一者、各従二凡人和略法一。（唐律略売期親卑幼条）

　本条は、弟妹や姪、兄弟孫、外孫あるいは子孫を強制的に奴婢として売ったり、当人と合意の上で奴婢として売ったりした場合の罰則規定である。こうした行為はそもそも唐律では「十悪」の第八の「不睦」に当たり、重大な違犯行為とされたが、養老律では「不睦」は削除されている。その理由としては、近親の売買が大宝律施行前まで罪とみなさない慣行があったため、と指摘されている[12]。ところが、養老律に本条の規定が存在するということは、「八虐」という官爵を持つ特権階級に対する処罰の対象からは除外するが、一般的に近親を売買することはやはり処罰の対象とする、と理解するべきだろう。したがって、先の指摘は認め難いのではなかろうか。

　さて規定の内容をみていくと、養老律の処罰は唐律のそれに比べて緩和されているのがわかる。すなわち、唐の律疏には「仮如闘殺㆓弟妹㆒徒三年、殺㆓子孫㆒徒一年半、若略売㆓弟妹㆒為㆓奴婢㆒、同㆓闘殺法徒三年㆒、売㆓子孫㆒為㆓奴婢㆒、徒一年半之類。故云、各同㆓闘殴殺法㆒」とあり、弟妹などを強制的に売って奴婢とすれば徒三年という処罰を受け、子孫を同様に扱えば徒一年半という処罰を受けるが、養老律ではそれぞれ徒二年半、徒一年と規定される。つまり、律の刑罰体系の中で一段階ずつ緩和されているのである。これをもって、古代日本には売子の慣行が広く行われていたからとも解釈できるが、前述した闘訟律などの規定を考慮すると、養老律全般として刑罰が緩められていることの一端の表れと解釈した方がよいだろう。また、直系卑属である子孫に対する違犯行為の方が厳しい処罰となっているが、それは祖父母父母の意向（親権）がより直接的に及ぶからだろう。

　古代日本の親権の強さを通説的なものと位置づけられた瀧川政次郎氏は、これら律規定以外に次に紹介する史料などにも注目された[13]。すなわち、

下野国司奏、所部百姓、遇㆓凶年㆒、飢之欲㆑売㆑子。而朝不㆑聴矣。

（『日本書紀』天武五年五月甲戌条）

詔曰、若有㆓百姓弟為㆑兄見㆑売者、従㆑良。若子為㆓父母㆒見㆑売者、従㆑賤。若准㆓貸倍㆒没㆑賤者、従㆑良。其子雖㆘配㆓奴婢㆒所㆖生、亦皆従㆑良。

（『日本書紀』持統五年三月癸巳条）

弘仁刑部式云、父母縁㆓貧窮㆒売㆑児為㆑賤。其事在㆓己丑年以前㆒者、任依㆑契。若売在㆓庚寅年以後㆒、皆改為㆑良、不㆑須㆑論㆑罪。其大宝二年制律以後、依㆑以㆑科断。

（『政事要略』第八四）

などである。そこで、弘仁刑部式のいう「己丑年」が持統三年に当たり、「庚寅年」がその翌年に当たることを確認された上で、おそらく天武五年五月甲戌条以前に、すなわち天智朝の近江令で子女売買の禁止が規定され、それが天武五年条の「而朝不㆑聴矣」として表現されたと理解される。次の持統五年条は、そうした禁止令がすでにあったにも拘わらず、売買が行われた子女の処遇を定めたものであり、さらに刑部式によって、持統三年以前の子女売買は有効であり、持統四年以後の売買は無効であった、と三者を統一的に解釈されたのである。

しかしながら、そもそも子女売買の禁止に関する規定は律において認められるのであり、養老令（大宝令も）ではそうした規定は確認できないので、近江令に規定されていたと推論するのは無理がある。したがって、天武五年条は、単行法令として父母による子女売買は認めないということを述べたものに過ぎないだろう。持統五年条は良賤の身分確定の詔であり、子女の売買を前提としている（なかでも、父母により売買された子女を賤とすることから、その正当性が認められているかのようだ）。また刑部式も持統三年以前の子女売買の有効性を認め、父母に売られた子女は持統五年条と同じく賤とし、持統四年以後に行われた子女売買は無効とするが、罪とは見なさず、罪に問われるのは大宝律制定以後である、と理解できる。やはり大宝律で法的に禁止されたと考えてよいのだろう。

以上のことより、この三者を整合的に解釈するならば、子女売買が法的に禁止されたのは大宝律においてであり、それまでは慣例にしたがって認められていた。だが、こうした行為は、律令法の内容が理解されていくにつれ制約を受け始め、天武五年の時点では朝廷はそれを否認しようとした。しかし、このような慣行は次の持統朝でも継続し、父母による子女売買は持統四年でその契約の有効性が一旦は否定される。それにも拘わらず翌持統五年ではまたその有効性を認めざるを得なかったのであろう。その後、おそらく大宝律での禁止を経て養老賊盗律の規定に至ったのだろう。

このような経緯が認められるならば、父母による子女売買という慣行は根強いものであったと言わざるを得ないだろう。したがって、古代日本社会において親権は強かったとする通説的理解が成立する可能性は、むしろ高まったともいえるだろう。

ところがしかし、そもそもこのような律規定が成立した前近代の中国社会においてもまた、父母による子女売買の慣行がかなり長期にわたって存続していたことは、仁井田陞氏によってすでに明らかにされている[14]。すなわち、『漢書』あたりから親による子女売買の事例がみえ始め、それが絶えることなく『旧唐書』や『宋史』などの記述でも確認できるといい、さらにはその売買文書（もちろん律で禁じられているわけだから、公的文書ではない）まで作成された事例もうかがえると指摘されるのである。

こうした前近代中国社会のあり方をふまえると、父母による子女売買という事象のみで古代日本社会における親権の強さを主張するには、いささか躊躇せざるを得ないだろう。その理由は、父系的家族道徳を称揚する前近代中国社会ですら、建前と異なる社会の実態があったとするならば、そうした道徳を固有のものとして持ち得なかった古代日本社会では、その実態として子女の売買などという親権の強さがより露わに見えてしまうのは、至極当然のことと理解できるからである。したがって、視点を変えて考える必要があるだろう。

そうすると、子女の売買などという事象は、未熟な生産力、あるいは経済的困窮の時代・社会にあって普遍的に存在しえた、と推論した方が合理的ではないだろうか。近現代の特定の社会でさえ子女売買は存在しうるのだから。その事例の一つとして古代日本の子女売買も理解できるのではないだろうか。

そのうえ、親権の実体を考える際に留意せねばならない点もある。すなわち、前近代中国社会での親権者は、いうまでもなく父（祖父）が母（祖母）に優先するのに対して、古代日本社会ではそのようには簡単に断定できないのである。つまり、古代日本社会では元来、子は母親との結びつきが強く、その生育ももっぱら母方の親族の手に委ねられる場合が多かった。また『万葉集』の防人歌などでは、父母を歌った二三首のうち父親が単独で登場するのは一首のみであり、母親のみを歌うのが一〇首、両親を歌うのが一一首（そのうち母を先行させるのが三首）、などと指摘されているのである[15]。さらに古代日本の親族組織は、父系に偏った前近代中国とは異なり、父方、母方双方がほぼ対等のものとしてあった。したがって、古代日本における親権の実質は母親側が所持していた可能性が高く、前近代中国とは異なっていたと考えた方がよいだろう。

以上をまとめると、養老闘訟律や賊盗律の親権などに関わる条文は、若干の修正を加えてはいるものの、唐律のそれをほぼ踏襲したものと確認できる。ところが、子女売買の慣行などを例として考えると、それは必ずしも親権の強さを証するものではなく、未熟な生産力、あるいは経済的困窮の時代・社会にあって普遍的に存在するものとして理解できること、法的規制が遅かったゆえにその慣行が史料上により明確に表れやすかったこと、などを指摘できた。しかも、親権の実質は母親側が所持していた可能性が高いことも指摘できるのである。つまり、古代日本では、唐律をほとんどそのまま受容した養老律の規定とは異なる、社会実態を想定することが大いに可能なのである[16]。

従来、家父長制をその背後に想定し、中世の「悔返し」権なども視野に入れて、古代日本社会の親権の強さが主張されてきたが、上記のように考えることが可能であるならば、通説の再考を図るべきではなかろうか。

四　いわゆる「教令権」について

では、前節までの考察をふまえて古代日本社会における「教令権」について考えることとする。

まず、祖父母父母の子孫への教令というのは、唐闘訟律子孫違犯教令条において確認したように、法の制約下という条件があり、無限定にそれが認められているものではないのである。その上に、滋賀氏の見解を加えるならば、やはり「教令権」という概念の実体を前近代中国社会に認めるのはかなり難しくなるのではないだろうか。むしろ「教令権」という概念は、前近代中国社会においてもその実体を伴うものではなく、理念上のものと理解した方が穏当ではなかろうか。

そうであるならば、古代日本社会にそうした概念が存在していたと推論するのは、一層、困難になるのではなかろうか[17]。その理由は、前節でも指摘したように、古代日本の社会実態は律の規定とはかなり異なるものであったと想定できるからである。

もちろん、古代日本社会でも父方、母方双方の祖父母父母がその子孫に対して、様々な局面で教え諭す、あるいは強制的に指示をするという場合があったことは否定できないだろう。それは記紀の「天皇」周辺の、つまり支配層の説話的記述から確認できる。だが、『万葉集』や『日本霊異記』などに垣間見える被支配層のそれは、律の規定にみえる「教令」の実体と同一であるとは必ずしもいえないだろう。いやむしろ反対に、子孫が祖父母父母を強制する説話さえ存在する。

また、教令と反対方向のベクトルである「孝」概念も、たとえば賦役令孝子順孫条の諸注釈では中国古典の引用のみに終始し、その実体を正当に理解していたのかはなはだ疑わしいし、社会におけるその実態も八世紀代では確認しづらいことがすでに指摘されている(18)。

結局、「教令権」という概念は、前近代中国社会においては理念的なものとしてその存在を認めてよいかもしれないが、滋賀氏が述べられたように、実体を伴ったものではなかったと考えてよいだろう。一方、こうした概念が背後に存在しているかのような規定がたとえ律文にみえるからといって、古代日本社会にその実体を求めるのはかなり無理があり、むしろ空文的なものであったとみなした方が、社会の実情理解に適しているのではないだろうか。

おわりに

以上のように、親子に関する律令規定を検討してきたが、「子」には男子だけではなく、女子も含まれる規定がかなりあり、本来、男子のみを指すような条文においても女子を含み得るかのような誤解が生じやすかったことを指摘できた。ということは、男女子の格差が小さいものであったと理解することも可能となるだろう。また親権については通説とは異なり、とくに強いものであったとは必ずしも言えないのではないか、という仮説を提示することになり、「教令権」という概念も古代日本社会ではそもそも正当に理解されていたのか疑わしいと考えた。しかし、その論証が不十分であることも認めるところである。唐律のそれをほぼそのまま受容した面の強い律文などにおいて、彼我の相違を明瞭に論証するのはきわめて困難であると言わねばなるまい。

しかしながら、戸令嫁女条の規定などを見ると、[19]古代日本の婚姻は前近代中国のそれとは異なり、「主婚」たる祖父（母）父（母）の意向よりも、男女当人の意思で成立していたといえ、「子」が親から自立していた一面を指摘できる。こうした一面も考慮するならば、古代日本社会では、前近代中国と比べて親権の強さをあまり強調できないのではないかと推考するところである。

結局のところ、古代日本の男女子間や親子間の関係の基底には、家父長制ではなく双方的な親族組織があったと理解するのがやはり合理的解釈であろう。

注

（1）中田薫『法制史論集 第三巻』（岩波書店、一九四三年）。

（2）瀧川政次郎「律令時代に於ける子女の売買」（『律令賤民制の研究』角川書店、一九六七年、ただし初発表は一九二四年）。もっとも、「教令権」という語は用いられていない。

（3）牧英正・藤原明久編『日本法制史』（青林書院、一九九三年）の七〇頁（林紀昭氏執筆）。

（4）滋賀秀三『中国家族法の原理 第二版』（創文社、一九七六年）の第二章第一部。なお、『譯註日本律令』七（東京堂出版、一九八七年）の闘訟律四七条解説（奥村郁三氏執筆）も「教令権」を「（中田薫）博士の理論上の概念を示す用語」あるいは「抽象化された学術上の概念」と指摘する。

（5）林紀昭「日本古代社会の養子」（大竹秀男ほか編『擬制された親子』三省堂、一九八八年）。

（6）以下に引用する養老律文はすべて『譯註日本律令 律本文篇』（東京堂出版、一九七五年）による。

（7）いわゆる『魏志倭人伝』には「其犯レ法、軽者没二其妻子一、重者滅二其門戸及宗族一」とあり、三世紀頃の日本列島の法では縁坐が妻子に及んでいたと記す。すると、本文の認識は成立しないかのように理解できるが、そのように判断するのは根拠薄弱だろう。というのは、そもそも「倭人伝」の記述は実見記事と伝聞記事とが混在している可能性が高く、とくに伝聞記事の場合には筆録者自身の社会的常識（つまり当該時点での中国社会の常識）が混入しやすい（「宗族」などという用語もそのことを類推させる）からであり、また本文で述べるように、八世紀の時点で唐律の規定をわざわざ変更した養老律の規定とは異なり、中国社会の実態に近いものが三世紀頃の日本列島にすでに存在していたと推論するのは、論理的整合性に欠けるからである。さらに社会人類学では親族組織というものは、大きく変化するものではないと理解されていることも傍証となるだろう。もっとも長屋王の変に際して、その妻、吉備内親王も自殺しているので、縁坐の事例と考えられるかもしれない。だが、その直後に記される夫妻の葬礼に関する勅には「吉備内親王者無レ罪」（『続日本紀』天平元年二月甲戌条）とあり、その罪を認めていない。したがって、吉備内親王の自殺に縁坐が間接的に関わっていたのか否かの判断は、保留せざるを得ない。また「宣レ勅曰、長屋王昆弟姉妹子孫及妾等合二縁坐一者、不レ問二男女一、咸皆赦除」（『続日本紀』天平元年二月己卯条）ともあり、姉妹や妾も縁坐の対象となっている。しかし、これは日本律の規定とは異なるものであり、「唐律を念頭に置いた記述か」という指摘がある（『続日本紀 二』岩波書店、一九九〇年、二〇七頁の注一五）。あるいは大宝律での規定であった可能性も排除できないのかもしれない。いずれにせよ、養老律における縁坐規定は、本文の記述のように理解してよいだろう。

（8）『譯註日本律令 五』（東京堂出版、一九七九年）の三一〇頁の注六（滋賀秀三氏執筆）には「戸八『養子所養父母無子而捨去』や戸四〇疏七出の一たる『無子』の『子』に女子は含まれないと解さざるを得ない」とある。

（9）拙稿「戸令応分条の比較研究」（『日本書紀研究』第二四冊、塙書房、二〇〇二年）。本書の第五章。

（10）注9、拙稿で詳論した。

（11）関口裕子「律令国家における嫡庶子制について」（同著『日本古代家族史の研究』上・下、塙書房、二〇〇四年、ただし初発表は一九六九年）、「律令国家における嫡妻・妾制について」（同著『日本古代婚姻史の研究』上・下、塙書房、一九九三年、ただし初発表は一九七二年）。

(12)『律令』(岩波書店、一九七六年)の名例律の補注6ａ(青木和夫氏執筆)。
(13)注2、瀧川氏論文。
(14)仁井田陞『唐宋法律文書の研究』(東京大学出版会、一九八三年、ただし初版は一九三七年)、同『中国身分法史』(東京大学出版会、一九八三年、ただし初版は一九四二年)。
(15)三浦佑之『平城京の家族たち』(二〇一〇年、角川学芸出版、ただし、初発表は一九九六年)。
(16)こうした古代日本の社会実態に近いものとして、ベトナム社会を挙げることができるのではないだろうか。つまり、牧野巽「安南の黎朝刑律にあらわれた家族制度」(同著『牧野巽著作集 第二巻』御茶の水書房、一九八〇年、ただし初発表は一九三四年)や仁井田陞「黎氏安南の財産相続法と中国法」(同著『補訂 中国法制史研究 奴隷農奴法・家族村落法』東京大学出版会、一九八〇年、ただし初発表は一九五四年)などによると、中国律令の影響を強く受けたベトナムでも、一五世紀前後の内容も含む黎朝刑律(一八世紀の成立)において、闘訟律子孫違犯教令条などに類する規定があり、しかも日本中世の悔返し権に匹敵する規定も確認できるようである。ところが、相続規定は、注9の拙稿で詳述した養老令のそれにきわめて近く、男女子の相続がほぼ対等に認められ、夫婦財産制でも妻の所有が明確に認められており、「縁坐」の範囲も狭いようである。こうした諸規定は、養老律令(および中世の武家法)のそれに非常に近いものといえるだろう。したがって、その社会実態も古代日本のそれと類似のものであったと推考できるだろう。ただし残念なことに、子女売買の慣行などについては不明のようである。しかも、こうした法の規定によりベトナム社会は双方的であった可能性が大いに考えられる。
(17)岩田真由子氏は「悔返の発生は、そうせざるをえない深刻な、子の親に対する不孝な行為があったことを意味するのであって、このことから中世が教令権の強い社会であったとは一概にはいえない」(同著『日本古代の親子関係』八木書店、二〇二〇年)と指摘し通説を批判される。
(18)『律令』(岩波書店、一九七六年)の賦役令補注17(吉田孝氏執筆)。その社会実態について坂本太郎(「飛鳥・奈良時代の倫理思想―とくに親子の間の倫理思想について―」同著『古典と歴史』一九七二年、吉川弘文館)は本条に対しても考察を加え「令文の表面に期待されているほどの熱意をもって行われたかどうかは疑わしい」とされたうえで、多様な史料をも分析された結果

「儒教の孝道思想は官人有位者の観念に影響を及ぼした。けれどもそれがかれらの身についた実践道となったのは、おそらくは平安時代も少し進んで九世紀に入ってからであり、飛鳥・奈良時代ではまだ借り物の域を脱しなかったのではあるまいか」と指摘されている。

(19) 拙稿「戸令嫁女条に関する一考察」(『続日本紀研究』三二〇号、一九九九年)、本書の第三章。拙著『日本古代の家族・親族』(岩田書院、二〇〇一年)の第六章。

第三章　婚姻

はじめに

日本古代の婚姻に関する律令規定についての研究には一定の蓄積はあるが、[1]もちろんすべてが解明されているとはいえず、その現況について必ずしも満足できる状態ではない。また、近年、直接比較することの可能な唐令の復元研究が、新たな段階に到達したことを示す労作の『唐令拾遺補』が公刊された。[2]そこで、本章では、戸令嫁女条の唐令の新復元案を参照しつつ、自らもその復元を試み、両者の比較を通して日本令の特質、なかでも前近代中国では婚姻を司るとされた主婚の意義などを明らかにし、さらにはその他の条文にも検討を加え、その背後にうかがえる婚姻の実態に迫りたいと考える。

一　唐（永徽令）、戸令嫁女条の復元私案

まず、『唐令拾遺補』に復元された条文（永徽令と開元二五年令）を掲げてみよう。

（永徽令）
依令、婚先由伯叔、伯叔若無、始及兄弟。

諸嫁女、皆由祖父母父母主婚。祖父母父母倶無者、従余親主婚。若夫亡携女適人者、其女従母主婚。〔由伯叔父姑、伯叔若無、由兄弟外祖父母、次及舅従母従父兄弟、若舅従父《ママ》母従父兄弟不同居共財、及無此親者、並任女所欲為婚主。〕（開元二五年令、なお〔 〕部分は「従余親……従母主婚」の別案である）

永徽令の条文は戦前の段階と異なるところはないが、開元令のそれは近年の菊池英夫氏や武田佐知子氏などの研究成果を積極的に吸収し復元されたものであり、注目すべきである[3]。

そこで、開元令の復元案について見ると、「従余親」以下は二案示されているが、一方が明、戸令の規定を大幅に採り入れ、一方が養老戸令のそれを採り入れたものとなっている。すなわち、『大明会典』巻二〇、戸部、婚姻条には、

洪武二年令、凡嫁娶、皆由㆓祖父母父母㆒主婚、祖父母父母倶無者、従㆓余親㆒主婚、若夫亡携㆑女適㆑人者、其女従㆑母主婚。

とあり、他方、養老戸令嫁女条は、

凡嫁㆑女、皆先由㆓祖父母、父母、伯叔父姑、兄弟、外祖父母㆒。次及㆓舅従母、従父兄弟㆒。若舅従母、従父兄弟、不㆓同居共財㆒、及無㆓此親者㆒、並任㆓女所㆑欲、為㆓婚主㆒。

とあり、それぞれの傍線部が復元案にほぼそのまま採用されているのが明瞭であろう。ただ、両者は全く異なったものではなく、ともに「若」の前後で二分され、前半部が主規定、後半部が例外規定となり、その構造は共通している。

この二つの復元案のうち、永徽令として果たしていずれが正しいものであるのか、あるいはこのいずれでもなく別に考えるべきものがあるのか、検討を加えていくこととしたい。

まず、令の直接の検討へ入る前に、史料としてより確実に残っている、婚姻に関する通則規定である戸婚律の嫁娶違律条の、唐律、養老律逸文、明律の各々を掲げ、分析することとする。

a 諸嫁娶違レ律、祖父母、父母主婚者、独坐二主婚一。本條称二以レ姦論一者、各従二本法一、至レ死者減二一等一。
b 若期親尊長主婚者、主婚為レ首、男女為レ従。
c 余親主婚者、事由二主婚一、主婚為レ首、男女為レ従、事由二男女一、男女為レ首、主婚為レ従。其男女被レ逼、若男年十八以下及在室之女、亦主婚独坐。未レ成者、各減二已成五等一。媒人、各減二首罪二等一。

（『唐律疏議』巻一四、戸婚律）

a 〔凡〕嫁娶違レ律、祖父母々々外祖父母主婚者、独坐二主婚一。
b 若二等尊長主婚者、主婚為レ首、男女為レ従。
c 余親主婚者、事由二主婚一、々々為レ首、男女為レ従、事由二男女一、々々為レ首、主婚為レ従。

（養老戸婚律、逸文）

a凡嫁娶違レ律、若由二祖父母父母b伯叔父母姑兄姉及外祖父母一主婚者、独坐二主婚一。c余親主婚者（余親謂二期親卑幼及大功以下尊長卑幼主婚者一）、事由二主婚一、主婚為レ首、男女為レ従、事由二男女一、男女為レ首、主婚為レ従。至レ死者、主婚人並減二一等一。

（『大明律』巻六、戸律）

本条は、唐律において、前条の違律為婚離正条と並んで戸婚律、婚姻篇の通則規定の一つであり、戸婚律二六以下各条に定める処罰が誰にどのように科されるかを定めたものであり、「主婚と媒人は常に処罰されるのに対して、男女本人が処罰を受けるのは、実際上は比較的起こりにくい場合にだけ限られていることが注目される」とすでに指摘されている(4)。

ところで、この唐律を養老律や明律と比較すると、傍線部を付したように一定の対応関係が確認できる。すなわち、唐律と養老律の間では、主婚が誰であるかにより、a主婚が祖父母父母（養老律は外祖父母も加える）ならば、主婚一人が罰せられ、b主婚が期親尊長（養老律は二等尊長）ならば、主婚が首犯として罰せられるだけではなく、男女も従犯として罰せられ、c主婚がその他の親族ならば、場合により主婚と男女のいずれかが首犯、従犯となり、処罰されるのである。つまり、唐律、養老律ともに婚姻を司る親族により主婚を三段階に分け、処罰の対象を規定しているのである。但し、aの場合に、養老律が外祖父母を加えているのに注目されるが、かつて分析したように、前近代中国と日本の親族原理の差違によるものであろう(5)。したがって、このような両者の関係から、『唐律疏議』の律は開元律であろうと論定されているが(6)、永徽律でも大差ないもの——外祖父母は明記されていない

―が規定されていたと推定してよいだろう。

一方、唐律、養老律と明律との間では、かなりの相違が目につく。すなわち、明律では、どの親族が主婚になるのかにより、三段階の区分が二段階に簡略化されており、aとbの一体化が図られ、しかも「期親尊長」という総称ではなく、「伯叔父母姑兄姉」と個別に記し、さらに外祖父母も付け加えられている。但し、外祖父母の追加は、養老律と全く同一というわけではなく、期親尊長の「伯叔父母姑兄姉」の後に配置されているのである。

つまり、唐律（永徽律、開元律ともに含む）と養老律との間にはかなりの近似性が認められるが、両者と明律との間には明瞭な差違性が認められるのである。

このような通則規定としての戸婚律嫁娶違律条の三者の関係性を前提として、嫁女条の検討を始めることとしよう。律の分析より、唐・養老・明の各々の関係が首肯されるなら、嫁女条においても三者の関係を適用できるとするのが妥当な推論であろう。ところが、唐令には、集解、令釈に引用された永徽令の逸文と、二案が示されている開元令とがあり、両者と養老令との間の距離をどのように測ればよいのか慎重に考慮しなければならない。そこで、はじめに確認しておくべきことは、養老（大宝）令の母法としての永徽令ということであり、したがって、両者の近縁性が推定できる一方、すでに指摘されているが[7]、戸令における両者の異質性にも配慮しなければならない。つまり、大局的には永徽令と養老令にはかなりの近似性を認めてよいが、こと戸令に限定すると、その差違も存在すると考えるべきなのである。

ここに、永徽令の復元の基本方針が確定できることとなる。すなわち、永徽令の逸文と養老令を勘案しつつ復元を行うが、両者の間には相違があることを忘れてはならず、そのためには明令なども適宜参照して補完を試みる、ということである。この方針に即すると、開元令として復元された二案のうち、「従余親」以下は養老令文に近似する〔 〕で括られた案を採るべきで、これをもとに具体的な検討に進みたいが、再度その条文を掲げておく。

諸嫁レ女、皆由二祖父母父母一主婚。祖父母父母倶無者、由二伯叔父姑一。伯叔若無、由二兄弟外祖父母一。次及二舅従母従父兄弟一。若舅従母従父兄弟、不二同居共財一、及無二此親一者、並任二女所レ欲為二婚主一。

ところが、この復元案には問題がある。すなわち、「外祖父母」及び「次及舅従母」以下の文言、なかでも「並任女所欲為婚主」が存在していたのか否かが大いに疑問なのである。以下に詳しく述べたい。

まず、「外祖父母」であるが、結論を先に述べると、『唐令拾遺補』が依拠した武田説[8]とは異なり、復元されるべきではないと考える。その第一の根拠は、先述のように、古代の中国と日本とではその親族原理が異なっており、それゆえに通則規定である唐、戸婚律（永徽律、開元律ともに）、嫁娶違律条には「外祖父母」が明記されているはずがないということである。つまり、養老の律・令、明のそれらにおいて、ともに通則規定である戸婚律には「外祖父母」は明記され、養老戸令にも確認できるが、唐令では確認できない。すなわち、明の律・令では、通則規定の戸婚律に「外祖父母」が確認できるので、個別・具体的な令の規定でも「余親」のなかに「伯叔父母姑」などと同じく「外祖父母」が包含されると理解できるが、逆に、そもそも戸婚律の通則規定に存在しないものが個別・具体的な戸令嫁女条に存在するとの推論は成立しないであろう。したがって、永徽戸令嫁女条においても外祖父母はなかったと推定すべきである。

次に、武田氏は集解嫁女条の令釈を詳細に分析されているが、その理解に疑問がある。そこで、この長大な令釈を引用し、その内容を簡単に示すと次のようになる。

ア　釈云、祖父母々々、婚主之祖父母々々也。

イ　一云、凡嫁女者、必待二祖父母々々、及諸親之命一。仮令、媒人直詣二女許一者、先申二祖父母々々一。故戸婚律云、違レ律為レ婚、事依二男女一者、男女為レ首、主婚為レ従。事若依二主婚一者、主婚為レ首、男女為レ従。又下文无二此親一者、並任二女所レ欲、為二婚主一者。即是女行事也。一云以下、古記无レ別。

ウ　又云、不レ預二他人一。祖父母以下従父兄弟以上、皆相知。然後乃成。若有下不二相知一親上而後悔者聴。但已成者、量レ宜随二近親尊長命一耳。不レ合二追改一。唯以二所由人一、科二違令罪一耳。

エ　又釈云、法例云、雀門州申牒称、郭当、蘇卿皆娶二阿龐一為レ婦、郭当於二龐叔静辺一而娶、蘇卿又於二龐弟戚処一娶レ之、両家有二交競一者、叔之与レ姪倶是期親。依レ令、婚先由二伯叔一、伯叔若無、始及二兄弟一。州司拠レ状判、婦還二郭当一。蘇卿不レ伏、請下定二何親一令上レ為二婚主一。司刑判、嫁女節制、略載二令文一、叔若与レ戚同居、資産無レ別、須レ稟二叔命一、戚不レ合二主婚一。如其分析異財、雖レ弟得レ為二婚主一也。検二刑部式一、以レ弟為レ定、成婚已訖。法例以下、古記无レ別。

オ　又云、案二検法例一、文先由二祖父母々々一者、雖レ不レ由二伯叔以下一无レ罪。又由二伯叔父姑一者、雖レ不レ由二兄弟外祖父母一、不レ合レ論。但未レ成者、悔令レ聴也、已成、不レ合。

カ　又釈云、伯叔父姑、父兄曰二伯父一、父弟曰二叔父一、父之姉妹曰レ姑、音古胡反。

ア「釈云」で始まり、「祖父母々々」を「婚主」の祖父母々々と解する。

イ「一云」で始まり、「嫁女者」は祖父母父母以下の諸親の命を待つべきだとし、たとえば「祖父母々々」がまず告知を受ける親族であるとし、次に戸婚律、嫁娶違律条を簡略に引用し、「即是女行事也」と結論付ける(最後に古記も同じとする)。

ウ「又云」で始まり、他人ではなく祖父母以下の親族が皆知れば(婚姻は)成立するとし、もし親族の中に告知を受けない者があり、婚姻の解消を申し立てるならばそれを許すとする。但し、(婚姻が)すでに成立していれば「近親尊長」の命令に従うべきであり、「所由」の人のみを「違令」の罪に科すべきである、とする。

エ「又釈云」で始まり、唐の「法例」(この中に令の引用もある)を引用しながら、「叔」と「弟」の主婚としての序列を議論する(最後に古記も同じとする)。

オ「又云」で始まり、「法例」を案検し、「文」にある「先由祖父母々々」及び「由伯叔父姑」をそれぞれ解釈し、軽親に由《ふ》れなくても重親に由れば、罪にはならない、とする。また、(婚姻が)まだ成立していなければ婚姻解消を許し、すでに成立していれば許さない、とする(なお、義解の古訓が、「由」の本来の読みである「ヨル」ではなく、嫁女条冒頭のそれを「フレヨ」と読んでいることに即して、この令釈においても「フル」と読む)。

カ「又釈云」で始まり、「伯叔父姑」の語句の解釈を示す。

この令釈に対し、氏はウの告知対象の親族についての議論より、ウは対立するアとイを包含する見解とするが、オで同様のことが重複して議論されるのは理解できず、結局、オは令釈の見解ではなく、「法例」そのものの引用であり、したがって、「文」は唐令に違いなく、「外祖父母」も唐令に存在していた、と考えられるのである。

しかしながら、氏と異なった解釈も成立する余地があるのではないだろうか。つまり、ウが「又云、不㆑預㆓他人一、祖父母以下従父兄弟以上、皆相知。然後乃成。若有下不二相知一親上而後悔者聴。但已成者、量レ宜随二近親尊長命一耳。不レ合二追改一。唯以二所由人一、科二違令罪一耳。」とするのに対し、オには「又云、案二検法例一、文先由二祖父母々々一者、雖レ不レ由二伯叔以下一无レ罪。又由二伯叔父姑一者、雖レ不レ由二兄弟外祖父母一、不レ合レ論。但未レ成者、悔令レ聴也。已成、不レ合。」とあり、「伯叔以下」などの軽親に由れなくとも罪には問われない、という点を中心に論じているのであり、ウとはその論点がずれているのである。したがって、ウとオにおいて、同様のことが重複して論じられているとは必ずしもいえないのではなかろうか。また、オを唐の「法例」の直接引用と理解するのはいかがなものか。もし直接の引用ならば、エのように「法例云」と記すであろう。さらに、オを素直に読む限り、「『法例』を案検するに、文に『先由祖父母々々』とあるのは、伯叔以下に由れなくとも罪にはならず、又、『由伯叔父姑』とあるのは、兄弟外祖父母に由れなくとも論じることはない、つまり、罪にはならない、ということである（下略）。」と解するべきで、「外祖父母」が「兄弟」とともに記されるのは、いわゆる地の文であって、それは「法例」を「案検」した主体の言葉であり、「法例」の文言ではない。とすれば、「案検」した主体はやはり令釈と考えるのが妥当な判断であり、したがって、「文」はおそらく養老令の本文であり、「兄弟外祖父母」も養老令の文言ないしは令釈の念頭に浮かんだ文言とするべきであろう。このように、氏の令釈に対する理解は必ずしも断案とは言い難いのである。

以上の二点より、「外祖父母」を唐、永徽令に復元するのは誤りと考えるのである。

次に、「次及舅従母」以下「並任女所欲為婚主」に至る一連の文言の復元について検討したい。まず、「舅従母」は、唐制では妻の服に限定しないかぎり、母方のオジ、オバであり、ともに小功親である。また、「従父兄弟」は大功親である。したがって、三者ともに唐律の「期親尊長」に含まれるものではなく、唐律の疏が「余親主婚者、余親、謂二期親卑幼及大功以下主婚一」という「余親」に含まれるかとも考えられないではない。しかしながら、「並任二女所レ欲為二婚主一」に至る一連の文言が養老令同様、唐令にあったと推定するのははなはだ無理があるのではないだろうか。

確かに明令でも例外規定として「若夫亡携レ女適レ人者、其女従二母主婚一」とし、女家側の特殊な状況を考慮しているが、「並任二女所レ欲為二婚主一」とするような、女家側のみの任意な主婚選定を規定しているのではなく、単に母が再婚した場合に女はやはり生母に従う、とするに過ぎないものである。男家、女家ともに主婚を立て、婚姻を成立せしめる前近代中国と、おそらく女家側が主体となり曖昧な婚姻形態で、後述するように、主婚の機能も充分に了解していなかったであろう日本との相違が、この背後にうかがえるであろう。したがって、養老令の「次及舅従母」以下の文言をそのまま唐令に持ち込むのは納得しがたいのである。

要するに、「外祖父母」と「次及舅従母」以下の文言を永徽令の文言として復元するのは誤りということと判断し、『唐令拾遺補』が依拠した別案で、これらの文言を排除した菊池案の検討に移らねばなるまい(9)。

菊池案を掲げると、

諸嫁レ女、皆先由二祖父母父母一主婚。祖父母父母俱無者、由二伯叔父(姑)一。伯叔若無(始及又ハ由)兄弟。若無(此親)者、期親尊長主婚。無二期親尊長一者、従二余親一主婚。

と復元されている。ところが、この案にも疑問がある。すなわち、戸婚律の条文を考慮しすぎたため、「伯叔父(姑)」に重複する「期親尊長」が復旧され、「若無(此親)者」以下の、括弧で補われている「此親」が直前の「兄弟」のみならず、「祖父母父母」「伯叔父（姑）」のすべてを含まねば文意が通らないのだが、このように理解すると「伯叔父（姑）」と「兄」は「期親尊長」であり、「若」以下が意味不分明となることである。さらに、養老令や明令にある例外規定が復元されていないのも同意しがたい点である。

以上のように、永徽令復元の基本方針に即し、従来の諸案を検討してきたが、各々欠点があり、満足できるものではなく、ここに新たに私案を提示することとしたい。

諸嫁レ女、皆先由二祖父母父母一主婚。祖父母父母俱無者、由二伯叔父姑兄弟一主婚。伯叔父姑兄弟俱無者、従二余親一主婚。若夫亡携レ女適レ人者、其女従レ母主婚。

私案を説明すると、まず全体の構造として、養老令と明令にならい主規定と例外規定に二分したこと、次に「外祖父母」、「次及舅従母」以下の文言及び「期親尊長」を排除した代わりに、永徽令の逸文と推定される文言が二段階に分けていた「伯叔（父姑）」と「兄弟」とを一括したこと、また明令の例外規定を採用したこと、となる。

これを補足すると、「父姑」を補ったのは、唐の律令においては「伯叔父姑」と連称するのが通例であり、ことさら排除する理由がないからである。また、「伯叔父姑兄弟」と一括したのは、集解、令釈に引用される永徽令の逸文は、直前の「叔」と「弟」の序列が争われた事例に付随する形で引かれており、その序列を明確にする必要から記されているのであり、令文の直接的な引用とは必ずしも考えられないからであり、その上、一括すると戸婚律の「期親尊長」に明瞭に対応できるからである。

しかし、明令の例外規定を補ったのは明確な積極的根拠はなく、前記した古代日本と中国の婚姻実態の相違から推量したものであり、その意味ではあくまで試案として考えている。ちなみに、冒頭の「嫁女」を「嫁娶」とする案もあるが[10]、その根拠とされる戸婚律は繰り返し述べたように通則規定であり、個別・具体的な規定の本条に用いるのはいかがであろうか。また、本条の後に規定される嫁女棄妻条の養老令、唐令復元案ともに「嫁女」となっている。したがって、「嫁女」を採ることとしたい。いずれにせよ、この私案では唐、戸婚律が主婚を三段階に分けていたこととも正確に対応していると考えられるのである。したがって、これをもとに、養老令と比較し、日本令の特質を明らかにしていくこととする。

二　養老戸令嫁女条と永徽戸令嫁女条の復元私案との比較

ここで、養老戸令の嫁女条と永徽令同条復元私案とを再び並記してみよう。

凡嫁レ女、皆先由二祖父母、父母、伯叔父姑、兄弟、外祖父母一。次及二舅従母、従父兄弟一。若舅従母、従父兄弟、不二同居共財一、及無二此親者一、並任二女所一レ欲、為二婚主一。（養老令）

諸嫁レ女、皆先由二祖父母父母一主婚。祖父母父母倶無者、由二伯叔父姑兄弟一主婚。伯叔父姑兄弟倶無者、従二余親一主婚。若夫亡携レ女適レ人者、其女従レ母主婚。（永徽令復元私案）

両者を比較して、まず目に付くのは主婚（婚主）の記述のあり方である。永徽令私案ではそれが繰り返し記され、本条が三段階に分かつ主婚の主規定と例外規定とから成っているのが明快であるのに対し、養老令では婚主が最末尾に記されるのみで、本条が何を規定した条文であるのかはなはだ判りにくく、詳細は次節に譲るが、集解の注釈においても見解が分かれている。しかしながら、母法である永徽令が右のように復元されるならば、すでに一定の見通しが立てられているように、[11]本条はやはり主婚の規定が主眼であったと考えたい。

第二に、永徽令私案では「祖父母父母」の次に「伯叔父姑兄弟」が序列されているのに対し、養老令では「伯叔父姑兄弟」の次に「外祖父母」が配列され、さらには「舅従母」「従父兄弟」と続くことである。これは、先述したように、日本古代の親族原理が中国のそれと異なっていたゆえの相違と考えるのだが、まず「外祖父母」の序列が養老戸婚律、嫁娶違律条逸文と一致していないのが注意される。すなわち、嫁娶違律条逸文では「祖父母々々」の直後に「外祖父母」が記されるのに対し、本条では「伯叔父姑兄弟」の後に記されているのである。このことについてはすでに、「兄弟の次に書き加えたのは、手本とした唐令に『由祖父母……兄弟』とあったためか」と推測されているが、[12]復元私案からすると必ずしもそのように推定できるものではなく、嫁娶違律条は通則規定ゆえに他の律文同様に、「祖父母」とほとんど同等の扱いになっているのではないだろうか。[13]したがって、戸令の序列と異なるものになったと考えられる。さらに、母方のオジ、オバの「舅従母」（養老儀制令の規定では四等親）と父の兄弟の子である「従父兄弟」（同じく三等親）が「同居共財」であった可能性も想定できるとともに、四等親にもかかわらず、母方のオジ、オバが挙げられているのに注意したい。

第三に、永徽令私案では例外規定として「若夫亡携㆑女適㆑人者、其女従㆑母主婚。」とあるのに対し、養老令では「若舅従母。従父兄弟。不㆓同居共財㆒。及無㆓此親者㆒。並任㆓女所㆑欲。為㆓婚主㆒。」とあり、非常な相違があることである。なかでも末尾の文言である「及無㆓此親者㆒。並任㆓女所㆑欲。為㆓婚主㆒。」は大いに注目される。「此親」

は義解が言うように「祖父母以下、従父兄弟以上」であり、したがって、「並任二女所一レ欲。為二婚主一。」を令釈一云や穴記のように「女行事」とし、婚主を立てることは女家側の行事と解するのは、当然の論理的帰結であろう。

そして第四に、永徽令を復元する際に、戸婚律、嫁娶違律条に対応していると考えたが、養老令では必ずしも正確に対応しているとはいえないことである。すなわち、養老律が「祖父母々々外祖父母」「二等尊長」「余親」の三段階に分けて主婚を規定しているのに対し、養老令では律の「祖父母々々外祖父母」と「二等尊長」が一括され、「祖父母、父母、伯叔父姑、兄弟、外祖父母。」となり、次に「舅従母、従父兄弟。」となる二段階に分かれ、最後に例外規定が設けられる、という条文の構成であり、律と令の対応関係が必ずしも明白ではないのである。ここには、律は中国のものをほぼそのまま受容するのに対し、令は可能な限り実態に即し部分的に改変することを厭わないという、日本令の独自な姿がうかがわれると考えたい。

このように、養老令と永徽令私案との比較を通して、四点の相違が確認されるならば、それが一体いかなる要因によるものなのか、節を改めて考えることとしたい。

三　養老戸令嫁女条の特質

まず、考えねばならないのは、本条における主婚(婚主)の意義であるが、その前に前近代中国の主婚の定義を確認しておこう。仁井田陞氏によれば、主婚とは婚姻契約の当事者であり、男女両家に各々定められ、男女の祖父母父母、なかでも父及び祖父が当たるのが通例であったとされ[14]、滋賀秀三氏も、男女両家に婚姻契約の主体的当事者として主婚が立ち、男女本人は契約の客体であるに過ぎず、「祖父と父とでは、形式的には祖父を立て、かつその意向を充分に尊重しながらも、実質的かつ直接的な責任と権限は、父に存するものと考えられていたのではないか」と述べられている。[15] つまり、前近代中国では主婚は婚姻において必須の当事者であり、男女の父もしくは祖父が当たり、男女はその意思にただ従うものであったようである。

このような前近代中国（唐）の主婚が、本条では明確に規定されず、はなはだ曖昧な条文となっているが、まるでこの条文に導かれるかのように、義解は「祖父母々々者、皆主婚之祖父母々々也。」とし、令釈も「祖父母々々、婚主之祖父母々々也。」とし、後述する諸注釈とは異なった解釈を施している。もっとも、義解は後の先奸条では「謂下不二以レ禮交一、為上レ奸也。仮令、初不レ由二主婚一、和合奸通、後由二祖父母等一。」とし、「祖父母等」を主婚と解しているのは明らかである。したがって、本条の義解の解釈は今一つ判然としない。あるいは、本文に主婚が明記されていないゆえの誤解であろうか。

一方、令釈も一云では「凡女嫁者、必待二祖父母々々、及諸親之命一。仮令、媒人直詣二女許一者、先申二祖父母々々一。」とし、さらに戸婚律、嫁娶違律条の簡略な引用、本条末尾の「无二此親一者、並任二女所レ欲、為二婚主一。」の引用を行った後、「即是女行事也。」とする。そして、この令釈一云の解釈は、末尾に「古記无レ別」とあることより、古記も同様であったと推定でき、さらに、跡記でも「由二祖父母々々等一。謂レ由二女之祖父母以下一也。」とし、朱説でも「先由二祖父母等一。謂二女之祖父母等一也。夫之祖不レ云也。」とし、穴記も初めに挙げた令釈を批判し、「然則明、女行事。非二婚主之祖父母等一也。」とし、令釈一云と同じ立場をとっている。したがって、本条の義解と令釈の初説以外の諸注釈は、「祖父母」以下を主婚とし（但し、跡記はその限りではない）、しかもこれは女家側の行事であると理解していることとなる。また、前記朱説に継続して「未レ知。何人可レ由、又由者、以レ言由及歟、若作レ書歟、又由時者、則以レ言聴歟。若可レ與二聴與状文一何。」とあり、承諾を求める相手やその方法について問題を提起している。

次に、他条の集解を見ておきたい。すでに述べたように、先奸条の義解は諸注釈と同じ理解を示し、令釈も「先不レ由二主婚一、和合奸通、後由二祖父母等一。」と述べ、義解とほとんど同様であり、古記も「先不レ由二主婚一、和合奸通、後由二祖父母父母一立二主婚一。」とあり、ほぼ同一であるが、「後由祖父母父母立主婚。」という文言より、かなり正確に前近代中国本来の主婚を理解していたのではないかと推測される。

また、七出条の「三有レ所レ受、無レ所レ帰」という文言に対し、義解は「謂、無二主婚之人一。是為レ無レ所レ帰。」とし、古記も「有レ所レ受、无レ所レ帰。謂下娶時有二主婚一、去時无二上主婚一也。」とし、さらに「問。娶レ妻之時、祖父母以下、従父兄弟以上皆相知許訖。未レ知、至二出之時一一親見在者。若為処断。答。為レ有レ所レ帰、合レ出无レ疑也。」という問答を記す。つまり、両者は「無レ所レ帰」という文言を主婚が存在しない状況と解し、さらに問答をも加えると、古記が主婚を「祖父母以下」「従父兄弟以上」と理解していたことも明白である。

そして義解の古訓が、「由」の本来の読みである「ヨル」ではなく、嫁女条冒頭のそれを「フレヨ」と読んでいることにも注目しておきたい。

以上のように、集解の諸注釈を検討した結果、次の二点が指摘できよう。すなわち、第一点は、嫁女条の主規定の部分に主婚（婚主）が明記されないゆえに、嫁女条の義解などのように一部誤解を生じたが、七出条古記などに見られるように、諸注釈は総じて本条の規定を主婚についてのものと正しく認識していたと考えてよいこと。第二点は、先奸条の古記に「後由二祖父母父母一、立二主婚一。」とあって永徽令の条文に類似し、令釈一云（古記も同様か）に「凡女嫁者、必待二祖父母々々、及諸親之命一。」とあり、「祖父母」以下の主婚が婚姻契約の主体的当事者の如く理解されているように読めるが、直後の例示的部分に「仮令、媒人直詣二女許一者、先申二祖父母々々一」とあることにより、祖父母などの「命を待つ」とは、主婚である「祖父母々々」に「申」し、その後、祖父母などの承諾を受けると解していることが了解できる。また、朱説が「又由者。以レ言由及歟、若作レ書歟。」とするのも「由」が「申す」とほぼ同様の意味に理解されていることがうかがえる。結局、古記や令釈一云、義解の「由」に対する古訓、朱説の「由」に対する理解などを総合的に判断すると、集解の諸注釈は、主婚を婚姻契約の主体的当事者としてではなく、単なる告知の対象あるいは承諾を得る対象と見なしていることが指摘できるのである。

　要するに、本条の主婚（婚主）は主規定には明記されず（むしろ母法である唐令から意図的に削除されたといえるのではないか）、曖昧な位置づけであるが、唐、永徽令の内容、古記などの注釈から、本条は主婚の規定であるといってよいだろう。しかし、主婚そのものは前近代中国の、婚姻を司る主体的当事者などといえるものではなく、主規定において意図的に削除されたと推測することが首肯されるならば、また集解の諸注釈を勘案するならば、日本令の主婚とは、おそらく令制定当初より、男女の婚姻を単に告知されそれに対し承認を与える、女家側の祖父母以下の親族であると理解されていたと判断できるのではなかろうか。

　次に、四等親にもかかわらず、母方のオジ、オバが主婚（告知の対象）に挙げられていることを考えたい。前節で指摘したように、本条の規定より「舅」「従母」が「同居共財」しうる事態が想定できるということは、やはり子供が母方で生育されたことの一つの徴証と見てよいだろう。もちろん、その前に「伯叔父姑」が挙げられているのだから、父方との結びつきも無視は出来ない。ただ、これをより限定して、婚姻後の居住規制のレベルまで推論するのはここでは控えたい。いずれにせよ、「舅」「従母」が本条に見える事実により、前近代中国の父系的親族原理とは異なった、双方的親族原理がその背後に存在していることを認めざるを得ないだろう。

　最後に、本条の例外規定の末尾に「及無二此親者一、並任二女所レ欲、為二婚主一。」と規定されている意味をより詳しく考察しておこう。まず、この文言に加えられている穴記の問答を確認しておきたい。すなわち、「問。律云、事由㆓主婚㆒者、主婚為㆑首、男女不㆑坐。未㆑知、男家亦有㆓主婚㆒哉。答。依㆓下條㆒、與㆓尊長属《ママ》近親㆒同署者。然則男自由㆓己之祖父母㆒、次及㆓近親㆒耳。」とあり、興味深いことに男家側のことが議論され、下条（七出条）の語句を引いて、男性は自ら自身の祖父母、次いで近親に「由《ふ》」れなければならないとする。しかし、その祖父母、近親が主婚に相当するのか否かが今一つ不明瞭で、前述したように、穴記は主婚を立てるのを「女行事」と解していることから推測すると、これを主婚とは見ていないようである。ただ、さらに引く私案では「无㆓近親㆒者、任㆓男所㆑欲、為㆓婚主㆒也。」とし、本条の規定に対応して、男家側に適切な親族がいなければ、その任意により婚主を定めることも可能であると解しているのである。

いずれにせよ、この末尾の文言は日本令独自のものと考えられ、主婚を立てるのが女家側の行事に限定されているのは、大いに注目されるべきで、ここに日本古代の婚姻の実態の一端がうかがい知れるのは、すでに指摘されているところである[16]。

これら日本令の特質ゆえに、唐律の直接的な受容という面が強い律との正確な対応関係が崩れてしまったのではないかと考えられる。

このように、『唐令拾遺補』の復元研究をもとに、唐、永徽戸令嫁女条の復元を試み、日唐戸令の比較より、養老戸令嫁女条の特質まで説き及んできたが、おわりに、その法意をまとめておきたい。すでに、伊東すみ子氏が「女子の婚姻に当り一定の尊属近親に告知して同意を得るべきこと、以上列挙の順に従って婚主を定めること、および以上の親族の無い場合は女子が任意に婚主を定め得ること」とされていたが[17]、本条は条文の上ではあくまで婚主の順位を規定したものであるので、「女子の婚姻に当たり、その祖父母以下の親族を列挙の順位に従って婚主とすること、及び以上の親族の無い場合は女子が任意に婚主を定め得ること」とする。けれども、その実質は令制定当初より、婚姻に当たっては女子の祖父母以下の親族に告知し、その承認を得る、及び適当な親族がない場合は、任意の人物に対し告知し、承認を得る、と理解するのである。

つまり、繰り返し指摘するならば、養老令の主婚は、前近代中国のそれのように婚姻契約の主体的当事者などではなく、単に男女から婚姻の告知を受け、その承認を行うという存在に過ぎず、したがって、婚姻の主体的当事者はむしろ男女本人であったと推考できるのである。

しかしながら、大宝令の条文復元に至るまでの、直接的な手がかりは得られないので、その規定内容については保留せざるを得ない。ただし、古記の議論などから推論すると大勢としては養老令の規定に近かった蓋然性が高いといえるだろう。

四　戸令嫁女棄妻条について

これまでの議論を補足するために、戸令嫁女棄妻条について簡単にみておきたい。まず、養老令のそれを掲げる。

凡嫁レ女棄レ妻、不レ由二所由一、皆不レ成レ婚、不レ成レ棄。所由後知、満二三月一不レ理、皆不レ得二更論一。

本条は、婚姻、離婚ともに「所由」（婚姻と離婚に主婚として関与する親族で、具体的には嫁女条と棄妻条に挙げられている祖父母以下の親族）に由《ふ》れなければ婚姻も離婚も成立せず、後で知っても三ヶ月以内にそのことに異議を申し立てなければ認められない、という規定である。これと大差ないものが唐令として復元されていることからもわかるように、養老令は唐令をほぼそのまま継受したものと考えられる。したがって、この規定が古代日本の社会慣行をそのまま反映したものと速断はできないが、やはり両者の間で相違点もある。

それは、すでに示した「由」の読みである。「不レ由二所由一」を義解の古訓では嫁女条と同じく「所由」に「不レ由（フレず）」と読んでおり、唐令本来の読みである「ヨル」（因果関係や責任の所在などを表す）とは異なっている。集解の注釈でも同様のことがいえる。すなわち、跡記が引く或云では「問、所由後知者、其義何。答、不二皆由尽一耳。仮令、祖父不レ令レ知二祖母一嫁者、祖父得二違令罪一耳。未レ明。」とあり、「所由」が後で知るとはどういうことかという問に対して、皆に「由れ尽」さないことだとし、たとえば祖父が祖母に（婚姻などを）知らせていない場合に、祖父は違令の罪に問われるのだ（まだ明らかではないが）と述べていることより、「由」を知らせることと解釈している。また、新令問答では「為レ罪生レ文也。所由、謂二上条所レ計也。仮経レ父、不レ経レ母、為レ不レ由二所由一科二違令一也。」とあり、「所由」とは上条に述べたものであり、たとえば父に経《ふ》れて母に経れないような場合が該当し、そのようなときに違令の罪となる、とする。跡記が引く或云とほぼ同じ解釈と考えられる。

もっとも、穴記が引く唐の法例でも「此亦依二法例一、経二祖父母等一、而不レ経二兄姉一等者不レ坐也」とあり、新令問答と同じく「経」が用いられている。しかし、これは「フル」とは読まずたとえば「ハカル」などと読み、やはり因果関係や責任の所在などと関連する読みを採るべきだろう。唐制ではさきに紹介したように、婚姻そのものの主体は「主婚」であり、その主婚としての「所由」には婚姻（あるいは離婚）成立に大きな責任があり、そのことを無視できないからである。

したがって、本条でも嫁女条と同様に、条文そのものは唐令に近似したものだが、その意味するところは異なっていたと評価することができる。すなわち、その内実は婚姻、離婚において「所由」は唐制のように重大な責任を負うものではなく、その事柄を知らされる対象の人物であったと理解してよい。では、婚姻や離婚において誰が主体として責任を担うのかといえば、それは当事者の男女各々であるとしかいえないだろう。ここに唐制との大きな相違が存在するといえるのである。

五　戸令結婚条について

最後に結婚条について一見しておくこととしたい。まず、養老令のそれを掲げる。

凡結婚已定、無レ故三月不レ成、及逃亡一月不レ還、若没二落外蕃一、一年不レ還、及犯二徒罪以上一、女家欲レ離者聴之。
雖二已成一、其夫没二落外蕃一、有レ子五年、無レ子三年不レ帰、及逃亡、有レ子三年、無レ子二年不レ出者、並聴二改嫁一。

本条は、婚約と婚姻を女家側が解消できる事由についての規定で、唐令は復元されておらず、大宝令も部分的に同一の文言が確認できるのみである。したがって、あまり多くのことはいえないだろうが、その規定内容からみて唐制をかなり忠実に受け入れたものと推定できる。

しかしながら、すでに指摘されていることだが[18]、古代日本固有の姿もかいま見ることができる。すなわち、まず「無レ故三月不レ成」に対する古記に「男夫无二障故一不レ来也」とあり、婚約が成立した時点で夫が理由もなくやってこないことをその事由として挙げている。のちに紹介する義解などの注釈を参照すると、これは夫たる男性が女のもとへ来訪しない状況を言うのではないかと推測できる。

　次に、「雖二已成一、其夫没二落外蕃一、有レ子五年」に対する義解に「謂、称レ子者、男女同也。若夫婦在二同里一、而不二相往来一者、即比二无レ故三月不レ成離也。」とあり、夫婦が同じ里に住んでいてお互いに往来しないときは、理由なくして三ヶ月間婚姻を成さないのと同様に、離婚できると解釈している。跡記も「已成。在二同里一、不二相通一者。比二已成逃亡之法一、合レ離。」とし、さらには穴記も「問、同里絶レ往者何。答、比二逃亡一改嫁也。」とし、義解同様に男女の行き来が途絶えることが問題とされ、同居に至らない夫婦のあり方を前提とした議論である。

　ただし、令釈のみは「称レ子者、男女同。其男女同里不二相住一者、比二逃亡一、而有レ子三年、无レ子二年待耳。」とし、男女が同里にいて「相住」まない場合を問題としている。だが、義解以下すべて（古記も含む）の注釈が男女の往来が途絶える場合を問題としていることより、この令釈の「相住」は「相往」の誤写である可能性が高く、それゆえに「成婚」といえる段階でも同居に至らない夫婦のあり方が、九世紀の法律家たちの間で議論されていたことになる。それは、そうした夫婦の居住形態があり得たものとして彼らに認識されていたといえ、その背後に当時の婚姻形態を想定しても是認されるだろう。

　このような婚姻形態は、唐制では到底想定できず、やはり古代日本の固有の姿を示したものといえるだろう。

　したがって、本条も表面的には唐令の影響を大きく受けた条文といえるだろうが、その背後には唐制とはかなり異なる、古代日本の婚姻のあり方がうかがえると指摘できるのである。

おわりに

　以上のように、戸令嫁女条を中心に嫁女棄妻条、結婚条も加えて検討してきたが、いずれの条文も唐制に即したかたちで制定されたと考えられる。ところが、最も重要な規定である嫁女条は、主婚（婚主）そのものの位置づけを大幅に変更して、彼我の相違を明確に示している。一方、結婚条と嫁女棄妻条は唐制をかなり忠実になぞらえて制定されたようだが、条文中の語句に付けられた古訓や諸注釈を手がかりとして、古代日本の固有の姿をかいま見ることができるのである。

　これらの結果から、やや大胆に古代日本の婚姻の実態に迫ってみる。まず婚姻成立の主たる事由は、前近代中国のように男女双方の父親の意向などではなく、男女相互の精神的・肉体的な結びつきであり、その後、各々の親族への告知・承認などを経て、安定した夫婦関係に至ったと考えられる。しかし、その段階でも夫婦が同居するか否かはさほど大きな要素ではなかったようで、同居に至らないままその関係を解消することもあったといえるだろう。

　つまり、父親などの意向をもとに「六礼」などという儀式などを経て、男女の間に一旦、婚姻関係が成立すると、妻が夫家へ移動して同居し、その家族の一員として認められる、という前近代中国の婚姻のあるべき姿に比べると、古代日本のそれは、男女そのものが主体的にその関係を成立させるが、その時点で夫婦の同居が始まるとは必ずしもいえず、そうした意味ではきわめて曖昧な実態であったといってよいだろう。

　また、親の意向は必ずしも重視されず、したがって、親権の強さも前近代中国ほどではないと考えてよいだろう。ただし、そうした夫婦関係を関口氏のように「気の向く間のみ継続する」対偶婚的なものと論断することができるか否かについては、[19]以上の分析のみでは不十分であろう。

注

（1）代表的なものだけを挙げると、伊東すみ子「奈良時代の婚姻についての一考察（二）」（『国家学会雑誌』七三―一、一九五九年）、日本思想大系『律令』（岩波書店、一九七六年）の、吉田孝氏が担当された戸令に関する注および補注、吉田孝『律令国家と古代の社会』（岩波書店、一九八三年）、関口裕子『日本古代婚姻史の研究』上・下（塙書房、一九九三年）など。

（2）仁井田陞著、池田温編集代表『唐令拾遺補』（東京大学出版会、一九九七年）。

（3）菊池英夫「唐令復元研究序説―特に戸令・田令にふれて―」（『東洋史研究』三一―四、一九七三年）、武田佐知子「唐戸令『嫁女』条の復元に関する基礎的考察」（竹内理三先生喜寿記念『律令制と古代社会』東京堂出版、一九八四年）など。

（4）律令研究會編『譯註日本律令六　唐律疏議譯註篇二』（東京堂出版、一九八四年）の三〇七頁～三一一頁（滋賀秀三氏執筆）による。

（5）拙稿「律令における『外祖父母』について」（拙著『日本古代の王位継承と親族』岩田書院、一九九九年、但し、初出は一九九四年）。

（6）仁井田陞・牧野巽「故唐律疏議作製年代考」（『東方学報』一、二冊、一九三一年）。

（7）注1の著書以外に、義江明子『日本古代の氏の構造』（吉川弘文館、一九八六年）、明石一紀『日本古代の親族構造』（吉川弘文館、一九九一年）などがある。

（8）注3、武田論文。

（9）注3、菊池論文。

（10）注1、伊東論文。

（11）注1、関口、著書（下）の三八二頁、注3武田、論文など。

(12)注1、『律令』戸令、補注二五b。

(13)日本律では、「外祖父母」が「祖父母」とほとんど同等の扱いを受けていた条文が数多くあることは、注5拙稿においてすでに指摘しておいた。

(14)仁井田陞『中国身分法史』（東京大学出版会、一九八三年、但し初版は一九四二年）の五七七頁～五八〇頁。

(15)滋賀秀三『中国家族法の原理』（創文社、一九六七年）の四六七頁～四六九頁。

(16)注1、『律令』戸令、補注二五aに「なおこの条の集解諸説が、女の親属の同意を求める規定と解したのは、婚姻が男女の合意に始まり、女の親の承認によって成立するという当時の日本の婚姻慣行と関連があるらしい。」とある。

(17)注1、伊東論文の三頁。

(18)注1、『律令』戸令、補注二六cに義解以下の注釈より「成婚後も夫婦が同居していない場合が一般的に存在していたことを推察させる。」とある。

(19)注1、関口著書。

補注

本稿執筆後、拙著『男尊女卑』（明石書店、二〇二一年）で述べたように、古代日本の婚姻は一形態に限定できるものではなく、様々な形態のものがあったと推定するのが合理的だと考えるに至った。つまり、支配層は中国社会の影響を直接被ることから、嫁取り婚が早くから流入していたと推定する。一方、それ以外の階層では本書の主題の、日本古代社会は双方制であったと考える立場によく対応する、様々な婚姻形態—嫁取り婚、婿取り婚、通い婚、対偶婚など—がその時々の男性（男家）と女性（女家）の力関係により、あり得たのではないかと考えるのである。

第四章　離婚

はじめに

前章で、養老戸令嫁女条の分析を唐、永徽令の復元私案との比較を通して行い、日本令の主婚（婚主）は女家側のみに立ち、しかも婚姻の主体的当事者ではなく単に婚姻の告知を受ける者、という律令規定上での婚姻手続きの一端を指摘した。ついで、婚姻に対応する離婚に関する律令規定について究明したいが、先学によって一連の規定は当時の実態から離れた空文であろうという一定の見通しが立てられており[1]、それ以後、管見の限りでは専論もほとんど見受けられないようである[2]。しかしながら、律令規定そのものを詳細に分析せずに、そのような論断を下してよいのか少しく疑問に思われる。したがって、このテーマについてすでに概説的に論じたが[3]、本章では、日唐律令の比較を中心に、日本律令に内在する離婚についての論理をより詳細に分析し、検討を加えたいと考える。

一　唐律令の離婚規定について

まず養老律令の母法である唐律令（以下の律令はともに開元期のもので日本律令の直接の母法ではないが、後述するように日本のそれらとの近似性により、母法とされる永徽律令も大差なかったものとほぼ推定できる）の規定を概観しておきたい。唐代の離婚に関する規定は、『唐律疏議』[4]所収の戸婚律にかなり明確に残っており、また『唐令拾遺』[5]及び『唐令拾遺補』[6]に一部戸令が復元されているので、以下に掲げてみよう。

諸妻無二七出及義絶之状一、而出之者、徒一年半。雖レ犯二七出一、有二三不去一而出之者、杖一百。追還合。若犯二悪疾及姦一者、不レ用二此律一。

（戸婚律四〇、妻無七出条）

諸犯二義絶一者離之。違者徒一年。若夫妻不二相安諧一而和離者、不レ坐。即妻妾擅去者、徒二年。因而改嫁者、加二二等一。

（戸婚律四一、義絶離之条）

諸弃レ妻須レ有二七出之状一。一無レ子、二淫泆、三不レ事二舅姑一、四口舌、五盗竊、六妬忌、七悪疾。皆夫手書弃レ之。男及父母伯姨舅、幷女父母及伯姨舅、東隣西隣、及見人皆署。若不レ解レ書、畫レ指為レ記。雖レ有二弃状一、有二三不レ去。一經レ持二舅姑之喪一、二娶時賤後貴、三有レ所レ受無レ所レ歸。即犯二義絶淫泆悪疾一、不レ拘二此令一。

（戸令—開元二五年令—三五条復元案）

諸嫁女棄妻、皆由二所由一。若不レ由二所由一、皆不レ成レ婚、亦不レ成レ棄。若所由後知、満二三月一不レ理者、不レ在二告論之限一。

（戸令—開元二五年令—嫁女棄妻条復元案）

まず、戸婚律四〇条は、夫が妻を一方的に離婚し得る事由としての、儒教的家族道徳に依拠した「七出」（戸令三五条復元案に七項目掲げられる）「義絶」の状況が認められないにもかかわらず妻を離縁した場合と、「七出」が認められても「三不去」（戸令三五条復元案に掲げられる離婚し得ない三つの事由）があるにもかかわらず妻を離縁した場合には夫が処罰されるが、妻が七出のうちの「悪疾」と「姦」に当たる場合は、その限りではないとする。「義絶」とは本条の疏に「義絶、謂下殴二妻之祖父母、父母一及殺二妻外組父母、伯叔父母、兄弟、姑、姉妹一、若夫妻祖父母、父母、外祖父母、伯叔父母、兄弟、姑、姉妹自相殺及妻殴二詈夫之祖父母、父母一、殺傷二夫外祖父母、伯叔父母、兄弟、姑、姉妹一及与二夫之緦麻以上親、若妻母一姦及欲レ害レ夫者上」と記され、夫妻が互いの親族との間に生じた殺害などのトラブルによる夫妻の強制的な離婚のことをいう。ただ、これは唐の律令に特有の制度であったらしい(7)。

戸婚律四一条は、第一に「義絶」を犯す場合は離婚させ、それに反するときは処罰し、第二に「和離」（男女間の協議による離婚）は処罰しないとし、第三に妻妾が勝手に夫のもとを去った場合などには処罰する、などとする。なお、本条に「和離」という協議離婚に相当する語句が見えるのは注意するべきである。

次に戸令三五条復元案を見ると、第一に、「七出」（無子、淫泆、舅姑に事《つか》えない、口舌、盗竊、妬忌、悪疾）による夫の一方的な意思による離婚といえども、夫の一存で事が運ばれるのではなく、夫側、妻側双方の親族および近隣の立会人などの同意を示す署名が必要であること（ただ、復元案のもととなった令釈一云が引く唐令釈の「父母伯姨舅」の列挙の仕方は非常に異例なもので、母方のオジ・オバである「姨舅」に代わって唐の律令に通例の「伯叔父姑」とあったり、令釈後云が引く唐令釈のように漠然と「男之親属」「女之親属」とあったりした可能性が高い）、また、そのような場合でも「三不去」（舅姑の喪をつとめあげること、妻との結婚後に経済的に豊かになったこと、妻に帰るべき家がないこと）であれば、妻を離婚できないこととするが、妻側に「義絶」「淫泆」「悪疾」が認められればその限りではないとする。

嫁女棄妻条復元案では、婚姻、棄妻（離婚）ともに「所由」（すなわち、婚姻時の「主婚」に立った夫側、妻側双方の父・祖父を始めとした親族）の関与が非常に重視されていることが、それぞれ注目される。婚姻において、男女が当事者として主体的に行動するのではなく、各々の父・祖父である「主婚」が主体としてその契約を結び、「婚書」を取り交わす（戸令嫁女条）のと同様に、離婚においても双方の「所由」が関与していたことが確認できる。

ところで、仁井田陞、滋賀秀三両氏により当時の離婚について、①協議離婚（さきに指摘した戸婚律四一条の「和離」）、②夫の一方的な意思による離婚（戸婚律四〇条や戸令三五条に見える「七出」によるもの）、③裁判による離婚（戸婚律四一条や戸令三五条に見える「義絶」によるもの）、の三類型がすでに指摘されている。(8)

そして、離婚の具体相を表す離婚状についても、すべての場合に必ずしも作成されるわけではないことを認めつつ、唐末から宋初と推定される敦煌文書をもとに一定の見解が提示されている。(9) すなわち、「放妻書」「放妻手書」「手書」などと称されていたこと、すべて「七出」の事由は明記されていないこと、夫妻双方の親族の関与が確認できること、夫の一方的意思に基づく離婚なのか協議離婚なのかは不分明なこと、にもかかわらず離婚状はすべて夫主体に書かれていること、さらに一部には離婚後三年間は夫が妻の扶養料を負担し、妻の再婚を妨げないなどの内容が明記されていること、などである。以上より、戸令三五（七出）条の規定はほぼ裏付けられると理解してよかろうが、肝心の「七出」の事由を確認できないのは残念なことである。(10)

したがって、仁井田氏は養老戸令先由条の規定をふまえて「我が大寳・養老令の戸令では離婚に際しては、まづ祖父母父母あればその同意を経ることを要件とした。これに相当する唐宋令逸文は見当らない。然し、法規の存否如何に拘らず、習俗的にも同意を要すとされて居たであろう。」と述べ、(11) また、一九四〇年代の中国華北地域の農村調査に基づくものだが、「かく家族たる夫が妻を離婚するにしても、家父長はその家族の意向を制約し、離婚の最後の決定権は家父長が握っているともいえる位である。」とも述べられている。[12]一方、滋賀氏は「離婚は原則として夫の意思によって成立し、特殊な場合には、官憲の裁判によっても成立しうるというのが、離婚をめぐる旧中国社会の法であった」と述べ、さらに「夫の祖父母父母があれば離婚についてその同意を要するとする法は存在したし、また夫が個人的に妻を愛しても、父母がこれを嫌うならば、夫は妻を離別しなければならないとする思想があったことも事実であるけれども、法的な意味での意思決定をなす者、端的にいえば離婚状の名義人は、あくまでも夫であり、公権力の発動による場合を除き、夫以外の何者にも夫を無視して離婚を直接に実現する力は認められていなかった。」と記されるのである。[13]

両氏の見解は基本的には同一といえようが、明らかにそのニュアンスは違う。仁井田氏が夫本人よりもその父親などの家父長の意向を重視されるのに対して、滋賀氏は夫本人の意向を重視される。いずれの説に与すればよいのであろうか。われわれに与えられている史料を律令と敦煌文書に限定するならば、先に一定の見通しを述べたように、仁井田説に左袒したい。すなわち、離婚の具体的状況を教えてくれる離婚状によると、夫の一方的意思に基づく離婚あるいは協議離婚（これも厳密に定義できるものではないが）においては、ともに夫妻双方の親族の関与が認められるのである。これは何よりも律令規定を補強するものであり、ならば戸令に関してすでに述べた見通しが成立すると考えてよいはずである。

つまり、親族の関与を重んじる仁井田説に与すると、前近代中国において貫徹していた父系的親族組織に反するかのように見えるが、決してそうではなく、婚姻の成立からして前近代中国では男女個人の契約行為ではなく、「家」同士のそれであった。したがって、離婚においてもその意思表示の主体は夫であっても、その実行には双方の親族の同意が必要であったのは、論理的には至極当然のことなのである。

最後に、唐令では復元されていないが、後述するように、養老令の先由条に規定がある妻の持参財産の離婚時の処分について、やはり両氏が幅広い史料をもとに、すでにほぼ同一の指摘をされている。すなわち、妻側に責任が問われる場合は夫のもとに止められるが、そうでない場合は妻のもとに返還されるものと指摘され(14)、妻側に有責的原因があるのか否かでその処分は異なったと説かれる(15)。

以上のように、先学の業績に負いつつ唐代の離婚について概観したが、儒教的家族道徳に因ったであろう夫の一方的意思による離婚でさえ、「手書」に夫妻双方の親族の署名が必要とされ、協議離婚においても離婚状に双方の親族の関与が確認できたことから、原則として離婚権は夫のみしか持たなかったが、その実際においては双方の親族（夫婦それぞれの父親など）が関与する局面が数多くあったと考えられよう。また、離婚時の妻の持参財産の処分に関しては、妻側に有責的原因があるのか否かでその処分の在り方は異なっていたと推定できる。

二　養老律令の離婚規定について

では、日本律令の分析に移るが、大宝のそれは現時点では養老のそれと大差ないものと考えられるので、養老律令の分析を中心に進めることとする。まず、養老令の離婚に関わる規定を一括して掲げて見よう。

凡結婚已定、無㆑故三月不㆑成、及逃亡一月不㆑還、若没㆓落外蕃㆒、一年不㆑還、及犯㆓徒罪以上㆒、女家欲㆑離者、聴之。雖㆓已成㆒、其夫没㆓落外蕃㆒、有㆑子五年、無㆑子三年不㆑帰、及逃亡、有㆑子三年、無㆑子二年不㆑出者、並聴㆓改

嫁一。（戸令二六、結婚条）

凡棄レ妻、須レ有二七出之状一。一無レ子、二淫泆、三不レ事二舅姑一、四口舌、五盗竊、六妬忌、七悪疾。皆夫手書棄之。与二尊属近親一同署。若不レ解レ書、畫レ指為レ記。妻雖レ有二棄状一、有二三不レ去。一経レ持二舅姑之喪一、二娶時賤後貴、三有レ所レ受無レ所レ帰。即犯二義絶、淫泆、悪疾一、不レ拘二此令一。（戸令二八、七出条）

凡棄レ妻、先由二祖父々母々一。若無二祖父々母々一、夫得二自由一。皆還二其所レ賚見在之財一。若将婢有レ子、亦還之。（戸令二九、先由条）

凡嫁レ女棄レ妻、不レ由二所由一、皆不レ成レ婚、不レ成レ棄。所由後知、満二三月一不レ理、皆不レ得二更論一。（戸令三〇、嫁女棄妻条）

凡殴二妻之祖父々母々一、及殺二妻外祖父母、伯叔父姑、兄弟姉妹一、若夫妻祖父々母々、外祖父母、伯叔父姑、兄弟姉妹、自相殺、及妻殴二詈夫之祖父々母々一、殺二傷夫外祖父母、伯叔父姑、兄弟姉妹一、及欲レ害レ夫者、雖レ会レ赦、皆為二義絶一。（戸令三一、殴妻祖父母条）

はじめの結婚条では、前章ですでに言及したように、女家側から離婚を申し立てることのできる規定が記され、「無レ故三月不レ成」に対する「男夫无二障故一不レ来也。」という古記や、「雖二已成一、其夫没二落外蕃一、有レ子五年」に対して「若夫婦在㆓同里㆒、而不㆓相往来㆒者、即比㆓无㆑故三月不㆑成離也。」とする義解、「其男女同里不㆓相住㆒者。比㆓逃亡㆒、而有㆑子三年、無㆑子二年待耳。」とする令釈、「在㆓同里㆒、不㆓相通㆒者。比㆓已成逃亡之法㆒、合㆑離。」とする跡記などにより、夫婦が同里にいて互いに通わないか、または共に住まないと離婚と見なす、という明法家の解釈がすでに注目され、成婚後も夫婦が同居していない場合が存在していたと推定もされている。[16] しかしながら、これ以外に妻側から離婚を申し立てることが不可能であったことは、唐、戸婚律四一条（逸文は認められないが養老律もほぼ同様であった可能性が高い）が「即妻妾擅去者、徒二年。因而改嫁者、加㆓一等㆒。」としていることで明らかである。

次の七出条は、夫側の一方的な意思により申し出ることのできる離婚事由の「七出」とそれが不可能な「三不去」の各々具体的内容を規定したもので、これは明らかに父系的な家族秩序と一体となった儒教的家族道徳に基づいており、[17] 唐令との差異もあまりなく、それだけに唐の規定をそのまま受け入れたものに過ぎず、古代日本の社会に直接、受容されたのかはなはだ疑わしい。

しかし、本条では冒頭部の語句に対する古記に「問、妻有㆓六出之状㆒不㆑棄、其夫科㆑罪不。答、不㆑科、聴㆑不㆑離也。」とあり、「七出」が「六出」となっているのが確認できる。これを根拠として大宝令では「七出」ではなく「六出」で、おそらく「悪疾」がなかったのだろうという推測が行われている。[18] 一方、この説と対立し、大宝令でも「七出」であったとする見解もある。[19] 前者は写本の記述をそのまま信頼し、『万葉集』（巻一八の四一〇六）の大伴家持「教㆓喩史生尾張少咋㆒歌一首并短歌」という題詞（天平感宝元年五月一五日―この時点では養老令はまだ施行されていない）に「七出例」や「三不去」の語がみえるにもかかわらず、それを大宝令の規定を変更した単行法令によるものとみなし、その段階を経て養老令に「七出」が定着したと推論する。これに対して、後者は本条を含む令集解巻一〇は写本としての質が悪いとして誤写を想定したうえで、大宝令のみが「悪疾」を除く積極的な理由を見出しがたく、『万葉集』の記述も大宝令の規定をそのまま傍証するものとしてとらえ、婚姻形式を異にする古代日本において律令の離婚要件の条規はほとんど実行されず、それゆえに「七出」を「六出」とすることも、また「六出」を「七出」に変更する必要もなかった、などと指摘する。

ちなみに『万葉集』の題詞は次のようなものである。

七出例云、但犯二一條一、即合レ出之。無二七出一輙弃者、徒一年半。三不去云、雖レ犯二七出一、不レ合レ弃之。違者杖一百。唯犯レ奸悪疾得レ弃之。兩妻例云、有レ妻更娶者徒一年、女家杖一百離之。詔書云、愍二賜義夫節婦一。謹案、先件數條、建レ法之基、化レ道之源也。然則義夫之道、情存レ無レ別、一家同レ財。豈有二忘レ舊愛レ新之志一哉。所以綴二作數行之歌一令レ悔二弃レ舊之惑一。

つまり、大伴家持が越中守として在任中の天平感宝元年（七四九）に、属僚の史生尾張少咋を教え諭すために作った歌の題詞であり、「七出例」「三不去」「兩妻例」「詔書」などを引きながら、旧妻を忘れ新妻に心を傾けようとする尾張少咋に注意を喚起しようとしたものである。

両説に対して決定的な評価を下しにくいが、これまで述べてきたように婚姻・離婚関係の大宝・養老戸令の各条文は唐制をほとんどそのまま受容しており、婚姻形態も彼我の相違が認められる。さらに『万葉集』の題詞も大宝令が施行されていたときのものと素直に受け取るならば、どうも後者の説の蓋然性が高いように判断できる。ただ、写本に誤写を想定するという前提が必要となるのが難点だが。それゆえに断定はできないが、本章では大宝令でも唐令と同じく「七出」となっていたと一応考えることとしたい。

したがって、本条は大宝・養老両令ともに唐制をほぼそのまま受容して条文が作成されたと考えてよいだろう。ところが前章で指摘したように、婚姻形態は彼我において大いに異なっていたのである。ということは、離婚の主たる規定である本条は、古代日本社会においてほとんど実効性を持たなかったといえるのではなかろうか。

ただし、唐令では「手書」に署名する人物として「男及父母伯姨舅、并女父母及伯姨舅、東隣西隣、及見人」(令釈一云が引く唐令釈による)あるいは「男及男之親属并女之親属、東隣西隣、及見人」(令釈後云の引く唐令釈による)と記されていたと推定できる。これに対して、養老令(大宝令も)では単に「尊属近親」(令釈が引く或云は「三等以上尊属」とする)という、令文では類例のない文言に変更され、男女双方のどのような親族が関与するのかが曖昧になっているとともに、唐令にあった近隣や立会人が削除されている。離婚という事象において近隣や立会人の関与が認められないということは、公的な面が薄れて単に私的な面のみに限定される、という意味合いが生じるだろう。小さな差違だが、留意しておくべきことだろう。

一方、令釈が引く或云が「三等以上尊属」と解釈している、曖昧な「尊属近親」を集解の各注釈がどのように理解しているのか、ひとまず確認しておきたい。すなわち、義解は「謂二尊属近親相須、即男家女家親属共署一也。」と述べ、令釈後云の引く唐令釈の「男之親属并女之親属」に近く、男女両家の親族が署名すると解釈する。他方、古記は下条(先由条)を引いて、「下條云、祖父母々々也。妻祖父母々々亦署也。」とし、夫側の「祖父母々々」とするが、それに妻側も署名に加わるとし、結局は義解に近い解釈となり、令釈一云も「下條由二祖父母々々一是。但妻祖父母々々亦署。」とする。これらに対し、令釈は「妻之親属也」とし、跡記は「依二下條一、由二夫祖父母々々一。若无二祖父母々々一者亦是。」とし、さらに穴記も「尊属、謂二夫之祖父母々々一也。近親、謂下依レ文更三等親等共署上。」とし、やはり下条との関連を考慮し、妻側あるいは夫側の一方のみの親族をまず念頭に置いているようだ。もちろん、これらの注釈に見える「由」は、前章で述べたように「フル」と読み、単に告げるという意味であろう。

このように、義解などは双方の尊属を、跡記や穴記などは一方の尊属のみを想定するという対立する注釈が並記されているのは、やはり令本文の曖昧さに因るのであろう。唐令との関係を重視すれば、義解、古記、令釈一云などの解釈が勝っているように考えられるが、令本文が「尊属近親」とのみ記して変更を加えていること、古記が下条を参照していることなどを考慮すれば、跡記、穴記の解釈（令釈の妻側のみの親族とする解釈は不可解）も捨てがたいのである(20)。

いずれにせよ、本条は儒教的家族道徳に則った「七出」などの特定の事由による離婚に関する規定ゆえに、古代日本の一般的な離婚を考える上で、あまり多くを参照することは難しいと思われるが、「手書」に署名する親族の彼我の相違にも留意しておきたい。

次の先由条は、棄妻に関与する親族と妻の持参財産の処分についての規定だが、第一項の棄妻に関与する（これも告げられる対象という程度である）親族について、集解では諸説が引用されている。すなわち、「先由二祖父々母々一」の「祖父々母々」が誰のものであるのかが問題となっており、朱説の引く或云は「夫之祖父母等者」としており、穴記も「祖父母、謂二男之祖父母一也」としているのに対し、義解は「即將二手書一與之。里長造二籍帳一時、令レ知二國郡一。據二上條一、若无二尊属一者、須レ由二近親一。而此條、唯擧二祖父母々々一者。文之省略也。」とし、上条（七出条）と関連させた解釈で、男女両家の親族を想定しており、古記、令釈も同様の方向で解釈しているようだ。

ところが、すでに前章で指摘したように、婚姻を規定した嫁女条の冒頭「皆先由祖父母」以下に列挙されている親族が、最後の文言「並任二女所レ欲、為二婚主一。」に対応して女家側のそれを指していると考えられるならば、本条の「祖父々母々」も直後の「若無二祖父々母々一、夫得二自由一。」の文言より、夫側の親族と考えるべき蓋然性が高いように思われる。したがって、本来の法意としては朱説の引く或云や穴記の解釈が妥当であったと考えられよう。

第二項の妻の持参財産の処分については、集解諸説（古記も）に異なるところはなく、条文の規定通り、妻に返還されるものであったようである。一方、唐令が復元されていないので詳細は不明だが、前近代中国においては、先述したように妻側に明確な罪過があった場合は夫の所有に帰したようだが、顕著な罪過がない場合は離婚後もその女性自身に所有が認められていたようであり、養老（大宝）戸令の規定とは異なっている。

次の嫁女棄妻条は、嫁女・棄妻が正当な親族によって行われなかった（ここでも実質は、掲げられた親族が告知を受けなかったと理解できる）ときの通則規定で、やや抽象的な語句である「所由」に対して、以下のような注釈が加えられている。つまり、義解は「謂下、所由者、上條云、嫁女、皆先由二祖父母々々等一、是上也。」とし、一方、古記や令釈は「上條諸親」とし、やや不明確なものとなっている。しかし、その内容から嫁女条と先由条を受けているのは疑う余地がなく、したがって、「所由」とは嫁女条の「祖父母々々」以下であろうし、先由条の「祖父母々々」であろう。

要するに、本条の規定により、律令法では婚姻及び離婚の一般的手続きは各々嫁女条、先由条が想定されていたことが了解でき、七出条や次の殴妻祖父母条は儒教道徳に関連した、やや特殊な事由に対する規定であったと考えられよう。

最後の殴妻祖父母条は、夫側の親族と妻側の親族とのトラブルによる強制的離婚を規定した「義絶」とする事由についての規定だが、これはすでに明らかにされているように、唐の律令に特有の制度であったらしく、それがそのまま受容されたものである。本条もおそらく唐令と大差ないものだろうが、すでに指摘があるように[21]、唐制に存在する「与㆓夫之緦麻以上親、若妻母㆒姦」が削除されている。日本古代の通婚できる親族範囲を考える上で、興味深い変更である。だが、現実にこの規定による離婚が行われたのかは全く確認できない。やはり、唐制の表面的な継受に過ぎなかったと考えるべきであろう。

次に、養老律では以下の逸文が確認されている[22]。

(凡)妻無㆓七出及義絶之状㆒、而出之者、徒一年。雖㆑犯㆓七出㆒、有㆓三不去㆒而出之者、杖八十。追還合㆑復。若犯㆓悪疾及姦㆒者、不㆑用㆓此律㆒。
(戸婚律四〇条逸文)

(凡)犯㆓義絶㆒者離之。違者杖一百。
(戸婚律四一条逸文)

戸婚律四〇条では、本文はほぼ全文復元されているが、四一条は一部のみの復元で不十分なものである。なかでも「和離」についての有無が確認できないなど、唐律との全面的な比較が難しい。したがって、戸婚律の検討からはあまり多くを期待できない。ただ、科せられる罰則が唐制よりも一等ないしは二等軽減されている点や、四〇条の逸文の疏に相当する部分でも義絶に関する記述があり、すでに指摘したように姦についての規定が削除されている点などが指摘できる。

三　古代日本の離婚について

以上のように、唐の律令と養老律令の離婚規定を通覧してきたが、養老律令のそれは大局的に見て唐制と大きく異なるものではなく、なかでも七出条、嫁女棄妻条、殴妻祖父母条などは明らかに一致する点が多く見受けられた（大宝律令でも多くの点で同様のことがいえるだろう）。したがって、養老律令の条文は唐のそれの表面的な受容に過ぎず、前近代中国とは親族組織や婚姻形態などが異なっていた日本古代の離婚の実態を反映したものではないとの見解は、一応首肯されるべきであろう。

また、これまでの研究で明らかとなった古代日本における双方的親族組織や、別居婚（妻問いなどの通い婚）・同居婚（しかも夫方同居がすべてではない）などが混在した、きわめて不安定かつ不明確な婚姻実態を考慮するならば、離婚についてもきわめて曖昧なものであったと推論するのが妥当であろう。したがって、七出条や殴妻祖父母条はやはり特殊な離婚事由の規定であると言わざるを得ず、第一節で紹介した前近代中国の離婚の三類型を参照すると、先由条と嫁女棄妻条が第一、第二類型の協議離婚（大宝・養老律では確認できない）あるいは夫の一方的な意思による離婚に相当する規定と考えられ、最も多くの事例に該当したものと判断してよいのではなかろうか。しかし、「棄妻」と記すのは、前近代中国では夫の一方的な意思による離婚に限られ、協議離婚は「和離」もしくは「両願離」とするのが通常の表記であったようである。したがって、戸令の規定では協議離婚を想定するのは困難であると判断せざるを得ないであろう（もっとも、敦煌の離婚状では協議離婚のそれと推定できるものでも「棄妻」と同意の「放妻」と記されていた）。

このように、養老律令の離婚規定は、唐制の圧倒的な影響下に作成されたのは明らかであり、しかも協議離婚に関する規定は不詳といわざるを得ず、夫の一方的な意思による離婚に関する規定が確認できるのみである。

しかしながら一方では、戸令の結婚条の集解に引用された諸注釈、七出条の「手書」に署名する親族などの変更、及び先由条の規定などには、日本側立法者の意図あるいは離婚実態をなにがしか反映させたのではないかと思わせる点も確認できた。

ならば、この三条（なかでも七出条と先由条）を手掛かりとして、古代日本の夫側からの一方的離婚に対する立法者の意図あるいはその実態に接近することが可能となるのではないだろうか。すなわち、結婚条の諸注釈は、同居もしくは継続的な通いの確認不能な状態が当時の離婚の具体的状況であることを知らしめてくれるのみで、これ以上のことは推測できない。

これに対して、七出条と先由条とは相互に関連して、夫側からの一方的離婚の具体的事由及びその手続きを規定し、先由条の第一項が先述したように、夫側のみの親族に対する告知を規定していると考えられるならば、その具体的な証明書に相当する七出条の「手書」に署名する「尊属近親」も夫側のものとする蓋然性が高いと考えられよう。ところが、義解や古記などの有力な注釈がこぞって夫妻双方の親族の署名と解釈しているのは、なにゆえなのであろうか。明確に断言できるものではないが、ここでは唐制の影響が大きいゆえと考えておきたい。つまり、古記においても唐令の条文が念頭にあり、先由条に則った法意を正確に捉えておきながら、「妻祖父母々亦署也」と注釈を加えざるを得なかったのではないだろうか。そして義解が作成された段階では、「尊属近親」と改めた立法者の意図は完全に忘れ去られ、ただ唐令に従っただけの注釈となったのであろう。

さらに、先由条の第二項である妻の持参財産の処分については、離婚時に何の条件も設けられずに妻に返還されることを再度確認しておきたい。

結局のところ、日本律令の離婚規定の大半は唐制の忠実な継受であった。しかし、七出条の部分的変更と先由条の規定（及び結婚条の諸注釈）は必ずしもそうではなく、夫側からの一方的な離婚に関わる（告知を受ける）親族として妻側は削除し夫側のみを残し、立会人などの親族以外の者の関与を排除し、妻の持参財産についても離婚時に全面的に保護される、という二点にその特質を垣間見ることができるだろう。

つまり、律令規定にみえる古代日本の離婚においては、七出条や殴妻祖父母条はあまり考慮する必要はなく、先由条や嫁女棄妻条を重視すべきである。そしてその内実は、唐制のように夫婦以外の親族や非血縁者などが関与するのではなく、夫婦双方（といっても協議離婚に類する規定が確認できないので、おそらく夫が中心となる）の意志が重んじられ、各々の親族は婚姻のときと同様にその告知を受ける対象として関わる程度のものであったといえるだろう。

したがって、古代日本社会では離婚においても婚姻と同様に、夫婦各々がその当事者として主体的に行動したのではなかろうか。

おわりに

このような日本律令における離婚規定の二特質のうち、第一は、婚姻において女家側のみの関与を重んじることと対応し、第二は婚姻生活における妻の経済的自立性をうかがわせ、これに関しては先学の指摘もすでにある。[23]第一の特質については、先学の業績[24]に導かれながら素描を試み、日本古代の離婚実態は妻側からのものもあったが、夫側からのものがかなり多かったのではないかと考えた。[25]読者諸兄姉にご参照願えれば、幸いである。

注

（1）高群逸枝『招婿婚の研究　一』（理論社、一九六六年、ただし、初版は一九五三年）、関口裕子『日本古代婚姻史の研究』上・下（塙書房、一九九三年）。

（2）専論とはいえないが、日本思想大系『律令』（岩波書店、一九七六年）の、吉田孝氏が担当された戸令に関する注釈や明石一紀「古代の婚姻・家族関係・女性」（シリーズ家族史4『家と女性』三省堂、一九八九年）がある。また近年、日本古代の離婚に関する専著として栗原弘『平安時代の離婚の研究』（弘文堂、一九九九年）が刊行されたが、律令の分析はあまり詳しくは行われていない。

（3）拙著『日本古代の家族・親族』（岩田書院、二〇〇一年）の第六章「結婚・離婚・恋愛など」。

（4）『唐律疏議』（中華書局、一九八三年）。ただし、引用は『譯註日本律令　二』（東京堂出版、一九七五年）による。

（5）仁井田陞『唐令拾遺』（東京大学出版会、一九六四年、但し、初版は一九三三年）。

（6）仁井田陞著、池田温編集代表『唐令拾遺補』（東京大学出版会、一九九七年）。

（7）『譯註日本律令　六』（東京堂出版、一九八四年）二九四頁（滋賀秀三氏執筆）。

（8）仁井田陞『中国身分法史』（東京大学出版会、一九八三年、但し、初版は一九四二年）、同『中国の農村家族』（東京大学出版会、一九五二年）、滋賀秀三『中国家族法の原理』（創文社、一九六七年）。以下の記述は、この三著を参照したものである。

（9）注8、仁井田『中国身分法史』の六八五～七〇〇頁、同『中国法制史研究 奴隷農奴法家族村落法』（東京大学出版会、一九六二年）の五六三～五九九頁。

（10）注8、仁井田『中国身分法史』などですでに指摘されているように、「七出」のすべてが実際の離婚要因になっていたのではなく、二の「淫泆」と三の「不事舅姑」以外はほとんど実効性がなかったようである。

（11）注8、仁井田『中国身分法史』の六八五頁。

（12）注8、仁井田『中国の農村家族』の三三四頁。しかし、「妻が離婚されるについて、夫の両親を打ち、盗み、及び姦通というような、その有責的原因がある場合には、夫家は妻家の家長の同意なくして離婚できる。」（同著、三三四頁）とも述べられている。

(13) 注8、滋賀著書の四七八、四七九頁。

(14) 注8、仁井田『中国身分法史』は漢律逸文を示しつつ、「漢代、夫は棄妻即ち少くとも一方的意思によって妻を離婚する場合には、妻の持参財産を妻家に返還すべき義務があったものと考へられる。」（六六六頁）と述べる。注8、滋賀著書の五二九～五三一頁も参照。

(15) ただし注8、仁井田『中国の農村家族』は「今日私の知る限りでは、古い時代の慣習はしばらく別として、持参財産は、夫の一方的意思による離婚のときでも、妻の有責的原因によると否とを問わず、夫家はこれを妻家に返し、妻家は夫家からこれを持ち去って差支ないとする傾向が強いようである。そしてそれは、協議離婚のときにおいてはなおさらそうであり、返すのが原則である。」（三五一頁）とも述べる。

(16) 注2、『律令』の戸令補注26c。注1、関口著書の（上）は「特に通うか住むかをやめた状態がどの位続けば離婚と見なしうるかに関して、三ヶ月から二、三年までの幅のある点こそが、当時の離婚がいつとはなしに行なわれる状況を示していると考える」（二九四頁）と述べる。

(17) 注8、仁井田『中国身分法史』、同じく滋賀著書。また拙稿「記紀の嫉妬譚と律令の『七出』について」（『日本書紀研究』第二三冊、塙書房、二〇〇〇年、本書の補論3）も参照。

(18) 坂本太郎「大宝令養老令異同二題」（同著『坂本太郎著作集 第七巻』吉川弘文館、一九八九年、ただし初発表は一九六八年）。注2、『律令』の戸令補注28b。

(19) 利光三津夫「名例律八虐六議条について」（同著『律令制の研究』一九八一年、慶應義塾法学研究会、ただし初発表は一九七七年）。

(20) もっとも日本法制史の論著では、この跡記、穴記の解釈が自明のごとくに記されている。たとえば、大竹秀男『「家」と女性の歴史』（弘文堂、一九七七年）では「この棄妻には夫の父母、祖父母の同意を要し、離婚の旨を手書きし、夫の尊属近親の連署を得て所轄官司に提出しなければならなかった。」（一〇六頁）とあり、牧英正・藤原明久編『日本法制史』（青林書院、一九九三年）の第一部、第二章律令法（林紀昭氏執筆）でも「棄妻の場合、夫の祖父母父母の同意を経た上、その旨を夫が手書し、尊属近親（妻のそれも含まれるとする説がある）の連署した離縁状を作成して（夫が書くことができない場合、代書の上、夫が画指を加えることを必要とした）、所轄官司に届出して成立した。」（七四頁）とある。

(21) 注2、『律令』の戸令補注31ａ。

(22) 引用は注4、『譯註日本律令　二』による。

(23) 関口裕子「古代における日本と中国の所有・家族形態の相違について」（『日本女性史　第一巻』東京大学出版会、一九八二年、のちに同著『日本古代家族史の研究』上・下、塙書房、二〇〇四年に所収）、明石一紀『日本古代の親族構造』（吉川弘文館、一九九〇年）など。

(24) 注2、明石論文。

(25) 注3、拙著。

補注

本文で「七出」条に関して、大宝令では「六出」の可能性を認める説を紹介した。しかし、本書の複数箇所で指摘したように大宝令は唐律令に倣おうとする意識が高いということがわかり、「六出」に変更する要因も考えられないので、現時点では注19の利光説のように大宝令でも「七出」であったと判断したい。なお、『万葉集』での引用は唐律であったことを先学がすでに指摘されていることも明記しておきたい。

第五章　財産の相続

はじめに

戸令応分条については中田薫氏以来、多くの研究者が関心を寄せてきたが[1]、意外なことに唐令との比較を中心とした総合的な分析は中田氏の業績以外にほとんどなく、比較そのものについては大半の研究がその追認に終わっており、しかも関口裕子氏の研究[2]を除くと過去の研究の大部分は家父長制をその背後に想定したものであったといえる。

ところが、近年は日本古代における双方制親族論が優勢となり、その立場からの義江明子氏や明石一紀氏などの業績が注目されるのである[3]。

しかしながら、両氏の分析、理解には納得しがたい点がある。すなわち、義江氏は大宝戸令応分条を理解するためにそこに規定される「嫡子」概念を詳細に検討され、本注にある「本宗」の語句をも考慮され、またウヂの奴婢所有のあり方も慎重に分析され、結局、大宝戸令応分条は有位者層の財産相続のみを問題としたものであり、本条の「嫡子」をウヂの首長層の官人制的な一表現形態（あるいはウヂの財産相続を直接の対象とする）と見られ、ウヂの財産相続法が大宝戸令応分条の規定ではなかったかと主張された。また、養老戸令応分条の一部の規定はウヂ的所有からの分有が進行したことを承認したものと考えられつつ、全体としては国家と関わる「家」の継承という類似性から唐の食封相続法に基礎をおきつつ、男女・嫡庶・妻妾の区別を明らかにした家族秩序の明示に重点を置いた観念的な規定とされたのである。

だが、大宝令と養老令との同一の条文間で、右のようにウヂの財産相続法から「家」の財産相続法へとその規定内容が大幅に変更されるということがそもそも起こりうるのか大いに疑問である。また、明石氏が批判されたように、「嫡子」をウヂ的所有に結びつける論拠の一つとなった「本宗」もウヂを意味するのではなく、父系近親関係を表すと考えられよう。[4] さらに、吉川敏子氏が批判されているように、本条の規定対象は有位者層に限定できず、また大宝戸令応分条の「嫡子」が義江氏のいわれるような特殊な意味を持つならば、他の律令規定に現れる「嫡子」（嫡出〈長〉子＝継嗣）とは異なることになり、その場合、応分条の「嫡子」には特別な定義づけがなされるべきだと思われるが、そのような定義づけは確認できず、ならばせめて大宝令の注釈である古記になんらかの言及があってしかるべきだが、そのような注釈も一切確認できないのである[5]（例えば、本条の「及嫡子、各二分」の文言に対して『令集解』が古記と古記一云を延々と引用しているが、その内容はすべてどのような状況において通常の嫡子を立てるかについてであり、また戸主条の古記と古記一云は「問、父不レ定二嫡子一死、母見在、以レ誰為二戸主一。答、以レ母為二戸主一。一云、依レ法定二嫡子一、合レ為二戸主一也。」と述べ、戸主＝嫡子の定め方の議論に終始し、ともに氏の言われるような意味ではない）。したがって、大宝戸令応分条がウヂ的所有を規定したものという氏の仮説は魅力的なものであるが、残念ながらこのようないくつかの疑義を払拭することができず、従うわけにはいかないのである。そして養老戸令応分条を観念的な規定とされることについても後述するように大いに疑問がある。

これに対して、明石氏もやはり義江氏の「嫡子」に対する特殊な理解を容認されず、女子相続権を認めぬ徹底した父系・男系・嫡系主義である大宝令の法定相続規定は親族構造の双方的体質と比べて異様であるとされつつ、日本の伝統的・慣習的な相続法理も認められるのである。したがって、こうした矛盾を解くために表面的な規定の背後に母財の遺産相続の慣習法を推定され、大宝戸令応分条は父財の遺産相続法と認定され、そこから夫婦別財制を抽出される。また、養老戸令応分条に対しては平安遺文所収の文書分析より、義江氏と同じく一部に日本的な実情を組み入れているが大部分は唐令の模倣であると断じられたのである。

結果的に夫婦別財制を推論されたのは評価できるが、直接的な根拠もないまま大宝戸令応分条の背後に母財の遺産相続の慣習法を推定されるのは、本条の規定が実定法として意味をなさなくなるのではないかという疑義が生じるし、さらに慣習法としての母財の遺産相続をも大宝令の法理に含んで理解されるのはいささかうがち過ぎであろう。また、後に述べるように夫婦別財制は養老戸令応分条にこそ想定できるのであり、したがって養老令に対する評価についても疑問が残ることとなる。

このように両氏の戸令応分条に対する理解は決して正当とは言えず、関口氏がすでに示されている、大宝律令において家父長制思想の導入がピークであり、養老令ではいくぶんそれが緩和されている場合もあるという立場に即しつつ[6]、また双方制親族論に拠りながら、すでに私見の大要を発表したが[7]、本稿ではより詳細にその内容について述べていきたいと考える。

一　日唐戸令応分条の比較

そもそも前近代の中国では、「同居共財」が家族生活の基本原理であり[8]、父の死によっても家産は残った家族員の共財としてそのまま継承されていくべきもので、もしそれが不可能な場合にのみ家産の分割が認められるのであり、いわゆる遺産相続という場は存在しなかった。したがって、唐の戸令応分条は家産分割法として規定された。これに対し、古代日本にはそのような理念は全く確認できず、したがって、この条文は家産分割法を遺産相続法に読み替えて受容されたと考えられている。以下に戸令応分条の唐、開元令の復元案、[9]中田氏による大宝令の復元案[10]、養老令の各々を掲げてみよう（ただし、注は比較の都合上省くこととする）。

A①諸応レ分〔者〕、田宅及財物、兄弟均分。②妻家所レ得之財、不レ在二分限一。③兄弟亡者、子承二父分一。兄弟倶亡、則諸子均分。④其未レ娶レ妻者、別与二娉財一。姑姉妹在レ室者、減二男娉財之半一。⑤寡妻無レ男者、承二夫分一。若夫兄弟皆亡、同二一子之分一。

（唐、開元令復元案）

B①凡応レ分者、宅及家人、奴婢、並入二嫡子一。財物半分、一分庶子均分。②妻家所レ得奴婢、不レ在二分限一。③兄弟亡者、子承二父分一。兄弟倶亡、則諸子均分。⑤寡妻無レ男者、承二夫分一。

（大宝令復元案）

C①凡応レ分者、家人、奴婢、田宅、資財、摠計作レ法。嫡母、継母、及嫡子、各二分、庶子一分。②妻家所得、不レ在二分限一。③兄弟亡者、子承二父分一。兄弟倶亡、則諸子均分。④其姑姉妹在レ室者、各減二男子之半一。⑤寡妻妾無レ男者、承二夫分一。※若欲二同財共居一、及亡人存日処分、証拠灼然者、不レ用二此令一。

（養老令）

現在復元されている唐令は、大宝・養老両令の直接の母法と考えられる永徽令（七世紀半ばに制定）ではなく開元令（八世紀初頭に制定）であり、この三者を直接比較することの意義について説明を補足しておきたい。つまり、唐の永徽令を大宝・養老両令と比較するのが本来求められるべきだが、開元令と日本の両令との直接的な比較でもそれなりに有意な情報が得られると考える。すなわち、この三者の対応関係を一見すれば了解できるように、開元令と日本の両令とは各項目の配列が同一で、その相違（①、④及び※部の三項目）はそれなりに大きなものではあるが（大宝・養老令ともにこの相違以外、唐令の文言をほとんどそのまま受容していることを確認しておきたい）、開元令の規定は前近代中国の家族原理によく一致しており、三者の共通の母法である永徽令の応分条は、開元令のそれと大差ないものと推量できる。したがって、この三者の比較は十分に意味のある作業と考えてよいのである。

では、傍線を付した部分を順を追って比較しながら見ていくこととする。①は三者の間で最も顕著な相違を示している規定で、後に紹介するようにすでに多くの研究者たちに注目され、応分条の研究の大半は本項の考察が中心となっている。さて、唐令の規定はしごく簡明なもので、兄弟間（姉妹が含まれないことに注意）で家産を分割する場合、同じ父の血脈を受けた者として家産（田宅及び財物）は均等に分割されるということである。ところが、日本令ではこれに大きな変更を加えている。つまり、大宝令では「嫡子」が圧倒的に優遇され、「宅及家人奴婢」（「田」は削除されたと推定される）はすべて与えられ、さらに財物の半分も与えられるのである。養老令でもそれ程ではないが、庶子に与えられる遺産の二倍を「嫡母」「継母」（両者ともに嫡子の実母ではないと考えられる）とともに与えられるのである。これを通常、唐令の兄弟均分主義といい、日本令の嫡庶異分主義という。なにゆえこのように大幅な相違が生じたのかについては第三節以下で考察することとする。

②の文言は三者ともにほぼ大差なく、問題はないかのように見えるが実はそうではない。というのも、すでに指摘されているように、(11) 唐令での「妻家」は兄弟の妻と考えられるのに対し、日本令での「妻家」は被相続人の妻と考えざるを得ないからである。つまり、唐令では家産を分割する主体である兄弟をすべて基点としてこの条

文の親族名称は用いられているが、日本令では遺産相続規定として考えるならば、相続人の妻の「所得」は当然のことながら被相続人の遺産には含まれず、この「妻家」は被相続人の妻と考えねばならないのである。また、開元令、養老令ともに「所得之財」「所得」として広い意味を持った文言であるのに対し、大宝令では「所得奴婢」と奴婢に限定しているのが注意される。

③は三者ともに同一の文言で問題はないが、日本令が被相続人の孫の世代にいたって突如、諸子均分主義に変わっているのが注目される。[12] おそらく、日本令の作成者は①と④の改変、創作、※部の追加などで手一杯になり、ここまで変更することに配慮できなかったのではなかろうか。

④にも注目に値する相違がある。つまり、唐令では家産を分割する当事者である兄弟に未婚者があれば「娉財」（結婚資金）が余分に与えられ、父方のオバである姑もしくは姉妹の未婚者にも兄弟のそれの半分が与えられることを規定しているのに対し、日本令のうち大宝令ではこれを全く削除し、養老令では「娉財」ではなく男子（おそらく庶子か）の半分の遺産が「姑姉妹」に与えられるとしているのである。この相違は従来から注目されているが、いま一度詳しく分析する必要があろう。しかしここでは、日本律令において「娉財」は戸婚律逸文に一箇所ある以外、規定がないということのみ指摘しておく。

⑤は唐令の後半部が日本令ではそれぞれ欠落しているが、注に明記されている。したがって、「妾」を含めるか否かの違いはあるが、表面上の文言はほぼ同一ということになる。

最後に、養老令のみに存在する※部についてだが、その意味するところは被相続人の生前譲与及び生存時に作成した遺言が適法ならば、それに則って遺産相続が執行されるのを認めるということである。ならば大宝令にこの項目があってもしかるべきであるが、大宝令の注釈である古記などの議論を見ると、このような遺産相続も実質的には認められていたようである。

以上のように、日唐の戸令応分条を六項目に分けて比較、概観してきた。全体的に見れば日本令は唐令に倣ったものだが、唐の家産分割法が日本令では遺産相続法に変更されたと考えられること、①の兄弟均分主義が嫡庶異分主義に変わっていること、遺産相続法に変更されたことに伴い②の「妻家」の実質的な意味が変わっていること、④の未婚者に別途与えられる「娉財」が日本令ではすべて削除されたり、女子への遺産分与の規定に書き換えられたりしていること、さらには※部の生前譲与や遺言による相続が日本令（養老令）では加えられていること、などが留意すべき相違点であることは明らかであろう。[13]

二　唐、戸令応分条の特質

ここに再び、唐、戸令応分条を注（カッコ内に記す）も含めて掲げることとする。

①諸応レ分〔者〕、田宅及財物、兄弟均分。（其父祖亡後、各自異レ居、又不レ同レ爨、経二三載以上一、逃亡経二六載以上一、若無二父祖旧田宅邸店碾磑部曲奴婢、見在可レ分者一、不レ得二輒更論一レ分。）②妻家所レ得之財、不レ在二分限一。（妻雖二亡没一、所レ有資財及奴婢、妻家並不レ得二追理一。）③兄弟亡者、子承二父分一。（継絶亦同。）兄弟倶亡、則諸子均分。（其父祖永業田及賜田亦均分、口分田即准二丁中老小法一、若田少者、亦依二此法一為レ分。）④其未レ娶レ妻者、別与二娉財一。姑姉妹在レ室者、減二男娉財之半一。⑤寡妻無レ男者、承二夫分一。若夫兄弟皆亡、同二一子之分一。（有レ男者、不二別得レ分、謂下在二夫家一守レ志者上。若改適、其見在部曲奴婢田宅、不レ得二費用一、皆応レ分人均分。）

（唐、開元令復元案）

唐令の規定でまず目に付くのは、全体として非常に整合性の取れたものになっていることである。すなわち、①では家産（③の注より考えると、本項の「田」は永業田などに限定されるか）分割の際に兄弟均分の原則を提示し（注には「其父祖亡後」とあり、父祖の死亡後、分割する場が生じると理解できる）、②では分割主体の兄弟の妻の持参財は分割の対象から除外されるとする（注では妻が亡くなれば、その財産である資財や奴婢は実家に返還するものではなく、夫の家産に属すとする）。③では兄弟が亡くなった場合を二段階に分けて設定し、兄弟のうちあるものがなくなればその子（男子のみを指す）が父の分を受け継ぎ、兄弟全員が亡くなればその子供たち全員で均分する（注では世襲が認められる永業田や賜田は均分するとし、一方、還受の対象となる口分田は国家によって定められた授田額を標準とし、両者の分割方法は異なる）。④では兄弟やその父方のオバ、姉妹に未婚者がいれば別途結婚資金を与えるとするもので、初めて女性が不正規ではあるが家産分与の対象として規定される。[14] ⑤では兄弟の妻が男子のないまま夫（つまり兄弟の一人）を亡くせば、夫の分を与えられ、夫の兄弟が全員亡くなれば、その子供たちの一人分と同じものを与えられるとする（注では男子があれば別に与えずとし、また寡妻が再婚すればこれまで所有していた亡夫の財産の処分は禁じられ、みな分割権を有する者の間で均分させる）。また通例、寡妻は再婚しなければ養子を迎えて後継ぎとし夫の「家」の永続を図るべきで、その立場は中継ぎ的なものと理解されている。

ここに各項目ごとにその特質を表にまとめておこう。

①	家産は兄弟均分とする（家産分割は父祖の死亡後行われる）
②	兄弟の妻の所有財産は分財の対象ではない（ただし妻が死亡すると夫の家産に属する）

③	兄弟が死亡しても均分の原則は守られる（ただし口分田はその限りではない）
④	兄弟に未婚の者があれば結婚資金を与える 未婚のオバや姉妹にもその半分が与えられる
⑤	兄弟の妻に男子がなければ兄弟死亡後、夫の分が与えられる（ただし男子があれば与えられず、再婚しても与えられない）

このように、唐の応分条は家産分割の主体者である兄弟を基点としてその配偶者、子供（男子）たちまでが主な対象として規定されているのであり、父方のオバや姉妹がその対象となるのはむしろ例外的な場合と考えてよいだろう。

もちろん先に指摘したように、前近代中国では「同居共財」があるべき家族形態であり、唐戸婚律にはそれに違反した場合の罰則規定が具体的に明記されている。すなわち、

諸祖父母、父母在、而子孫別籍、異財者、徒三年。（唐、戸婚律六　子孫不得別籍条）

とあり、「祖父母」「父母」が現存しているにかかわらず、子孫が「別籍異財」すれば三年の「徒」に服さなければならないのである。もっとも、同条は、

若祖父母、父母令㆓別籍㆒及以㆓子孫㆒妄継㆓人後㆒者、徒二年、子孫不㆑坐。

と続き、その疏には「但云㆓別籍㆒、不㆑云㆑令㆓其異財㆒、令㆓異財㆒者、明其無㆑罪」とあるので、父祖が子孫に命じて

異財せしめるのは合法だが、別籍せしめるのは罰せられることになる。つまり、社会的実態としての父祖による家産分割である異財は認められるが、戸等を下げ、公課負担の軽減を計るおそれのある別籍は処罰されるのである[15]。

こうした唐の制度は決して孤立したものではなく、ひろく前近代中国の家族制度を貫くものと考えてよい[16]。すなわち、前近代中国の親族組織は父系制であり、しかもその原理に則った儒教が前漢の時代に国教とされ、以来「孝」を中心とする家族道徳が王侯士大夫層から一般民衆へと拡大して受容され、近代直前まで連綿と続くのである。

その内実は、父系原理に即した父子一体の思想がその根幹にあり、母は肉体という形態を授けるものに過ぎず、したがって、父親の血脈を受け継いだ兄弟は平等と見なされる。つまり、父子一体の原則を経とし、兄弟平等の原則を緯とするのである。もちろん夫妻一体とする思想も早くから並存しているが、祖先（父祖）の血脈を絶えることなく受け継ぐことを第一とする中国的「家」の永続という場において、それは二義的なものにすぎない。いいかえれば、妻は夫と一体である限りにおいて「家」の継承に関わることができるが、妻が主体となることは決して認められないのである。また、女子は生家の継承には全く関与できず、婚姻先の夫の家で「妻」として初めてその存在は認められ、夫が亡くなったときにはその権限を代行することもあり得た。したがって、生家において父子一体の「子」から女子は排除されるのである。その傍証の一つとして、北魏以来の均田制において、その具体的な法規定である唐の田令では口分田の班給対象として未婚の女子は規定されず、「寡妻妾」のみがその対象であることを挙げることができよう[17]。

このような伝統的な考え方から、原則として、父の遺言による恣意的な家産処分は起こり得ず[18]、女子に家産が分与されることもあり得ないのである（もっとも、喪葬令身喪戸絶条には「若亡人存日、自有二遺嘱処分一、証験分明者、不レ用二此令一」とあり[19]、継承者不在のために「家」が絶える場合、家産処分や個人の所有財産の処分についての遺言などは認められていた）。

要するに、唐、戸令応分条の規定は前近代中国固有の父系的な「家」観念に即した家産分割法と見なしてよいのである。

三　大宝戸令応分条の特質

では次に日本令の第一として、復元されている大宝戸令応分条の考察に移りたい。この大宝戸令応分条に関してはすでに多くの先学から種々の見解が示され、特に①項や②項の注などが唐令と大いに異なるところから、近年では、本条全体として古代日本固有の相続法の姿をうかがうことができるという見方が有力だが、以下に述べるように、固有の側面を有することは認めるとともに、唐制の積極的な受容もあったと考えるものである。ここに再びその条文を注（カッコ内）も含めて掲げてみる。

①凡応レ分者、宅及家人、奴婢、並入二嫡子一。（其奴婢等、嫡子随レ状分者聴。）財物半分、一分庶子均分。②妻家所レ得奴婢、不レ在二分限一。（還二於本宗一。）③兄弟亡者、子承二父分一。兄弟倶亡、則諸子均分。⑤寡妻無レ男者、承二夫分一。（若夫兄弟皆亡、各同二一子分一。有レ子無レ子等。謂下在二夫家一守レ志者上。）

（大宝令復元案）

まず、大宝戸令応分条全体をどのように評価するかについてであるが、前述したように近年の通説的評価は認められず、古代日本固有の相続の姿をうかがうことができる一方、唐制を積極的に受容して新しい相続制を模索したものではないかと考える。すなわち、明石氏が指摘されたように、父祖伝来財（父祖から伝えられた財産）と個人財（個人の取得した財産）により相続システムが違うという固有の面も有しているが[20]、女子の相続権をほとんど認めようとせず、「嫡子」（吉川氏の指摘に従い、これを有位者層に限定せず、庶人も含めた全階層に向けて設定されたと考える[21]）を極めて優遇していることなどより、律令官人が戸主を通じて公課負担者を確定するために、また自らの「家」の創出及び安定した継続を企てるために、唐制的（父系的）「家」を積極的に受容しつつ日本的「家」を早急に設定しようとした結果、作成された遺産相続法と見たいのである。なぜならば、戸主条には「凡戸主、皆以二家長一為之。」とあり、古記や義解などの諸注釈は原則として「嫡子」を「戸主」（家長）とする理解を示し、唐令が単に年長の尊属である「尊長」を家長とするのを変更する一方で、同条集解の穴記では雑令、家長在条の家長を唐令そのままに「尊長」と理解しているのが確認できるからである。すなわち、「家産」の処分などの私的経済行為に関する責任の所在としての「家長」は唐令そのままの「尊長」であるのに対し、行政上の基礎単位―公課負担者確定のための最小単位―である戸の法的責任者である「戸主」（家長）には「嫡子」を当てると、古記や義解などが唐令規定を改変して解釈しているのを重視するからである[22]。以下に各項目について詳しく述べていきながら、説明を補っていきたい。

はじめに、唐令及び養老令と顕著な相違をみせる①について。すでに指摘されているように、明瞭な嫡庶異分主義といえるが、ここでは「宅及家人奴婢」を父祖伝来財とし「財物」を個人財とし、後継者が自ずと父祖伝来財を一括して継承した固有の相続システムの表現とみなす見解に従いたい。というのは、応分条の集解に引用される大宝令の忠実な注釈と考えられる古記一云（本条の大宝令に対する注釈は古記と古記一云の二者であるが、同時に引用される場合この二者は常に対立的で、古記は養老令に引きつけた解釈を施すと考えてよかろう）[23]には「己身之時物者得レ分也。従二祖父時一承継宅家人奴婢者、不レ合、依レ令耳。」とあり、「己身之時物」が「財物」に、「従二祖父時一承継宅家人奴婢」が「宅及家人奴婢」に、各々対応しているのは明らかであり、また地位や財産の継承は古代日本でも当然行われ、それが唐令とは異なったシステムになっているのは日本固有のものと考えられるからである。ところで、唐令・養老令ともに規定している「田」が削除されているのも大宝令の一つの特徴だが、あるいは唐の、世襲を認められる永業田が日本令では受容されていないことの反映かもしれない[24]。

さらに、「其奴婢等、嫡子随レ状分者聴。」という本注について古記が「謂下必令レ分、任レ意不上レ聴也。」とするのに対し、古記一云は「嫡子任レ意、抑不レ合レ令レ分也。」と注釈し、「嫡子」の任意の処分を広く認めるが、「奴婢等」を父祖伝来財とみなし分割が許されるものではないとする。古記が「必令レ分」とする養老令的な解釈であるのは明らかであり[25]、したがって、古記一云に大宝令の法意を求めてよいだろう。つまり、大宝令では父祖伝来財は分割するべきではないとする一方、「嫡子」の任意の処分権が広く認められていることから、この本注はあるいは②の「妻家所得奴婢」が発生する根拠とも考えられている[26]。

いずれにせよ、唐制とは異なる極端な嫡庶異分主義は日本古来の遺産相続のありようをそれなりに反映したものであり、承継者が優遇されていたことは間違いなかろう。それに便乗する形で律令制定者は公課負担者の早急な確保や自らの「家」の後継者を安定的に創出しようとしたのであろう。ただし、それが「嫡子」であったという確証は何ら認められない。いやむしろ、古代日本社会における地位や財産の継承形態は傍系継承が一般的であって、嫡系継承はほとんど認められない。それを「嫡子」に一元的に決めようとしたのは、早くから指摘されているように、律令政府による政治的な要請—つまり、天皇位の継承において天武・持統朝頃より嫡系継承が志向され、それが支配階層に拡大されるのを意図する—によると考えたい[27]。

次に②について。先にも指摘したように、この「妻家」は被相続人の妻のことであり、しかも唐令に比べて「所得」が「奴婢」に限定されていることに注目したい。ここから義江氏は「奴婢」の氏的所有論を展開されるのだが[28]、上述したようにその理解は成り立たず、ここでは女子の相続権（あるいは所有権）の制限について議論を進めたいと考える。

つまり、①の本注により「嫡子」の処分によって与えられたかもしれない、被相続人の妻が所有している奴婢（唐令の注では「資財」も含んでいた）は相続の対象とはならず、「本宗」（明石氏に従い、妻の父系近親に相当すると理解する）[29]に返還しなければならない、というのが令意の概略であろう。ところが、古記および古記一云では、

古記云。妻家所レ得奴婢、不レ在二分限一。還二於本宗一。謂下自二妻父母家一将来婢、有レ子亦還、不上レ入二夫家奴婢之例一。財物亦同。若有二妻子一者、子得。无レ子者、還二本宗一耳。問、妻家所レ得奴婢者、父母既与歟、身生之間、令レ仕歟。答、既与者、不レ云二此者身生之間、令レ仕耳。雖二已与一、而妻无レ子死者、猶還二本宗一耳。一云。身生之間令レ仕。更不レ合レ論レ之也。

と本注を引きつつ注釈している。すなわち、まず問答の前までは、妻が所有している婢に子が生じても夫の家の奴婢に混入せず「本宗」に返還すべきだとし、「財物」もこれに同じとし、また、もし妻に子があれば子が得るとし、子がない場合に「本宗」に返還するとする。次に、問答はここでいう「妻家所得奴婢」は父母が「既与」したものか、あるいは妻が生きている間仕えさせるものか、と問いかけ、答えとして「既与」のものであり妻が生

きている間仕えさせるものではなく、また「既与」のものであっても妻に子がないまま死ねば「本宗」に返還するべきであるというが、一云は妻が生きている間仕えさせるものであり、これ以上論じるものではなく、以上の解釈は明白である、というのである。

この古記および古記一云を併せ重ねて②を理解しなければならないのだが、ここで注意すべきは古記が往々にして養老令的解釈を施すという本条における特性である。このことに留意しながら古記をみていくと、まず前半で「財物亦同」というのははなはだ疑わしく（まさに養老令では「妻家所得」とあり「財物」をも包含している）、これならば唐令にあった「之財」に替えて大宝令が「奴婢」とした意味が無視されてしまうことになろう。同じように養老令的解釈を施した古記の注釈として、次の喪葬令身喪戸絶条の古記を挙げることができる。すなわち、「唯父祖奴婢家人分得者、須レ還二本宗一。何者、妻家所レ得奴婢為レ還二本宗一故。財物見余亦同。」とあり、ここでも古記は奴婢の処分と同じく財物の処分もなされるべきだとしているのである。

なるほど養老戸令の先由条には「其所レ齎見在之財」とあり、これは義解が「謂下自二妻家一将来財物上」というように妻が婚姻時に将来した「財物」であり、古記も「皆還二其所レ齎見在之財一、謂下自二妻家一将来財物上也。妾亦同レ之也。」と注釈していることから、大宝令にも同一の文言があったことは否定できない。したがって、大宝令においても妻が「財物」を所有することは認められたであろう。ところが、本条では唐令の「之財」に替えて「奴婢」と限定しているのである。そうであるならば、本条では女子の所有権、というよりも相続権を限定的にとらえようとしていると考えざるを得ないであろう。次に、妻の子の有無を問題としているが、これも本注の記述からして考え難いであろう。したがって、問答直前までの古記の注釈を採るべきではないのである（ただし、妻に子があれば子が得るという古記の解釈は、後述するように養老令規定に想定できる夫婦別財制に則ったものと考えられよう）。

では、問答そのものであるが、父母の「既与」の場合か妻の「身生之間」かに二分して問題を設定し、古記は父母の「既与」の場合であるとし、それに対立する古記一云は妻が生存している間のみの用益権があり、妻が死ねば当然のことながらその奴婢は「本宗」に返還されねばならないとするのである。先述したことを勘案するならば、やはり古記一云の解釈に即して理解するのが妥当であろう[30]。

つまり、②の法意は結局のところ「被相続人の妻が所持するところの奴婢は、相続の対象とはならず、妻自身が死ねば妻の父系近親のうちの一人（「嫡子」に相当するか）に返還するものであり、妻の生存中に用益権を認められたものに過ぎない」と理解すべきなのである。

ならば、「財物」はそうではなく、妻の所有権が認められ、その死後は夫の遺産に含まれて分割される対象になると言外に規定されていると推論できるだろうか（「財物」も「奴婢」と同様に「不レ在二分限一」と推論し、妻の所有を永続的に認めようと解釈するのは、「奴婢」に限定した本項の規定の意図が失われてしまい、論理的には不可能であろう）。どうもそのようには考えにくいと思われる。なぜならば、「妻家所得」は①で述べたように「其奴婢等、嫡子随レ状分者聴。」の本注によって発生したと考えられるのだが、やはり「奴婢等」に限定しているのは明らかであるからである。先由条との齟齬を解消することはできないが、このように解する蓋然性が高いと思われる（先由条との整合性を重んじて、妻の「財物」に対する所有権を認めたとしても、本項の規定は先に記したように論理的には、妻の死後その「財物」は結局、夫の所有に帰すと解さざるを得ず、唐令とほとんど同一の規定内容となるだろう）。それほど奴婢などは所有者に対する人格的隷属性が強いだけではなく、譜代性も強いものがあったのであろう[31]。

要するに、この「妻家所得奴婢」は妻の所有を認めているのではなく、彼女が生きている間のみ生家から連れてきた奴婢を使役できることを認めているに過ぎないのである[32]（あるいは「財物」の所有を認めるとしても、それは最終的には夫の所有に帰すと解釈でき、妻の所有権を広く認知するものではない）。大宝戸令応分条が女子の相続権を大いに制限していると判断する根拠の一つである。(33)

③は唐令のそのままの引き写しであり、あらためて指摘することはない。それよりむしろ、唐令（及び養老令）の④が削除されていることに注目したい。先に述べたように、唐令では家産を分割する当事者である兄弟に未婚の者があれば「娉財」（結婚資金）が余分に与えられ、父方のオバである姑もしくは姉妹の未婚の者にも兄弟のそれの半分が与えられることを規定しているが、大宝令ではすべて削除しているのである。ところが、先学の研究では中田氏がその削除を指摘されて以来(34)、ほとんど注目されていないのである。(35)

そもそも古代日本の婚姻は中国風の嫁取り婚ではなく、しかも全社会的に見ると婚姻儀礼が未成立であった可能性が高いと考えられる。(36)律令においても「娉財」の規定は養老戸婚律二六条の逸文に確認できるのみだが、この逸文は平安末から鎌倉初期に成立した『法曹至要抄』に記されたものである。したがって、日本律令では元来、「娉財」が規定されていなかった可能性も考えられるのである。それゆえ、この応分条でも削除されるのは決して理解できないことではない。

ところが、すでに見たように養老令ではこの項目を改変して女子の相続権を規定しているのである。これに対し、大宝令はただ削除したのみであり、古記および古記一云では、

古記云。問、女子无二分法一若為。答、大例、女子既従レ夫去、出嫁之日、装束不レ軽。又棄妻条、皆還二所レ賷見在財一之時、即是与二父母財一也。所以更不二分論一。然則未二出嫁一在レ室女、不レ合レ无レ分、宜下依二新選一与二男子之半一、以充中嫁装上。出嫁還来、更不レ合レ分也。一云。女子无二分法一故、嫡子養耳。夫在被レ出還来、亦同。

とし、古記は婚姻時に与えられる持参財（そもそもこの「持参財」という概念も嫁取り婚に随伴するもので、唐令的な発想である）がそれなりの財産分与になり、棄妻（先由）条の規定からも婚姻時に父母から財産の分与が行われるゆえに相続規定がなく、したがって、未婚の女子においてのみ遺産の分与が行われるべきで、それは「新選」（つまり養老令）の規定によって男子の半分を与え、離婚して戻った場合には分与はないとする。一方、古記一云は女子には分法がないので、嫡子が養うことになり、離婚されて戻った場合も同じである、と注釈している。つまり、ここでも古記は養老令（あるいは唐令）の規定を念頭に置いて、婚姻時の財産分与（持参財の分与）を想定しているのは明白で、大宝令の忠実な解釈とはいえず、したがって、古記一云によって、大宝令には女子の遺産相続規定はなく、「嫡子」が養うものとしていたと理解すべきであろう。

以上のことから、唐令にあり、養老令でも改変して受容した④の規定は大宝令において意図的に削除されたと考えるべきであろう。これはやはり、大宝令の制定者が女子の相続権を積極的に認めようとはしなかった一つの表現ではないだろうか。

それは、田令の功田条でも確認できよう。すなわち、この条での古記（古記一云は引用されていない）は「古記云。下功伝レ子、謂下女子不上レ入二子之例一也。今行事、女子亦伝。」と述べ、大宝令制定時、明らかに功田の女子への相続を認めていなかったが、「今行事」ではそれを認めるように変更されているのである（これは穴記に引用されている「物云。依二元格一与二半分一。」とする元〈先〉格による変更と考えられる）[37]。このように、唐令④の大宝令における削除は女子の相続権の否認と関連づけて理解することができよう。

次に⑤について。本文は唐令と全く同一で、意味するところも相続人である兄弟の寡妻に男子がない場合の分与についてである。ただ、本注は若干異なっており、唐令では男子があれば寡妻に別には与えず、再婚すればその権利は消滅するとするが、大宝令では「子」があってもなくても同じであるとする。これは、唐制では母がある限り「同居共財」の理念が貫徹し男子が母と別居することはあり得ず、したがって男子がない場合にだけ寡妻には家産分与の権利が生じるのに対し、大宝令（日本令）では必ずしも男子と一体化しない寡妻の独立した立場に即し、遺産の分与を認めたのであろう。しかし、古記および古記一云は寡妻の再婚について、

古記云。問、在二夫家一守レ志、无二他之心一、家人奴婢田宅財物既費用後改適、若為処分。答、祖父母強嫁、并被レ強二姧他一、不レ合レ論。但雖レ被二強姧一、而後和同者、家人奴婢田宅可二追還一、財物不レ合也。一云。父母雖二強嫁一、猶可二追徴一。守レ志、謂下以二終身一為上限。問、家人奴婢立券売買已訖、若為追還。答、可二追徴レ直。一云。開元令云、若改適、其見在部曲、奴婢、田宅不レ得二費用一、皆入二応レ分人物一。案二此令一、即知、未二改適一以前、費用及売買者、不レ合二追論一。一云。律云、以二文守レ志為レ貴、然則文称レ不レ得二費用一、而不レ言二追奪一。故知、前費用已訖、更不レ合レ論レ之。

と注釈する。すなわち、ここでは問答が二度なされる。まず、夫の死去後も夫の家に留まり、家人や財物などを処分した後に再婚する場合にはどのような処置をするのかと問い、それに対する答えとして、古記は（寡妻の）祖父母などが再婚を強いたり、他の男に強制されて「姦」の関係を結んだりした場合は論じるまでもなく返還の必要はないが、強制されて「姦」の関係を結んだ後にその男と合意の上、婚姻した場合は家人奴婢田宅などは返還されるべきだが、財物はそれには当たらないとする。一方、古記一云はたとえ（寡妻の）父母が再婚を強いたとし

ても返還を要求するべきで、夫の家に留まるとは一生のことであるとする。次に、家人奴婢の正当な売買が終了した後に返還するとはどういうことかと問い、それに対する答えとして、古記はその価格に相当する金額を請求すべきだとし、一云は唐、開元令の応分条の注（再婚する場合は奴婢や田宅などの処分を禁じる）を引用し、再婚以前の処分や、正当な売買などは後で論じるべきではないとし、ここでの議論の対象から除く。さらに一云として、律（戸婚律三五、夫喪守志条か、ただし日本律の逸文は確認されていない）を間接的に引用し、文には家人や財物などを処分するのは禁じられているので、返還を要求することは明記していない、したがって、再婚前の処分に関してはこれを論じるべきではないとし、やはりこのような場合を除外する。

このなかでは古記の最初の問いがまず注意される。というのも、「家人奴婢田宅財物」の列挙はほとんど養老令のそれであり（財物と資財との相違があるのみ）、繰り返し述べてきたように古記は養老令の影響を大きく被っていることが確認できるからであり、それに対する答えも古記は寡妻への返還要求がやや緩やかと考えられるが、古記一云は自らの父母に強いられた再婚であっても処分した財産に対する返還要求はなされるべきだとし、寡妻には非常に厳しい処置を求めている（唐制では寡妻の父母による再婚はなんら違法ではないが、寡妻が亡夫の家産を処分することは原則として許されず、亡夫の父系親族の一員に継承され、結果として古記一云の注釈とほぼ同一となる）。次の問答の答えとして古記一云が二種引かれているが、いずれも唐の律令（日本律でもあるか）を引き、そこからの類推解釈として再婚以前の財産処分に関しては論じるべきではないとして、寡妻の再婚とは切り離して解釈している。

また、次のような古記と古記一云の問答もある。

古記云。問、夫存日処分已訖、服中改嫁、若為処分。答、依レ律科レ罪、物不レ可レ奪。又云、夫存日、妻妾之家別、処分営造、分二異奴婢一、雖二嫡子一不レ得二恐覓一。一云。服中合レ奪。服闋之後、不レ合二更論一レ之。

まず、古記が夫の生存時に財産の処分が終わり、その後、夫が死亡しその服喪の最中に寡妻が再婚した場合にはどう対処すればよいのかと問い、その答えとして古記は律に照らして罪を問うが、その財物は返還を請求しないと答え、次に夫の生存中に妻妾の家に対し別々に処分が行われ、奴婢も分割されたならば、その嫡子といえども請求することは出来ないだろうとする。一方、古記一云は先の古記の答えに対して異議を唱え、喪の最中であればその財物を返還させるべきだとし、喪があければ論じるべきではなく、返還は請求されないとする。つまり、古記は被相続人の生前譲与を認めて、たとえ亡夫の服喪期間中の再婚であってもその財物は寡妻の所有を認めているのに対し、ここでも、古記一云は寡妻の所有を認めず、女子（寡妻）に対して厳しい態度を保持しているのである。

このように、古記一云の解釈は養老令的な古記とは異なり、したがって、大宝令に忠実なものであったと推論でき、しかも唐制にはなはだ近い場合もあり、結局、寡妻の財産処分についてはかなり厳しいものとなっていることが了解できよう。後述する養老令の規定とは異なり、大宝令はやはり女子（ここでは寡妻だが）に対してその権利を否認しようとしていたと考えられるのである。

最後に、大宝令では記されないが、養老令で明記されている※部について述べておきたい。なぜかといえば、すでに指摘されているように[38]、大宝令でも後半部の「亡人存日処分」（被相続人が生前譲与したり遺言により遺産を処分したりすること）については認められていた形跡が喪葬令、身喪戸絶条の古記及び古記一云で確認できるからである。つまり、

古記云。問、絶戸亡人存日処分者、任用聴レ之。未レ知、戸令、応レ分者、宅及家人奴婢、並入二嫡子一、財物半分、一分庶子均分。此条、亡人存日処分者用不。答、此亦依二処分一耳。一云。若為二嫡承継物一者、不レ合レ聴、唯当レ身之時物者、随二処分一耳。

とあり、両者はともに「亡人存日処分」を戸令応分条にも適用できるとするが、大宝令に忠実な古記一云は個人財のみにいえることで、父祖伝来財は応分条の規定によれと注釈するのである。いずれにせよ、唐制ではあり得ない被相続人の恣意による遺産処分が大宝令でも認められていたと推定できるだろう[39]。

さらに、大宝令における「嫡子」の優遇を補足するために、養老令では兄弟姉妹の均分相続であった「功封」が、古記一云では「嫡子」の単独相続であると注釈されていることも紹介しておきたい。すなわち、

古記云。問、未レ知、位田、賜田、功田、新墾田、園圃、桑漆等、若為処分。答、法二主(王)命一、随レ宜処分。不レ同二財物一。一云。封物同二財物一、封戸均分也。一云。封戸依二嫡子一也。

とあり、古記はおそらく大宝令の規定にはなかったはずの様々の田（口分田は挙げられていない）や園圃などを列挙してその処分のありかたを問いかけ、それに対する答えとして財物とは異なるが、「随レ宜処分」せよと曖昧にしか応答せず、次に「封戸」（やはり「功封」を念頭に置いているのであろう）に限定するが、二種の一云が対立的な答えを示し（応分条でこのような対立的な二種の古記一云が引かれているのはこれが唯一のもの）、はじめの一云が義解の「男女

嫡庶、並皆均分也」（「其功田、功封、唯入㆓男女㆒」という養老令の本注に対する注釈）にはなはだ近く「封戸均分也」とする（もっとも義解は「不㆑依㆓財物之法㆒」とし、一云とは異なるが）のに対し、後の一云は「封戸依㆓嫡子㆒也」とし、嫡子の得分としているのは明らかであろう。したがって、ここでは後者の解釈を大宝令に近いものと推定しておきたい。

このように、大宝令の忠実な注釈と考えられる古記一云はあらゆる局面で女子の相続権を否認しようとする一方で、「嫡子」の相続権をより広く認めようとしているのである。

また、このような大宝令の規定は父財のみの遺産相続法であり、母財の相続は別であったと推定されているが、後述するように養老令の規定から明瞭に想定できるゆえに認められようが、上述のような大宝令の諸規定から推論するのは無理であり、まして女子による母財の相続までも大宝令の法理に含めて理解するのは許容できず(40)、やはり当時の慣習法のあり方として理解すべきであろう。

以上のように、大宝戸令応分条の規定を五項目において分析してきたが、これを近年、有力となっている古代日本固有の相続法と認めるわけにはいかず、前述した基本的な評価―固有の相続システムを有しているが、女子の相続権をほとんど認めず、「嫡子」を極めて優遇していることなどより、律令官人が公課負担者を確定するために、また自らの「家」の創出及び安定した継続を企てるために、唐制的「家」を受容しつつ日本的「家」を早急に設定しようとした結果、作成された遺産相続法―について了解できたことと考える。

ここに各項目ごとにその特質を表にまとめておこう。

①	遺産相続は嫡庶異分とする（奴婢等の処分において嫡子の処分権が広く認められる）
②	被相続人の妻の所持する奴婢は相続の対象ではない（ただし妻が死亡するとその父系近親に返還する）
③	相続人が死亡して次の世代の相続では兄弟均分に変わる
⑤	相続人の妻に男子がなければ夫（相続人）死亡後、その分が与えられる（もし夫の兄弟が全員死亡したならば、兄弟を継ぐ一子の分と同じとする、子の有無は問わない）
※	生前譲与や遺言が認められていたか？

ところが、当該時期（八世紀前半）の籍帳類には女子所有の奴婢などが数多く確認され、女子の財産所有は否定できない事実であった。先学によりその事実は明白になっていると思われるので、[41] ここではごく近年の業績である明石氏の研究に従いつつ、[42] 一、二問題を絞って論じることとする。

まず、戸主の姉妹に奴婢所有者（もちろん大宝令規定の女子生存中、用益権が認められる場合でも、籍帳記載では所有のように記述されているであろう）が確認できる点についてであるが、神亀三年（七二六）・天平五年（七三三）山背国愛宕郡計帳に三例確認できる。

戸主　秦人廣幡石足の姉、秦人廣幡虫名賣　　奴婢二名を所有
戸主　出雲臣某　　　の姉、出雲臣針賣　　　奴婢五名を所有
戸主　出雲臣某　　　の妹、出雲臣都恵都岐賣　奴婢一名を所有

これらはおそらく戸主が所有している奴婢と同じく、その父親からの相続（あるいは生存時のみの用益権の貸与？）

によって得た可能性が高いであろう。つまり、父財の女子相続の事例として認められるのである。

また、大宝二年（七〇二）の御野国戸籍、西海道戸籍なども加えた、妻妾・母の奴婢所有のありようは氏の整理によると以下の通りである。

郡里名	戸主名	続柄	所有者名	夫	奴婢数
味蜂間郡春部	国造族加良安	戸主妻	**国造族**富賣	**国造族**加良安	奴婢3
肩県郡肩々	国造大庭	戸主妻	**国造**尼賣	**国造**大庭	奴婢34
加毛郡半布	県造古事	戸主母	**県造**奈爾毛賣	**県造**某	奴婢13
同	県造紫	戸主妻	**県造**都牟自賣	**県造**紫	婢1
嶋郡川辺	肥君猪手	戸主母	不詳	肥君某	奴婢8
愛宕郡出雲	出雲臣大嶋	戸主母	**出雲臣**意斐賣	**出雲臣**某	奴婢3
同	出雲臣千依	戸主弟母	**出雲臣**姉賣	**出雲臣**某	奴1
同	出雲臣麻呂	戸主母	品遅君虫名賣	**出雲臣**某	奴1
同	出雲臣麻呂	戸主弟妻	**出雲臣**大家賣	**出雲臣**乙麻呂	奴婢11

このうち、御野国加毛郡半布里の県造奈爾毛賣と同じく県造都牟自賣は母娘と推定されており、したがって、都牟自賣所有の婢一名は奈爾毛賣からの相続と考えられ、母財の相続を示しているものと理解できる。しかしながら、これ以外の事例は様々な相続関係が想定でき、氏のようにこれらをもって母財の相続事例と断定することは出来ないだろう[43]。ただし、これら奴婢を所有する妻妾・母九名のうち、七名までが同姓の夫と結婚していることは認められ、同族内の結婚でその所有する奴婢の分散を防いだのであろう。しかし「同族内で結婚した女子の

みに母財（の奴婢）を受け継がせたことを意味している」[44]とまではいえず、ここから母財の女系相続の存在を推定するのも行き過ぎであろう。

以上のように、八世紀前半に女子が奴婢を相続・所有していたことは否定できない事実なのである。とすれば、古記一云のいう女子の奴婢に対する制約的な用益権がはたして実態に即した注釈であったのかはなはだ疑わしくなり、この点に関して大宝令および古記一云は当時の実態から遊離した机上のものではなかったかと思われるのである。

さらに、八世紀前半の古代日本においても地位や財産の継承は行われたが、「嫡子」による継承が一般的であったとは到底いえない。したがって、大宝令制定者が目論んだ「嫡子」による継承を中核とした日本的な父系的「家」の創出は十分に展開することができず、女子の相続権については先にも述べたように格を発布して実態に即すよう軌道修正を図り、さらには養老令での明記に至るのであった。また、嫡庶異分主義は父祖伝来財を一子に相伝するという固有の財産相続に実質的には近いもので、養老令では中国的な表現に修整されながらも原則的には受け継がれていくのである。

四　養老戸令応分条の特質

近年の研究によると、養老戸令応分条は大宝令のそれに比べると唐制の影響を大幅に受けた理念的な規定であり、実効力があったのか否かは疑わしいという評価が与えられているように思われるが、そのような評価ははたして妥当なのであろうか。ここに、全文を注（カッコ内）も含めて再び掲げ、分析を加えていくこととしたい。

①凡応レ分者、家人、奴婢、（氏賤不レ在二此限一。）田宅、資財、（其功田功封、唯入二男女一。）摠計作レ法。嫡母、継母、及嫡子、各二分、（妾同二女子之分一。）庶子一分。②妻家所得、不レ在二分限一。③兄弟亡者、子承二父分一。（養子亦同。）兄弟倶亡、則諸子均分。④其姑姉妹在レ室者、各減二男子之半一。（雖二已出嫁一、未レ経二分財一者、亦同。）⑤寡妻妾無レ男者、承二夫分一。（女分同レ上。若夫兄弟皆亡、各同二一子之分一。有レ男無レ男等。謂下在二夫家一守レ志者上。）※若欲二同財共居一、及亡人存日処分、證拠灼然者、不レ用二此令一。

（養老令）

唐令や大宝令との比較より、養老戸令応分条の特色は①・④・※部の各項目（後述するように②も含められるだろう）に明瞭に表れていると考えてよかろう。つまり、嫡庶異分主義は中国的な表現に修整されながらも原則的には受け継がれ、女子（妻妾や姑・姉妹など）の相続権を明記し、被相続人が生前に下した遺産処分の判断を認め、②より夫婦別財制が想定できるなどであり、全体としては、唐令の影響を被りながらも、古代日本の社会実態に合わせ大宝令の現実的な修整を図ったと評価できるのではないだろうか。

では、各項目について詳しく見ていこう。はじめに①について。まず注目しなければならないのは、大宝令のように父祖伝来財と個人財とに二分するのではなく、財産の種目を列挙し「摠計作レ法」としている点であり、「嫡母継母」「嫡子」の各々が「庶子」の相続分の二倍を相続するとし、結果的に「嫡子」の相続分が大宝令の規定に比べ大幅に減少していることである。固有の相続システムを明らかに変更しているのである。この変更については、早く中田薫氏が唐食封相続法との関連を指摘されているが(45)、それについてはのちに述べることとする。いずれにせよ、このような財種の区分法の変更などは古代日本の社会実態に即したものとは考えられず、最後に述べるように政治的な要請により改変された面が強いと推定したい。

次に、「嫡母継母」（被相続人の妻と考えられ、本来ならば「寡妻」と表記されるべきだが、⑤と同一の文言となり混乱を避けるためにこの表記となったのであろうか）は「嫡子」と並んで庶子の二倍を相続できるのだが、この「嫡母継母」は儀制令五等親条によれば「二等親」に分類されるママハハで実母（養母）ではない。すると「嫡子」の実母の相続分は規定されていないことになり、その場合、他の妻妾の相続分が認められていることを考慮すると、はなはだ不合理な状況が生じることになる。[46]

それゆえ、このような不合理を解決すべくさまざまな解釈が示されている。たとえば、⑤の本注の「有レ男無レ男等」が唐令を改変して明記されていることを重んじて、やや整合性が欠けることを認めつつも、本項の「嫡母継母」には実子が嫡子となった正妻も含まれ、相続が認められていたと解する牧野巽氏の説、[47]戸婚律子孫別籍異財条により実母の生存中は子に分財請求権がないことを根拠として、「嫡母継母」は被相続人の寡妻の実子ではない庶子からみたものであり、実質的には寡妻に対してつねに相続分二分を認める森田悌氏の説、[48]大宝令には「嫡母継母」についての規定がないので、古記が実子のない嫡母の相続分について便宜的な処置を講じるべく議論していることより、養老令でも実子のない「嫡母継母」に二分の相続分を保証すると解する吉田孝氏の説、[49]森田説を踏まえつつ、平安時代に母子一体で亡夫の所領を継承する慣行があることを重んじて、実母子のみが存在する場合、母子が一体であるから妻の相続分を規定する必要がなく、異母兄弟姉妹が存在する場合に「嫡母継母」への相続分の規定が必要となり、本項にはそれが記されたと解する服藤早苗氏の説、[50]そして唐食封相続法との関連を重んじて、嫡子の二分は唐制の影響を受けつつ実母の扶養分を加えた数値であり、実母の相続分は嫡子のそれに含まれていると解する明石一紀氏の説[51]などである。総じて、実母の相続分をなんらか認めようとする点では一致しているが、細部において各々異なっているのである。

では、どのように考えればよいのであろうか。まず、牧野氏が着目している⑤の本注の「有レ男無レ男等」との関連であるが、唐令が「有レ男者、不二別得レ分」としていたのを改変している意味をやはり重んじたいと考える。
一方、森田氏が戸婚律子孫別籍異財条により実母の生存中は子に分財請求権がない、といわれるのはいかがであろうか。注18で批判を加えたように、戸婚律子孫別籍異財条と関連づけられる闘訟律子孫違犯教令条の唐律の疏において、祖父母父母の教令権は法の制約下のものであり、したがって、戸令応分条の規定を無視しうるものではない。その上、古代日本社会において儒教の「孝」観念に根ざした祖父母父母の教令権が広く認められていたとはやや考えがたく、さらに「同居共財」が家族形態の規範であったとも考えがたい。したがって、実母の生存中は子に分財請求権がないとする論拠は成立しないのではないだろうか（ただし、実質的には寡妻に対してつねに相続分二分を認めるという点は評価できる）。服藤説もこの森田説を前提に立論されているのは危ういのだが、平安時代の相続慣行を踏まえている点は考慮せねばならず、簡単には否定できないだろう。吉田、明石の両説はそれぞれ論じ尽くされていない点（吉田説では実子がある母にはどのような相続権が認められているのか、明石説では「嫡母継母」の相続権はどのようであるのか、などがそれぞれ不明である）があり、評価しきれない面が残る。

ところで、義解は③の「兄弟亡者、子承二父分一」という規定について次のように記す。すなわち、「但於レ法、母子无二異財之理一。即分得之後、各当二同財一」とし、また「問、仮令、嫡妻有レ子、共承レ分之後、其母改嫁、即賷二己及子財一、適二後夫家一、其後母亡、所レ有財物、須レ入二何人一。答、令有下妻承二夫財一之文上、而无下夫得二妻物一之法上。即須レ与二其子一、不レ可レ入レ夫。」と問答を交わしている。つまり、はじめの義解では母子間の異財はありえず、相続分をえた後に「各」同財にするべきだと述べ、母と子が共に相続するように説き、次の問答では嫡妻に子がある場合、それぞれが共に亡夫（父）の遺産を相続した後に寡妻が再婚する際に、寡妻自身の財と子の財とを共に再婚先へ持参し（この場合の子は、おそらく成人に達していない年少者を想定しているのであろう）、その後、夫妻のうちいずれかが死亡すればその財をどのように処分するのか、ということについて論じているのである。いずれにせよ、義解が子だけではなく寡妻の相続をも認めているのは明白であろう。

ならば、上記の矛盾を解消するためにはどのような解釈をすればよいのか、その結論は次のように導けるであろう。すなわち、⑤の本注の改変および義解の注釈より、おそらく妻妾は夫の死亡後、子の有無に関係なく夫の遺産を相続できる、つまり、ママハハに相当する「嫡母継母」（服藤氏がいうように、その実子がない場合か）、および令文には明記されていないが実母にもそれらと同等の「二分」の相続が認められていた（妾にも相続権があったのは言うまでもない）、と理解したいと考えるのである。したがって、明石氏がいわれる「嫡子」の相続分である「二分」には実母の扶養分が含まれる、という理解は成り立たないと考える。以上のような推論が成立するならば、養老令においては、被相続人の寡妻妾の経済的な自立性はそれなりに確保されていたと考えてよいであろう。

次に、「其功田功封、唯入㆓男女㆒。」という本注に着目したい。義解は「謂㆘不㆑依㆓財物之法㆒、男女嫡庶、並皆均分㆖也。」と注釈し、男女嫡庶にかかわらず均分するとし、女子への相続を公認しているのは明らかなのである。ただし、田令功田条の集解が引く諸注釈は「不㆑及㆓女子之子并夫㆒也。死日即須㆑授㆓其兄弟及姉妹㆒。若無者還㆑公耳。」（穴記）などと述べ、すべて女子一身限りのものと解している。

ここから義江氏は功田功封の特殊性に着眼し、さらに中田氏が「唐令は普通遺産に就ては諸子均分主義を執り、食封相続に就ては嫡庶異分法に拠ったものであるが、養老令は全くこれと反対に出で、普通遺産に就ては嫡庶異分主義を執り、功封相続に就ては却て諸子均分法に拠ったのである。その理由は不明である。」と指摘されたなか[52]で、唐では国家より支給された食封の相続において嫡庶異分となっているのに対し家産分割では兄弟均分であったのが、養老令では逆の形で類似しているということをも論拠とし、本項の相続規定は国家と相対する側面からの序列であり、「其功田功封、唯入二男女一。」という本注にこそ現実の財産形態が存するとし、結局、功田功封は『氏賤』とは対照的に、『氏』の中核部分に対して国家より新たに与えられた財産という性格を持つ。すなわち養老応分条は、その性格は対照的ながら、貴族層にとってともに主要で明確な財産形態を持つものを特に抽き出して、それぞれ『氏賤不レ在二此限一』『其功田功封、唯入二男女一』と別途に規定しているのである。それは養老令の分財規定が、大宝令と異なってこれら両者を包摂し得ないものへと変質したためであろう。」とされるのだが[53]、この見解をそのまま首肯できるのか検討せねばならないだろう。

まず、『唐六典』巻三の食封相続法を掲げる。

凡食封皆伝二于子孫一。食レ封人身没以後、所レ封物随二其男数一為レ分、承レ嫡者加二与一分一。若子亡者、即男承二父分一。寡妻無レ男、承二夫分一。若非二承嫡房一、至二玄孫一即不レ在二分限一。其封物総入二承嫡房一、一依二上法一為レ分。其非二承嫡房一、毎レ至二玄孫一、準レ前停。其応レ得レ分房無レ男、有レ女在レ室者、準二当房分一得数一与レ半。女雖レ多更不レ加。雖レ有レ男、其姑姉妹在レ室者、亦三分減二男之二一。若公主食二実封一、則公主薨乃停。（『唐六典』巻三　戸部郎中員外郎条）

すなわち、『唐六典』では皇帝から食封を賜った場合、通常の家産とは異なり、完全な均分ではなく「承嫡者」に一分（「享祭一分」―『唐会要』巻九〇　縁封雑記、天宝六載三月六日の戸部奏―と考えられる）加増して伝えられ、寡妻に男子がなければ夫の分を相続することができ、「承嫡房」ではない家では玄孫の代で食封の支給は打ち切られ、その分はすべて「承嫡房」に加えられることになる。また、その家に男子がなく女子のみならば（ただし未婚の者に限定される)、与えられるべき食封の半分が支給され、男子があっても未婚の姑（父方のオバ）姉妹には男子の三分の一が支給されることになっていたのである。ところが、「公主」に与えられた食封は子孫に伝えられることはなく、その死によって支給が停止されたのである。[54]

つまり、結果的には食封相続の配分は嫡庶異分となっているが、封爵を受け継ぐ者として「享祭一分」が加増されてのものであり、原則としては諸子均分となっているとも考えられよう。[55] また、女子（といっても条件がある）にも相続が認められているのがその特徴といえる。しかし、前近代の中国家族法の原理からすると、男子のない寡妻がいったん相続することは認められているが、その死によりおそらく「承嫡房」にその相続分は返還されるであろうし、未婚の女子に男子の半分が与えられても、彼女が他家に嫁すればやはり返還せねばならなかったであろう。さらに男子の三分の一が与えられる姑姉妹も未婚に限られており、「公主」の食封も一代限りであった。以上のことより、この食封相続法においても女子の相続は様々な制約が加えられた不正規なものであり、家産分割の場（応分条）となんら異なるものではないのである。結局、唐の食封相続法もその根底においては戸令応分条となんら変わるところのないものであったのである。

この唐食封相続法の規定を直接、受容して「其功田功封、唯入二男女一。」という本注が成立しているとするならば、女子の相続が一代限りに限定されていることはなんら不審ではなく、至極当然なことなのである。ただ養老令では「唯入二男女一」と明記して、女子への相続を積極的に認めているのは異なっている。したがって、義江氏のいう功田功封の特殊性はその母法の規定によるもので（さらにいえば、功田功封という財種の性格による）、養老令のみに限定してその特殊性を強調することはできないのである。

そして、なによりも義江氏が唐の食封の相続比率と一般の家産の分割比率との関係と、養老令の遺産相続の比率と功田功封などの相続比率との逆転関係から立論される危うさに、われわれは注意せねばならないのである。上記のように、唐の食封相続法と家産分割法との間にはその分割比率においてなんら異なるものではなく、その根底には同一の原理が存在していたと考えられた。したがって、やはり相続比率や分割比率の関係性などを論拠にすることは不適切であり、その財としての性格から考えるべきであろう（たとえ両者の比率に関係性が認められたにしても、論理の進め方は転倒していると言わざるを得ない）。つまり、財としての性格が類似する唐の食封と養老令の功田功封との関係から議論を出発させ、先に指摘した両者の共通性に留意しながら、この本注の意味を考えるべきなのである。したがって、この本注は国家から支給された一時的な財（大功による功田以外、世襲による所有が認められるものではない）である功田功封の相続形態として、唐の食封相続法に大きく影響を被ったもので、原則として男子中心に相続されるものであるが、養老令では「唯入㆓男女㆒」と明記することにより女子への相続も認められた。しかし、それは唐制と同じく一代限りのものであった。それゆえ女子の子孫への相続が認められている他の財種とは異なり、わざわざ本注としてつけ加えねばならなかったのである。

以上のことから、義江氏の理解は成立しないということになろう。

同じく、本注の「氏賤不㆑在㆓此限㆒。」にも言及しておこう。これに関しても義江氏は非常に丁寧な分析を加え、氏の応分条理解の重要な論拠として位置づけられている。すなわち、大宝令の①の項には氏賤が本来含まれていたが、それが養老令規定の、他の財物と一括しての分財規定となると、そのなかに含み得ない部分であったがゆえにわざわざ注記せざるを得なかったとされ、そこから大宝令の「嫡子」が「氏」の所有物たる氏賤の継承主体としての性格をも持ちえたと理解されるのである[56]。

しかしながら、すでに明石氏が批判されているように、氏賤は大宝戸令応分条の「嫡子」が相続する「宅及家人奴婢」とは異なるものであり、しかも古記や古記一云がなんら氏賤に言及していないことより、それが応分条の規定の対象外であったということを古記の作者などは十分承知していたからではあるまいか(57)。したがって、養老令にこの本注が加えられたのはその法意を明確化したものと考えてよかろう。つまり、ウヂ全体の所有にかかる「氏賤」は注に記されるように財産総計の対象とはならず、おそらく令釈が「其氏賤者、不レ入二財物之例一氏家人奴婢者、転入二氏宗之家一耳。」というように、「氏宗」（氏の長）へと継承されていくのであろう。

結局、①は、大宝令が父祖伝来財と個人財との二種のみの、やや概念的な規定であったのに対し、主だった財種を具体的に列挙しつつ、一方では唐制の影響のみではなく政治的な要請をも受けて、嫡子の得分を大きく減額している。ただ、上記のような唐食封相続法の評価が認められるならば、嫡庶異分の相続比率は唐制との関連から必ずしも導出できないのではなかろうか。他方、被相続人の寡妻妾や娘（ここでは功田功封が相続対象に限定される）などにも相続を認めている。また、規定をより明確にするために二つの本注を加え、財として異質な功田功封は男女に均分されるが唐制と同じく女子は一代限りとなり、これに対して、ウヂ所有の氏賤はそれを保持していこうとするのである。つまり、本項の規定は唐制の影響（政治的要請も）を大きく受けつつも、日本固有の相続システムも並存しているといえるであろう。

次に②について。これは唐令とほとんど同一の文言だが、妻の死後は夫の「家」の家産に含まれるという注や、大宝令にあった「奴婢」の語句と「還二於本宗一」との本注が各々省略されていることに注目したい。すなわち、唐令では夫が「家」の中心であり、かつ夫婦同財の立場から先の注が明記されており、一方、大宝令では上の本注が付け加えられることにより、被相続人の妻が生きている間のみ実家から連れてきた奴婢を使役できることを認めているに過ぎず、死去すると「本宗」（妻の父系近親）に返還しなければならないと理解できた。

これに対し、養老令ではこれらの注をすべて削除し本文は唐令とほぼ変わるところがなく、養老令に近い解釈をする本条の古記も「財物亦同」とし、唐令的理解を示している。しかしながら、この「妻家所得」の発生する根拠は後述する④の規定であり、大宝令が①の本注の「其奴婢等、嫡子随レ状分者聴。」という曖昧なそれであったのとは異なり、まして唐令の④の「其未レ娶レ妻者、別与二娉財一。姑姉妹在レ室者、減二男娉財之半一。」とも明らかに異なるのである。つまり、養老令での「妻家所得」は女子の相続分として明確に認められたものであり、しかも「奴婢」だけではなく「財物」もおそらく含まれたのである。そしてそれは妻が死去しても夫の「家」の家産に含まれず、妻の父系近親に返還する必要もなく、また夫の遺産からは除外される彼女の終生の、いや子が継続して存在する限り永久的な所有物であったのである。ということは、妻は夫とは別の財産を所有することが認められていたと考えられる。ここに夫婦同財制ではなく夫婦別財制を想定することができるのである。

すなわち、この「妻家所得」は被相続人（つまり夫）の遺産に含まれず、唐制のように本人の死亡後、夫の家産に属することにもならず、さらに大宝令のように「本宗」に返還せずともよく、結局、彼女の子が継承していくと考えるならば、その相続は別の場で行われたに違いなく、それは夫婦別財制の表現と考えられるのである[58]。

このように、②はたとえ表面的な文言が唐令とほとんど変わらなくても、その内実は大いに異なっており、女子の相続権を前提とした規定であると同時に、夫婦別財制をも間接的に規定した項目であると評価でき、非常に注目すべきものとして捉えねばならないのである[59]。

ところが、集解の諸注釈はこのような養老令本来の令意をあまり顧慮せず、唐制の圧倒的な影響のもとに解釈を施している。例えば、令釈などは「仮有、婦随レ夫之日、将二奴婢牛馬并財物等一寄二従夫家一。夫婦同財故、婦物為二夫物一。夫亦有レ父、父子同財、因転為二舅物一。」と述べ、「夫婦同財」や「父子同財」を前提にして妻の持参財は結局、舅の所有に帰すとしたり、朱説も「妻家所得、不レ在二分限一。未レ知、妻亡者其財何。答、妻之子得耳。未レ知、若夫得乎。答、无レ子者、夫得耳。不レ還二妻之祖家一也。夫妻同レ財人故也。」として、夫婦同財を前提にし、妻に子がなければ夫の所有となるとするのは令意を逸脱しているが、子があればその子が相続するとも説いている。

いずれにせよ、本項の規定は古代日本社会の実態に即したであろう夫婦別財制を表現した養老令独自のものであり、これに対する集解の諸注釈は唐制の夫婦同財などを前提とした議論に終始していたと考えてよいのである。また後述するように、母財の相続は父財の相続形態とはいささか異なり、男女の均分であった可能性が高いのではないかと考えられる。

③は唐令、大宝令とほとんど変わるところがなく、ただ本注に至極当然な文言である「養子亦同」が加えられているのみである。ただし、すでに紹介したが、本項の義解において注目すべき問答が行われている。すなわち、

> 又問、仮令、嫡妻有レ子、共承レ分之後、其母改嫁、即賷二已及子財一、適二後夫家一、其後母亡、所レ有財物、須レ入二何人一。答、令有下妻承二夫財一之文上、而无下夫得二妻物一之法上。即須レ与二其子一、不レ可レ入レ夫。其於レ母者、无二嫡庶之名一。分二其財物一者、当レ従二均分之法一也。

とあり、令には妻が夫の財物を相続する規定はあるが、夫が妻の財物を相続する規定はないとし、その財物は子(この前に義解は子を男子としている)が均分相続すると解釈するのである。つまり、義解のこの注釈は妻(母)財は子に均分相続されるものとし、結果として夫婦別財制をも表明していると考えられるのではなかろうか。しかも、妻(母)財は諸子(男子のみ)均分とするのである。しかし、義解の直後に引かれる令釈では「唯兄弟曾无、而女

子一人者、女子之男女受㆓母財㆒耳。」とし、限定された場ではあるが、その男女が相続するとも説くのである。他方、穴記では「問、母財物、処㆓分於嫡子并女子及孫㆒之事、放㆓父財㆒哉、為当以不。答、母財分法、嫡庶无㆑別也。」と注釈しており、先の義解の解釈に近いものである。したがって、母財の相続が父財の相続とは別の場・原理で行われていたと考えるのは決して誤りではなく、その相続形態は、父財の相続権が女子にも与えられていたことを勘案すると、義解などの解釈のように男子均分ではなく、男女均分に近いものであったと考えられよう。

④は養老令の規定中もっとも注目すべきものである。ところが、中田薫氏が唐制との類似を指摘して以来、多くの研究者はこれでこと足れりとしてその独自性についてはあまり留意していない（家父長制のイメージが先入観として強くあったためでもあろう）。

なるほど、中田氏の言うように唐令の④の項目にその法源を推定できるかもしれないが、それはあくまで「娉財」という限られた財の分与についてであった。しかしながら、養老令の本項の規定はひろく一般に遺産の相続についてであり、しかも「雖㆓已出嫁㆒、未㆑経㆓分財㆒者、亦同。」という注―つまり既婚者であっても分財を経ていない場合、その既婚者にも遺産相続の権利がある―が加えられており、唐令が「在㆑室者」（未婚ならば）と制限しているのとは明確に異なるのである。また唐令は未婚の兄弟も対象であり、それも「娉財」に限定していた。そしてなにより、唐令を参照したに違いない大宝令はこの項目について一切規定していなかったのである。

それを養老令は「姑姉妹」が未婚であっても既婚であっても、男子（おそらく庶子であろう）の相続分の半分の相続権を明記したのである。これは唐令、大宝令とは大いに異なり、女子の相続権を明記した画期的な規定として積極的に評価しなければならないだろう。

また、前項③の穴記には次のような問答もある。すなわち、

問、姑姉妹在レ室者、各減二男子半一。未レ知、母及女子並二人、女子嫁、受レ財従レ夫。母後嫁与レ夫同居、母亡以後、何処分。答、所在之家、已是前夫家、今已有二女子一、然女子全得耳。其後父是无レ親之日得耳。有二女子一者、不レ合レ得也。為レ無下復後夫与二前夫一共得分之法上故也。

とあり、必ずしも適切な議論ではないかもしれないが、母娘二人きりの場合、再婚した母の遺産は後夫が相続するのではなく、出嫁した娘が出嫁時に一度財産の分与を受けていても相続するとし、出嫁した女子の相続権を明白に認めていることとなろう。

ただ、唐令の文言をそのまま受容したので、父方のオバである「姑」が被相続人の父親の遺産相続の場で一度「姉妹」として相続しているにもかかわらず、再び「姑」として遺産相続に与るという矛盾がある（これに引きずられてか義解は「謂三姑及姉妹各得二諸子之半一也。」と注釈し、この規定の「男子」を前項の「諸子」と解しており、令釈なども「文称二各字一故、兄弟之姉妹者、減二兄弟之半一。諸子之姉妹者、減二諸子之半一。」とし、やはり誤って解釈している[60]）。さらに、この規定が②の「妻家所得」の法源となっているのは先に述べたとおりである。

いずれにせよ、この項目は女子の相続権の明確な規定として、われわれは大いに注目しなければならないのである。

次に⑤について。これは基本的には大宝令の規定と同一だが、詳細にみると相違がある。つまり、大宝令の「寡妻」が「寡妻妾」に変更され、「女分同レ上」という本注が新たに加えられ、やはり大宝令の本注の「有レ子無レ子等」が「有レ男無レ男等」に変更されているのである。これらの変更は以下のように考えられよう。すなわち、「寡妻妾」への変更は①で「嫡母継母」と並んで「妾」への相続が認められているゆえであり、「女分同レ上」という本注が新たに加えられたのは④の規定と関連してやはり女子（被相続人の孫となるか）の相続権を認めることになり、最後の「子」から「男」への変更は女子が含まれるか否かをより明確にしたもの、とそれぞれ考えられる。

要するに、これらの変更は他の項目との整合性を考慮したものと判断してよく、なかでも相続人の妻が夫を亡くしたり、夫の兄弟が全員死亡したりした場合、男子の有無を問わず夫の相続権を継承できたとする本注の規定に注目したい。これは本項の規定とは明らかに齟齬をきたし、整合性のとれないものだが、①ですでに指摘したように唐制を改変したものであり、令制定者の本意はむしろこの本注にあったと考えたいのである。

また、再婚した女子に対する処置は、養老令に近い解釈をほどこす本項の古記によれば、「祖父母強嫁、并被レ強二奸他一、不レ合レ論。但雖レ被二強奸一、而後和同者、家人奴婢田宅可二追還一、財物不レ合也。」とあり、「父母雖二強嫁一、猶可二追徴一」とする古記一云に比べるとやはり緩やかで、「家人奴婢田宅」は夫家へ返還しなければならないが「財物」は返還する必要がないとするのである。

もっとも、「有レ男無レ男等」とする本注に対する義解は以下の通りである。

謂。恐下於二有レ男者一、不上与二其母分一、故云二有レ男无レ男等一。問、家長妻妾、服闋之後、未レ分之前、改嫁如何。答、文云二嫡母継母各二分一。謂二家長之妻、夫亡寡居者一也。若未レ分之前、改嫁適レ他者、不レ可レ得レ財。

すなわち、義解は男子があればその母の分を与えない恐れがあるゆえ、この本注を加えたといい、また「家長」の妻妾が遺産分与の前に再婚すれば遺産は与えられないとする。あたかも家父長権を前面に押し出したような注釈であり、令意からはかなり隔たってしまったものといえるのではなかろうか。

最後に※部について。この項目は唐令、大宝令ともになく、養老令独自のものとして規定されている点を見過ごすべきではない（前述したように、古記などより大宝令段階でも「及」以下は実質的に認められていたかもしれないが、それはあくまで一解釈であり本文に明記されているのとは違う）。

また「同財共居」について古記は次のような問答を記す。

問、父亡、母在、分不。答、同母者、不㆑異㆑財。故不㆑可㆑分。若有㆓異母兄弟㆒応㆑分、雖㆓嫡母㆒、亦応㆑分也。

つまり、父が亡く母とその子である兄弟が残ったなら分財するべきではなく、母と異母兄弟が残ったなら、たとえその母が「嫡母」であっても分財するべきだと説き、同母兄弟の「同財共居」を前提にした注釈を加えているのが明らかであるが、これが当時の実態であったかどうかは不明確であろう。やはり「若」で始まることから了解されるように、例外規定として設定されたものであり、したがって、古代日本においては「同財共居」を欲する場合は例外的なものであったと考えられ、唐制が「同居共財」を理念としていたことと異なっていたと考えた方が妥当であろう[61]。

では、この例外規定の効力について考えてみたいのだが、その詳細はつまびらかにし難い。というのも、養老令的な解釈に近い大宝令の注釈である前項⑤の古記は「問、夫存日処分已訖、服中改嫁、若為処分。答、依㆑律科㆑罪、物不㆑可㆑奪。又云、夫存日、妻妾之家別、処分営造、分㆓異奴婢㆒、雖㆓嫡子㆒不㆑得㆓恐覓㆒。」という問答を記し、被相続人が妻妾などに家屋や奴婢などを生前譲与すれば、「嫡子」といえども文句は言えないとするのに対し、養老令の注釈の一つである朱説もやはり「問、父存日一子与㆑財、余子不㆑与㆑財、父亡後可㆑処㆓分財物㆒。未レ知、先得子分、後日入二財物之例一、作二分法一不。答、計入可レ作。何者、余者更不二追取一。但其分少者、加与故也。」という問答を記し、被相続人が一子のみに財物を生前譲与し他の子に与えなかった場合、その被相続人が亡くなり遺産総額の配分に不公平があればその配分を法によって公平にするべきだとするのである。つまり、この例外規定の効力が前項までの規定を上回るのか否か、全く相対立する解釈がなされており、公定の注釈である義解は本規定に対しなんら言及していない。

このように、その詳細を解明することはできないが、本項の記述そのものより基本的には証拠の明白な生前譲与や遺言は前項までの規定を上回る効力があったとみてよいのではなかろうか。いずれにせよ、この項目は唐制ではありえず、日本令のみの独自の規定であることは否定できない事実であろう。

以上のように、養老令の各項目について分析してきたのであるが、ここにその特質を表にまとめておきたい。

①	遺産は嫡庶異分とするが、嫡子と庶子との差は大きくない。嫡母・継母だけではなく、実母にも与えられるだろう（妾にも与えられるが、氏賤や功田などは除外する）
②	被相続人の妻の所有財産は相続の対象ではない **〔妻が死亡するとその子が相続する・夫婦別財制〕**
③	相続人が死亡して次の世代の相続では兄弟均分に変わる
④	相続人のオバや姉妹は未婚ならば男子の半分を相続できる（既婚でも分与されていなければその権利は留保される）
⑤	相続人の妻に男子がなければ夫の死亡後、その分が与えられる（もし夫の兄弟が全員死亡したならば、兄弟を継ぐ一子の分と同じとする、男子の有無は問わない）
※	生前譲与や遺言が認められていた

このような養老戸令応分条の特質として、嫡庶異分主義は中国的な表現に修整されながらもそれなりに受け継

がれ、そしてなによりも女子（妻妾や姑・姉妹など）の相続権を明記し、夫婦別財制であったことも推定でき、被相続人の生前譲与や遺言による遺産処分も認めたと考えられる。したがって、従来から言われていたように唐令の影響はそれなりに被っているが、結論的にいえば、古代日本の社会に即応するよう（政治的な要請も含めて）、大宝令の現実的な修整を図ったものと評価できるのである。

五　奈良・平安時代の相続実態

ところが、明石氏は平安遺文の分析などから養老戸令応分条の実効性を否定され、大宝令の背後にうかがえる慣習法が現実には効力を持っていたとされるのである。はたしてそのような判断が成立するのか否か、検証せねばならない。

その前に、明石氏は次の「家屋資財請返解案[62]」と題される唐招提寺文書（宝亀二年二月十二日の日付が端書に記されているが、異筆であり記事そのものの日時は不明）を分析されているが、その評価にも同意しがたい点がある。すなわち、この文書は、

解　　申依父母家幷資財奪取請□事
某姓ム甲　左京七條一坊□外従五位下ム甲
合家肆區　一區无物　□在左京七一坊

壹區　板倉參宇（二宇稲積滿　一宇雑物積／檜皮葺板敷屋一□　板屋一宇物在）　並父所□［　　］

（草葺厨屋一宇／板屋三宇）　並在雑物□［　　］

在右京七條三坊　壹區（板□［　　］［　　］□□家／板屋二宇　草葺□〔板カ〕敷東屋一宇）

在右京七條三坊　壹區（草葺板倉［　　］／板屋一□〔宇カ〕）［　　　　］所□［　　］

（草葺屋一宇／板屋三宇）　並空（釜一口甈三口／馬船二隻）　□□□〔在大和〕国□［　　］

上件貳家　父母共相成家者

以前ム甲可親父ム国守補任弖退下支然間以去寳字［　　］

死去然尓父可妹三人同心弖處々尓［　　］

奪取此乎ム甲哭患良久□〔父カ〕□我□□〔禮喪カ〕［　　］

間不久在利然毛ム甲可苐忄乚ム甲□〔尹カ〕父尓従弖□［　　］

彼可參上來奈牟時尓ム甲可不［　　］［　　］牟□〔止カ〕［　　］

卽職乃符波久汝可申事□〔諸カ〕［　　］［　　］

遣弖所々家屋倉幷雑物等乎［　　］

期限波不待弓更職乃使條令□

倉稲下幷屋物等乎毛□□

というかなり欠損の多い内容なのだが、まず前半の資産列挙の記事から、「合家肆區」のうち右京七条三坊と大和国にその存在が推定される「上件貳家」が「父母共相成家」つまり個人取得財に相当し、その直前に記され、左京七条一坊にその存在が推定される「一區无物」と右京七条三坊にその存在が推定される「壹區　板倉參宇」が父祖伝来財に相当するものであったろうことは明らかであり[63]、「父祖伝来産と当人取得産を分けるという、養老令と異質な大宝令の法理が確認され、それが現実に機能していたことがわかる」という指摘は従うべきであろう[64]。

ところが、後半の内容に関して、「某姓厶甲」の父が天平宝字年間に亡くなり、その遺産を亡父の妹（つまり姑）三人が同心して奪い取ったために、厶甲が京職に訴え、その裁定をめぐり再び訴えているとされるが、その結論として大宝令のみの相続法理を強調され、「訴えている厶甲の主張には大宝令的立場の相続法理が認められること、そこでは家宅を明らかに父祖伝来産（嫡承継物）と当人取得産（父母の己身之物）とに分ける区別が確かめられること、が知られるであろう」とされる[65]のは同意しがたいのである。つまり、氏自身指摘されているように、厶甲の争論の相手である亡父の妹（姑）三人（弟もか）が拠っているのは、養老令の④項の法理であったことはまちがいないと考えられ、天平宝字年間以降のある時点において養老令の規定が現実に機能していたこともまた疑うわけにはいかないからである。

このように、明石氏の評価とは反対に、養老戸令応分条の規定が実効性を持っていたことの証左としてこの文書を評価することも可能であろう。

では、平安遺文の分析に移りたいが、すでに服藤早苗氏が考察を加えられ、明石氏の評価とはかなり異なった結論を導き出されているので、[66]まず服藤氏の業績を紹介することから始めたい。すなわち、氏は財産相続に関する文書である「処分状」「譲状」などや所有者移転を記した「売券」などにみえる処分者、被処分者における女性比率などを根拠とした女性の相続権、次に売券における親族連署のありようなどから女性の財産所有権、また畿内近国の未処分相続やそれ以外の地域の後家による亡夫の遺言執行や女性の経営権、などの諸点について以下のような指摘をされている。

・在地領主層の主要な財産である所職や一所所領の相続などはもっぱら男性が主となるが、その他の財産相続についてはは女性も男性とほぼ対等の権利を所持していた。
・畿内近国の父祖伝来私領はほぼ男女均分に分割し、遺言や生前譲与が明確な場合はそれに従うことが一般的であった。
・親族連署のあり方から平安時代においては基本的には夫婦別財制であった。
・財産の被処分者が女性であっても一期などの制限をつけない永代譲与が一般的慣行であった。
・父母が処分状などにより諸子に分割した相続財産はあくまで諸子個別の独立所有権が認められていた。
・女子は父母両者の財産に対し同等の相続権を持っていた。
・平安後期には、亡夫遺命の範囲内で後家が亡夫の代行として単独意志で亡夫遺領の処分を行いえた。
・亡夫が処分状や遺言状などを残さない場合、母子が一体として相伝領掌する慣行が存在し、そうした慣行は八世紀までさかのぼる可能性がある。
・九世紀頃まで、女性は公的な正税である公出挙受給対象者であり、力田の輩として庄田を請け負うことができた。

・一〇世紀以降、家父長制が成立し始めるのに並行して女性の経営権も低下していったが、部分的には残っていた。

このような一〇項目の指摘のうち、第八の母子が一体となり亡夫（父）の遺産を相伝する慣行が八世紀にまでさかのぼる可能性があるとされるのには、いささか疑問がある。なぜならば、氏が立論の根拠とされている、亡夫の遺産は存日処分や遺言がない限り寡妻がすべて継承するという森田悌氏の説はすでに指摘したように成立しないのであり、また明石氏が注意を喚起されているように条件付きの母子同財と考えるべきなのである。(67)つまり、先に紹介した戸令応分条の③項の義解がいうように、母子がそれぞれ遺産を取得した後に、母を扶養することになった子が母と各々の財を共有するということになったと理解し、服藤氏の指摘を若干修正したいのである。それ以外のものは尊重すべき成果と考える。

ところが、明石氏は右のような服藤氏の業績に対し、夫婦別財制に即して父財と母財とに区別して検討を加えていないとされ、また財産の形態上の分類ではなく父祖伝来財か個人財かという基本的な分類によるべきであるとし、そしてなによりも養老令の相続制を大前提としている、と批判されるのである。

このような視点から平安遺文を独自に整理され、以下のような結論を導き出されたのである。すなわち、まず、処分状や売券の連署のありようから、次の二点を指摘された。

・父祖伝来財は財主個人の自由意志ではなく、近親の同意を必要としたらしいが、個人財は財主の自由処分が可能であった。

・配偶者を相売人とする慣行は古代では認めがたく、夫婦別財制が守られて、相互不干渉であった。

これらの指摘は、服藤説と大きく異なるものではなく同意できるものである。

しかしながら、氏自身の立場を鮮明にする父財・母財の相続形態の分析となると服藤説との相違が顕著となってくる。つまり、父財のうち、個人取得財の分析をされ、例示された二一例のうち、男子への譲与が一五例、女子への譲与が四例、男女への分譲が二例とされ、女子への処分例が明らかに少ないとされて、また一〇九七号の文書（延久六年〈一〇七四〉という年号が記されたもので、僧澄千が子の男四人・女一人に三段の田を分配しているが、そのうちの女子の名が仲子とあることより、主要な一女子が特に選ばれ男子と同じ扱いを受けたものと氏は理解される。）をも示されて、次の二点を指摘された。

・被相続者に男女がいる場合には、男子に優先的に処分したものの、余裕があれば主要な女子をそれに加えて適宜分割して譲渡した。

・主要な一女子を特に選んで男子と同じ扱いのもとに処分した。

これは服藤氏の分析結果とはかなり異なるもので、いずれが適切な評価であるのか検証しなければならない。まず、一〇九七号文書は一一世紀のもので、服藤氏がいわれるように家父長制が成立し始める時期のものなので、これを傍証とする議論は控えるべきであろう。次に、明石氏が挙例されている文書のうち、二三九号（二例あり）、三一七号（二例あり）、四三八号、四四〇号の六例は四至を明示したいわゆる一所所領と考えられ、服藤氏も認められているように、もっぱら男子に譲与されていたと考えられる。そこで、この六例を除外し、男女への分譲の二例を加えると、男子への譲与が九例、女子へのそれが六例となり、男女への譲与にさほど大きな差異があるとは認められなくなるのではなかろうか。したがって、明石氏の上記の指摘が認められ、服藤氏の理解が全面的に覆るとはいえないだろう。

次に、明石氏は父財のうち、父祖伝来財として五例を分析されて、以下の指摘をされた。

・三〇四号、二〇五号、四九〇八号の文書より女子への処分が認められるが、男子への処分もなされていたことは想像に難くない（ただし二〇五号文書では親の教令権により、同族内の男子への譲渡が勧告されていた）。

これについては、氏自身もいわれるように、事例数が少ないので明確なことは指摘しがたいと思われるが、女子への処分が認められていたことは確認できよう。

また、母財の相続についてはこれも挙例数が少ないのだが、父祖伝来財と個人取得財とを区別することができないまま、四例を挙げ、

・母の取得所領は女子に譲渡されることが多い

とされるが、他の文書から父財の分与を受けた女性はそれを男子に伝えるという原則があったとも推定されている。これに関しては従うべきであろう。

ここで、氏の分析についてまとめると、父祖伝来財と個人取得財とを、あるいは父財と母財とを弁別するという方法は理解できるのだが、結局、例示数が減少してしまい、そこから導かれる結論は非常に限定的なものとなり、説得力に欠けたものとなってしまうのではなかろうか。したがって、父財の個人取得財についてのみ服藤氏の分析結果と大きく異なっていたが、それも絶対的な評価とはいえず、解釈の仕方によっては服藤氏の理解が成り立ち得るとも判断できるのである。

そして、氏は以上のような平安遺文の全体的な分析結果と養老令の特質とを関連づけられ、養老令に対する疑点を次の六点にまとめられ、養老令の実効性を否定されるのである。すなわち、

ア　養老令では父祖伝来財と個人取得財との区別がなされていないこと

イ　養老令では同族（父系近親）内部に財産を留めさせる規制が見られないこと
ウ　養老令では子孫が存在しない場合、被相続人の傍系親族に譲与するのではなく、配偶者に譲り渡すということ
エ　養老令では父財もすべての女子に処分され、男女の得分比は二対一であるということ
オ　養老令では実子がいない寡婦に対しても子と同等の得分があり、配偶者にも相続権を認めていること（「後家得分」）
カ　養老令では「夫婦同財」的に分財されるかのような注釈が見られること

などの諸点である。

これらについても全面的に従うわけにはいかない。つまり、ア・イは氏の指摘を否定することはできないだろうが、ウの「被相続人の傍系親族に譲与するのではなく、配偶者に譲り渡すということ」は、おそらく⑤項を踏まえたものであろうが、これをそもそも養老令の特質としてみなせるか疑問である。というのも、大宝令の規定も大差ないものであり、むしろ養老令の④項では「姑」に対する相続が認められているのであり（先の唐招提寺文書の分析より養老令の④項の規定は有効であったと考えられる）、傍系親族への譲与は認められているといえるのに対し、大宝令こそがこの特質をより明確に所有しているであろう。とすると、それ以外はオとほとんど同一となる。エも男女の得分比は二対一であると証明することはできないが、服藤説の理解も成り立ちうるのであり、養老令に対する疑点とはなしえない。オ（ウ）は氏の指摘の通り、実子のいない寡婦に対する相続権を実証するような文書は確認できないが、服藤氏が挙げられた四五六三号文書（天徳四年〈九六〇〉の文書で、夫死亡後、後家である桑原刀自子が夫名義の公験などを保管しており、後家である妻が夫の経営を継承していたと考えられる）をあるいは例証として挙げること

が可能かもしれないが、この一例のみである。カは前述したように養老令こそ夫婦別財制を想定した規定であるので、むろん養老令に対する疑点とはなしえない。したがって、氏の養老令に対する疑念のうち、有効であるとみなせるのは、おそらくア・イ・オ（ウの一部）であり、ウ・エ・カは明らかに否定されるべきであろう。

　このように、平安遺文の分析より導くことのできた当時の相続実態は限られたものであり、これをもって養老令規定を全面的に検証するというのは、方法として限界があるといわざるを得ないのである。もちろん、その分析結果を否定することはできず、養老令規定もある部分では実態と遊離していたことを認めないわけにはいかないだろう。しかしながら他方では、その規定が実態を反映していたことも全面的に否定することはできないのである。つまり、①および④・⑤項の女子への遺産相続権の明示、②項の夫婦別財制の存在、さらには※の項目の被相続人の生前譲与や遺言による遺産処分も実態として認められていたと考えられるのである(68)。

おわりに

ここに日唐三令の戸令応分条の全体的特徴を一覧にまとめておく。

唐令	同居共財	家産分割法	兄弟均分	夫婦同財制	女子への分財不可（娉財のみ分与）
大宝令	？	遺産相続法	嫡庶異分	？	女子への相続不可
養老令	？	遺産相続法	嫡庶異分	夫婦別財制	女子への相続可（男子の半分）

以上のように、日唐の戸令応分条を比較・分析してきたが、家産分割ないしは遺産相続の場において家族成員間の所有（相続）のあり方が大きく異なっているのを明らかにできたかと思う。つまり、唐（前近代の中国）においては「家」のあるべき姿は「同居共財」であり、その形態の下では父親（祖父）が家族全員を代表して家産を管理・運営するが、父親が亡くなった場合でも母親がその役割を代行し、「同居共財」を続けていくのである。しかし、祖父母・父母が亡くなり、「同居共財」を継続するのに障害が生じた場合には家産を分割することができた。この場合、兄弟間は平等であったが、兄弟姉妹の男女間は全くの不平等となり、女子は「娉財」を除けば家産の分与に与れなかったのである（そこには父母の恣意が介入する余地もほとんど認められない）。ただし、女子も婚姻を経て妻となり夫の「家」の一員となれば、夫を代行する形ではあるが家産を管理・運営する場もあった。そして女子が婚姻に際して実家から「娉財」として与えられた財物はその所有権を認められていたが、彼女が死去すると夫の「家」の家産に組み入れられたのである。

つまり、前近代中国にあって男女の格差は顕著なものであったが、女子も婚姻を経るとそれなりの財産所有が認められ、しかも夫と一体となり家産の管理・運営に携わることも認められていたのである。したがって、女子は未婚であるか既婚であるかによってその地位に大きな差が生じたと考えられる（前近代の中国女性にとり、婚姻はいわば社会的誕生の契機であったのかもしれない）。そして、このような家族成員の家産所有のあり方は、父系的親族組織に基づく儒教の家族道徳に即し、父子一体を中心理念とする前近代中国特有の「家」観念に根ざすものであり、唐代のみに限定されるものではなかったのである。

これに対して、古代日本の家族成員間の経済関係は大宝令と養老令の規定が異なっており、やや判然としない。

つまり、大宝令段階での遺産相続の場において、固有の相続システムに即し、また政治的要請も加わり「嫡子」がかなり優遇されたが、唐令の父系的規定も積極的に受け入れ、女子の相続権はほとんど認められなかった。他方、養老令の段階では「嫡子」の原則的な優遇は継続するが、かなり唐制的な影響を被ることになり（政治的な要請もまたそこに加わる）父祖伝来財と個人財とに二分する規定から唐制的に各種の財産を一括して分与する規定に変更されたが、一方では、女子の相続権（寡婦への相続はその実態を確認することができないが、おそらくは母子一体相続の形態に吸収されていったのではないかと推定しておきたい）は固有の相続システムに即して認められ、夫婦別財制も推定でき、さらに生前譲与や遺言による遺産処分も認められることとなった。

これらに基づき、唐制の影響や政治的な要請を排除して古代日本の相続形態を推論すれば、後継者（「嫡子」ではない）には父祖伝来財を中心とした遺産が分与され、それ以外の子女にも一定の割合で分与され、また夫婦別財制であったと推定でき、さらに被相続人の生前処分が認められることもあったと考えられるのではなかろうか。そして夫婦別財制は、古代日本での妻妾の差はほとんど認められないことから、「妾」にもそのまま適用されたと考えられる。

したがって、親の地位や財産を継承する一子は優遇されるが、かといって、他の子女にも一定の財産が与えられ、兄弟姉妹の男女間では前近代中国のような格差はあまり大きくなかったと推定できる（結局、一子とその他の諸子との間にそれほど大きな差は生じなかったのではないか）。むろん女子が既婚であるか未婚であるかということも、大きな格差をもたらす要因とはならなかったはずである。また、夫婦別財制という夫婦間の財産所有関係から、婚姻後の同居（特に夫方居住）が行われたとは必ずしも言えないと推定でき、それゆえ前近代中国のように夫（父）が「家」の中心とは必ずしも考えられず、結局、双方制という親族組織によく対応していると考えられよう。

要するに、前近代中国の父系制、古代日本の双方制という親族組織は家族成員間の経済関係という基底的な場において貫徹しており、両社会が父系制、双方制という親族組織に規定されていたとの推論はかなり蓋然性あるものといえるだろう。

では最後に、大宝令の応分条と養老令のそれとがなぜこのように異なってしまったのか、その一端について簡単に述べておきたい。一つは①項の大幅な変更についてだが、すでに指摘されているように、政治的要因に注意するべきだと考える[69]。すなわち、唐令を大宝令として継受した時に、皇位の嫡系継承や伝統的貴族の継承システムが応分条の規定を大きく制約したと考えたのと同様に、大宝令のそれが養老令に改変される時に、その編纂筆頭責任者であった藤原不比等が自らの四子の政治的基盤を確立して、新興貴族である藤原氏の地位を安定させ、他の伝統的大貴族と互角に競争できるように、圧倒的な「嫡子」の経済的基盤を突き崩そうとした結果ではないかと憶測するものである。

つまり、大宝令のように「嫡子」の、父祖伝来財を核とした遺産相続権を認めてしまうと、伝統的な大貴族の、一子に伝えられていく経済力は未来永劫保証されることになり、それに対して、自らの四子をともに政治中枢に進出させるのは経済的にもかなり困難になり、結果的に、複数の伝統的な大貴族に対抗できるまでに藤原氏の勢力を伸張させることは非常に危ういものとなる。したがって、父祖伝来財と個人財という截然とした区別を否定し、各種の財産を一括して分与する規定に変更し、唐制の兄弟均分主義に実質はあまり変わるところのない嫡庶異分主義を養老令において実現したのではないかと推測したいのである。このような外部からの圧力（ここでは政治的要因だが）を想定しなければ、各民族に固有の相続システムの中核が大幅に改変されることなどは生じ得ないであろうと考えるからである。

二つは、養老令における①および④・⑤項の女子への遺産相続権の明示、②項の夫婦別財制の存在、さらには※の項目の被相続人の生前譲与や遺言による遺産処分についてであるが、大宝令制定時に為政者たちの念頭にあった唐制的（父系的）な「家」の確立を急激には行いえない、ということが行政経験を通して認識できたからではあるまいか。つまり、前近代中国とは異なる古代日本の固有の親族組織（双方制）は、そう簡単に改変できるものではなく、その実態に即した方向へいったんは転換せざるを得なかったのではないか、と推測したいのである。だがしかし、律令的支配が時間の経過とともに徐々に浸透していくにつれて（九世紀以降か）、親族組織そのものや女子の地位なども律令的（父系的）な圧力を受け、変化していかざるを得なかったのであろう。

注

（1）主な業績を挙げると、中田薫「養老戸令応分条の研究」（同著『法制史論集』第一巻、岩波書店、一九二六年）、同「唐宋時代の家族共産制」（同著『法制史論集』第三巻下、岩波書店、一九四三年）、石井良助『長子相続制』（日本評論社、一九五〇年）、宮本救「日本古代家族法の史的一考察」（『古代学』三―四、一九五四年）、井上辰雄「戸令応分条の成立」（坂本太郎博士還暦記念会編『日本古代史論集』下巻、吉川弘文館、一九六二年）、関口裕子「律令国家における嫡庶子制について」（『日本史研究』一〇五、一九六九年、のちに同著『日本古代家族史の研究』上・下　塙書房、二〇〇四年に所収）、同「律令国家における嫡妻・妾制について」（『史学雑誌』八一―一、一九七二年、のちに同著『日本古代婚姻史の研究』上・下、塙書房、一九九三年に所収）、森田悌「養老戸令応分条小考」（『続日本紀研究』一八五、一九七六年）、同「古代の家産について」（『続日本紀研究』一九〇、一九七七年）、同「戸令応分条について」（『日本史研究』二七二、一九八五年）、同「戸令応分条と嫡継母・養親」（同著『日本古代の耕地と農民』第一書房、一九八六年）など。

（2）注1、関口「律令国家における嫡庶子制について」、同「律令国家における嫡妻・妾制について」。

(3) 義江明子『日本古代の氏の構造』(吉川弘文館、一九八六年)、明石一紀『日本古代の親族構造』(吉川弘文館、一九九〇年)。注釈という形式で吉田孝氏の業績があり(日本思想大系『律令』〈岩波書店、一九七六年〉、戸令の注釈)、また部分的ではあるが、同「律令時代の氏族・家族・集落」(同著『律令国家と古代の社会』岩波書店、一九八三年)も応分条に言及する。
(4) 注3、明石著書一五三～一五七頁。
(5) 吉川敏子「大宝継嗣令継嗣条と応分条についての基礎的考察」(『日本歴史』六〇三、一九九八年)。
(6) 注1、関口「律令国家における嫡庶子制について」、同「律令国家における嫡妻・妾制について」。
(7) 拙著『日本古代の家族・親族―中国との比較を中心として―』(岩田書院、二〇〇一年)の第二章「家族間の経済関係」。
(8) 滋賀秀三『中国家族法の原理　第二版』(創文社、一九七六年)に詳しく分析されている。以下に述べる唐令に対する理解も本書に多くを負っている。
(9) この復元案は注8、滋賀著書に従い、「者」の位置を仁井田陞『唐令拾遺』(東京大学出版会、復刻版　一九六四年、初版は一九三三年)などの復元とは異なり、大宝令や養老令と同じ位置に改めている。
(10) 注1、中田薫「養老戸令応分条の研究」。
(11) 注1、中田薫「養老戸令応分条の研究」。
(12) 注5、吉川論文はこの不整合を解決するために、大宝令の「財物半分、一分庶子均分」の文言を②と③の間に復旧することを提案されるが、養老令との関係などを考えるとやや可能性が低いかと思われる。ただし、氏が指摘される「財物」についての嫡庶異分主義は従来の復元案でも成立可能ではなかろうか。しかしながら、養老令まで視野に入れると、やはり孫の世代にいたって諸子均分主義となるのは否定できず、条文全体からすると整合性がないとしか言いようがない(注3　日本思想大系『律令』の戸令補注)。
(13) これらの相違については注1、中田薫「養老戸令応分条の研究」や注3、日本思想大系『律令』の戸令補注ですでに指摘されている。
(14) ただし、最近、本項には「娉財」という文言はなく、むしろ養老令のそれが唐令本来の姿ではなかったのかという見解(佐立治人「唐戸令応分条の復元条文に対する疑問」『京都学園法学』一九九九年第一号）が示されているが、従来より問題視されている南宋の判語（『名公書判清明集』所収のもの）を立論の根拠にすえ、しかも積極的根拠も不明確なまま、唐令復元の原資料である『宋刑統』の記述に誤記を想定し、さらにこのような危うい、というよりも強引な仮定によって導き出される女子の得分権を、前近代中国の家族法全体のなかにどのように位置づけるかも明らかにされていないという、説得力のない見解であり、このような仮説を認めるわけにはいかないだろう。したがって、本稿では「（前近代中国において）未婚女子は家の主体的構成員ではない」とする滋賀秀三氏の見解（注8、滋賀著書）に従っておきたい。

(15)『譯註日本律令　六』（東京堂出版、一九八四年）のうち、戸婚律六の解説（滋賀秀三氏執筆）。

(16)注8、滋賀著書。

(17)堀敏一『均田制の研究』（岩波書店、一九七五年）。

(18)注1、森田悌「戸令応分条と嫡継母・養親」は戸婚律子孫別籍異財条と闘訟律子孫違犯教令条とを併せ重ねて、「祖父母父母は子孫に対し教令権をもっていたから、どの子孫にどれだけの財産を与えるかは祖父母父母の自由裁量の下にあったと考えられる」とするが、律の論理からは導出しがたいであろう。というのは、子孫違犯教令条の律疏には「若教令違レ法、行即有レ愆、家実貧窶、無レ由ニ取給一、如レ此之類、不レ合レ有レ罪」とあり、祖父母父母の教令が法に違反している場合、子孫は処罰の対象とはならないが、無制限に祖父母父母の教令権を認めているわけではないゆえに、原則として、家産分割の際には戸令応分条の規定が優先すると考えられるからである。また、注8、滋賀著書も「父母が均分原則を自由に変え得るという報告は全く見当たらない。近時に限らず、昔から同様であったことは家産分割文書の雛形の様式などからの推論として、仁井田教授の説かれたところである。父が生前に自ら家産を分割するときにも、兄弟均分の原則に反することができなかったとすれば、同じことを遺言によってもなし得なかったことは当然であろう。」（一九二頁）とすでに述べている。なお、『譯註日本律令　七』（東京堂出版、一九八七年）の子孫違犯教令条の解説（奥村郁三氏執筆）も参照のこと。

(19)注9、仁井田著書、喪葬令一一。

(20)注3、明石著書一三九〜一四三頁。

(21) 注5、吉川論文は「嫡子とはそれ自体が全階層において機械的に定められるものであって、大宝二年西海道戸籍の嫡子記載が機械的な記入であったことも、律令に適っていた」と述べる。
(22) 注3、吉田論文は庶民レベルでは「家長」が流動的な存在であったと指摘する。注1、森田悌「戸令応分条について」はやはり戸主条との関連に注目し「戸の経営および戸主の地位の維持強化を意図していた」とされて、戸主の地位を先験的に認められるが、日唐の親族組織の相違を考えれば大いに疑問であり、従えない。
(23) 注1、宮本論文、注3、明石著書。
(24) 日本思想大系『律令』（岩波書店、一九七六年）の田令補注3a（吉田孝氏執筆）。
(25) 養老令では「家人」「奴婢」なども「摠計作レ法」り、分割される対象となっている。なお、注3、義江著書は「『並入二嫡子一』との総括規定の細則としての『随レ状分』＝分有の承認こそ、かかる氏的所有（嫡子が氏的所有の主体となっているなどの状況＝筆者注）の在り方を法的に把握したものであろう」（一〇六頁）とするが、古記説は大宝令に忠実な注釈とは考えられず、非常に疑わしい。
(26) 注3、義江著書は「大宝令文は養老令と異なり『妻家所得』以外に女子相続権を明記していないが、奴婢相続についていえば、それは実は成員による分有としてこの『随レ状分者聴』との本註に含まれている」（一〇六頁）とし、同じく明石著書も「『妻家所得奴婢』の発生源は令文の本注『其奴婢等、嫡子随レ状分者聴』の規定に求める他はない。」（一四七頁）と述べる。
(27) 注1、井上論文、注3、吉田論文など。
(28) 注3、義江著書、第一編第二章「『妻家所得奴婢』の性格」。
(29) 注3、明石著書は「本宗は、祖父を同じくする『同姓』の子孫であって嫡系血筋を基本とする父系近親である」（一五五頁）と述べる。なお、注1、森田悌「戸令応分条について」もやや不正確だが「本宗は妻が出嫁してきた実家の謂にとるべきで、ウヂとは解し難いと思う」と指摘する。
(30) 注1、井上論文や注3、明石著書などは古記の「既与」の奴婢を実態として認めているが、本文に明記したように、やはり養老令的な古記が問題を設定していることを重視して、大宝令の令意には含まれないと考えるべきであろう。

(31) 注3、義江著書は「家人奴婢が氏《ウヂ》に譜第隷属した民としての本来的性格を未だ濃厚に残しており、財産としての奴隷たり得ていないことを示す」（一一一頁）と述べ、ウヂとの関係性を強調されるのは同意できないが、譜代性が強いことは認めてよいだろう。

(32) 注5、吉川論文も「『妻家所得奴婢』はその子孫に分与されない一代限りの貸与に近いものであって、結果的には実家の家長の所有に帰するものである。」とすでに指摘しているが、「実家の家長の所有に帰する」などという理解は不正確であろう。

(33) 注3、明石著書は「『雖㆓已与㆒、而妻无㆑子死者、猶還㆓本宗㆒耳。』と見えるので、令文上の『妻家所得奴婢』以外にも別に『父母既与』の奴婢が存在しているようである」（一四八頁）と述べるが、この「雖㆓已与㆒、而妻无㆑子死者、猶還㆓本宗㆒耳。」はやはり古記の説であるので大宝令本来のものか疑わしい。さらにこの既与の奴婢および先由条の財物の存在などから「妻家から将来してきた財物も既与奴婢も、共に妻個人の所有財産としてその子に相続させるが、子がいない場合に限って『本宗』に還す、という法理となるわけである。だが、この妻所有の妻家将来財産についての相続規定は令文のどこにも見られない。このような母財についての相続法というものが、令条外にあったと見るのが、当然ではなかろうか。」（一四九頁）とも指摘している。

(34) 注1、中田薫「養老戸令応分条の研究」。

(35) 注1、井上論文が赤松俊秀氏「夫婦同籍、別籍について」（読史会創立五十年記念『国史論集』第一巻、一九五九年）の「大宝令が女子の遺産相続権を否定したのは、女子の多くが嫁資を持って生家を出て、夫の家に同居することが多かったためである」という見解をそのまま紹介しているが、この理解は現在の研究レベルからは認められるものではない。また、義江、明石両氏はともに全く言及されていない。

(36) 関口裕子『日本古代婚姻史の研究（上・下）』（塙書房、一九九三年）、注3、吉田論文、注7、拙著の第六章など。

(37) 注1、宮本論文、井上論文。

(38) 注1、中田薫「養老戸令応分条の研究」、注3、日本思想大系『律令』の戸令補注、同じく明石著書など。

(39) 『万葉集』の巻四、五六七番歌の左注に、天平二年（七三〇）のこととして、当時、大宰帥であった大伴旅人が重病となり、「遺言」を残そうとしたことが記されている。

(40) 注3、明石著書は「大宝令の相続法の基本は現実の社会で機能しており、その背後にある法理は日本の伝統的な慣習法を反映しているのではないか、と考えられる。」(一六六頁)と述べ、また「この(大宝令)応分条の裏には対照的に母財の遺産相続の慣習法があるものとみられ」る(一六七頁)と述べ、さらに「奈良時代の家宅・奴婢相続の争論・状況を分析すると、大宝令の相続法の法理と特に矛盾する点はな」い(一六七頁)とも指摘し、あたかも女子による母(父)財の相続をも大宝令の法理に含まれているかのように理解されるが、それは拡大解釈に過ぎず、本文に明記したようにやはり純然たる慣習法の法理と考えるべきではなかろうか。

(41) 注1、宮本論文、井上論文、注3、明石著書、第二部第三章「日本古代の相続法―戸令応分条の古記をめぐって―」など。

(42) 注3、明石著書一六〇～一六六頁。

(43) 注3、明石著書は「他の奴婢も妻家の母財を処分してもらった場合が少なくないのではなかろうか。」(一六四頁)と述べるが、明確な根拠はない。

(44) 注3、明石著書一六五頁。

(45) 注1、中田薫「養老戸令応分条の研究」。

(46) 注1、中田薫「養老戸令応分条の研究」。

(47) 牧野巽「東亜米作民族における財産相続制の比較」(『牧野巽著作集』第四巻　雲南民族史研究・東亜米作民族研究、御茶の水書房、一九八五年、ただし初出は一九五〇年)。

(48) 注1、森田悌「養老戸令応分条小考」、同「古代の家産について」、同「戸令応分条と嫡継母・養親」など。

(49) 注3、日本思想大系『律令』(岩波書店、一九七六年)戸令の補注。

(50) 服藤早苗「未処分財産の相続形態と女子・後家」(同著『家成立史の研究』校倉書房、一九九一年)。

(51) 注3、明石著書一七八頁。

(52) 注1、中田薫「養老戸令応分条の研究」。

(53) 注3、義江著書一一九頁。

(54) この規定については仁井田陞「唐代の封爵及び食封制」（同著・池田温編『唐令拾遺補』東京大学出版会、一九九七年、ただし初出は一九三九年）、時野谷滋「日唐食封制二題」（同著『飛鳥奈良時代の基礎的研究』国書刊行会、一九九〇年）などを参照した。

(55) 注1、中田薫「養老戸令応分条の研究」は、食封の相続法を通常の家産分割法とは異なり嫡庶異分主義と断じられたが、はたしてそうであろうか。結果的にはそのように解することができるが、嫡子に二分が与えられたのは「享祭一分」が加増されたものゆえであり、その根底にはやはり諸子均分主義が横たわっていると考えるべきであろう。

(56) 注3、義江著書九八、九九頁。

(57) 注3、明石著書一七二頁の注47。

(58) 伊東すみ子「奈良時代の婚姻についての一考察（二）」（『国家学会雑誌』七三―一、一九五九年）もはやく集解諸説の分析から夫婦別財制を指摘されているが、「古記云。妻家所ㇾ得奴婢、不ㇾ在二分限一。還二於本宗一。謂下自二妻父母家一将来婢、有ㇾ子亦還、不上入二夫家奴婢之例一。財物亦同。」という養老令的解釈の古記をそのまま認めたり、「妻の持参財産は大宝令にあっては妻の宗家に、養老令にあっては夫に帰属することとなる」などと述べ、養老令の本項の規定を誤解されたりするなど、部分的な誤りも散見される。注3、義江著書も伊東氏の指摘を受けて「養老令制定にあたり、『妻家不ㇾ得二追理一』との唐令の規定をあえて採用しなかったということは、令意が、妻家所得（の奴婢と資財）を夫の所有に帰する唐令の規定とは異なるところにあったことを意味するのであろう。」（八四頁）と的確に述べるが、大宝令の本宗（氏はウヂと理解されるが）との関係を強調されるのは同意できない。

(59) 注3、明石著書は唐令との表面的な字句の相違を指摘するだけに終わり、この②や④などを「ほとんど唐令と同じ規定であることが知られる。唐令を模倣した条文といってよい。」（一七七頁）とするが、あまりに表面的で粗雑な比較であり、認められるものではない。

(60) 注3、日本思想大系『律令』の戸令補注23ーlは「義解等がこの規定を兄弟倶亡の場合と解したのも一理あるが、おそらく養老令の編者は、女子の分法の一般原則としてこの規定を置いたのであろう。」と指摘する。

(61) 注1、森田悌「古代の家産について」はこの「若」以下の文言をもって養老戸令応分条は「疑いなく家族共産を想定し、その上で分財請求権者が分財を提起した場合の準則であった。」と解しているが、なにゆえこのように理解されるのか全く不明である。注3、日本思想大系『律令』の戸令補注23ｏを参照のこと。

(62) 奈良国立文化財研究所編『唐招提寺史料』第一（一九七一年）。なお、釈文は橋本義則「『唐招提寺文書』天之巻第一号文書『家屋資財請返解案』について」（同著『平安宮成立史の研究』塙書房、一九九五年）によった。

(63)「家肆區」のそれぞれの所在の推定は、注62、橋本著書三四九～三五二頁の考証による。

(64) 注3、明石著書一五九頁。

(65) 注3、明石著書一五九、一六〇頁。

(66) 注50、服藤著書の第三部「女性と財産」の「平安時代の相続について」「平安時代の女性財産権」「未処分財産の相続形態と女子・後家」「平安時代の女性経営権の一考察」の諸論文。

(67) 注3、明石著書は「『母子同財』といってもあらゆる基本財産を母と子が共有しているという意味ではない、ということである。仮にそうであれば、母系家族共産体が成立するといったような、誤った結論が導かれてしまう。そうではなくて、原則的に母もそれぞれの子らも皆別財であってただ亡父の〝嫡子〟相続分に限っては一子とその実母とが実質的に共有している」（一九四頁）と述べる。ただし、氏のように「亡父の〝嫡子〟相続分に限っては一子とその実母とが実質的に共有している」とは考えず、母と財を共にする子とが各々の相続分である「二分」（あるいは「二分」と「一分」か）の財を共有すると考える。

(68) 注3、明石著書も「遺言処分と生前譲与とを含む『亡人存日処分』は当時の社会では慣例であって、その意味では、たとえ応分条の法定相続と異なっていようとも、養老令制下にあっては合法的な相続なのであり法律上は何ら問題はない」（二一〇頁）と述べる。

(69) 注1、井上論文、注5、吉川論文など。

補注

以上のように、本章はいわゆる法定相続を規定した条項を中心に分析を行った。ところが、法史学の専著などでは、古代日本の相続制度は古代ローマのそれに類似したもので、法定相続よりも被相続人の自由意志を重んじる遺言相続が建前であったとするのが一般的であるようだ。すると、本章の考察はあまり意味のないものとなる可能性も生じることになる。

しかしながら、八世紀代での遺言などの明確な事例は、注39に紹介した大伴旅人のそれしか確認できない（もっとも第五節で紹介したように、九世紀以降の生前譲与や遺言による処分の類型としての「処分状」「譲状」などは『平安遺文』に数多く収められており、本文で明らかした養老令の法定相続ルールと大きく矛盾するものではない）。もちろん史・資料の制約ということも考えられるが、それにしても僅少に過ぎるのではなかろうか。また養老戸令応分条の記述による限り、遺言相続は「若」で始まる例外条項である。素直に読む限り、法定相続の規定が原則のようにも読めるが、いかがであろうか。また、遺言相続と法定相続は明らかに関連性があったわけで、両者に類似の特性があったと考えるべきだろう。

いずれにせよ、遺言相続の重要性を否定するものではないが、法定相続に焦点を合わせた本章の分析・考察も十分に意義があると考える。

第六章　地位の相続

はじめに

本章では地位（父の地位、たとえば「家」を想定した場合は「家長」）の相続を分析するために、継嗣令継嗣条を取り上げ検討したい。もっとも律令制成立前後の氏の首長位の相続に関しては阿部武彦氏の古典的な研究があり[1]、それによると継嗣条が原則として定める嫡々継承ではなく、兄弟（傍系）継承的であったことが明らかとなっている。もちろん継嗣条の大半は氏より小さな単位である「家」の継嗣を定めたものと考えられ、「氏上」などと称する氏の首長位の継承については養老令の条文末尾に「其氏宗者、聴レ勅」（大宝令では「其氏上者、聴レ勅」と復元されている）とあり、嫡々継承とは別の規定としていた。

こうした大宝・養老両令の継嗣条の規定が当時の社会の実情に即していたのか、なかでも「家」の継嗣を中心に定めた本条が社会実態を正しく反映していたのか、という問題意識をもって、すでに分析した戸令応分条と関連づけながら考察していくこととする[2]。

一　大宝継嗣令継嗣条について

まず本条の母法と目される唐、封爵令の復元案を掲げる。[3]

諸王公侯伯子男、皆子孫承レ嫡者伝襲。若無二嫡子一、及有二罪疾一者、立二嫡孫一。無二嫡孫一、以レ次立二嫡子同母弟一。無二母弟一、立二庶子一。無二庶子一、立二嫡孫同母弟一。無二母弟一、立二庶孫一。曽玄以下、准レ此。無レ後者、国除。

（唐、封爵令二乙条）

唐の封爵令は一種の栄典であった爵位の継承法を定めたものであり、嫡々相承を原則としているのは明白である。ただし、唐制において爵位という地位はきわめて限定的なものであり、官人としての出身やその後の昇進などに深く関わるものではない。もちろん嫡々相承という継承法が、兄弟均分の家産分割などと関連するものでもない。むしろ爵位の継承という事象は、各貴豪族の祖先祭祀を主宰する者の継承という遺制と深く関係するものといえる。[4]

この封爵令を基に大宝・養老の継嗣令継嗣条は作成されたと考えられているが、大宝継嗣条の復元案として冒頭部に「八位以上」[5]の語句を想定するのか否かの二案がある。ここでは「八位以上」の語句を復元する中田薫氏らによる案ではなく、それを削除する石井良助[6]、今江広道[7]、関口裕子[8]、吉川敏子[9]などの諸氏の指摘に従った復元条文を掲げる。[10]

凡継レ嗣者、皆嫡相承。若無二嫡子一、及有二罪疾一者、立二嫡孫一。無二嫡孫一、以レ次立二嫡子同母弟一。無二母弟一、立二庶子一。無二庶子一、立二嫡孫同母弟一。無二母弟一、立二庶孫一。但其氏上者、聴レ勅。

その理由はとくに近年の関口、吉川両氏の指摘を妥当と考えるからである。すなわち、まず第一に、「八位以上」復元の直接の根拠となった「問、定二嫡子一有レ限以不。答、内八位以上得レ定二嫡子一、以外不レ合、財物均分耳。但累世相継富家財物者、准二八位以上一処分也」という応分条の古記の問答は、大宝令文をそのまま引用したものではなく、古記自身の解釈である蓋然性が高いと判断できること。

第二に、養老継嗣条でも「四位以下、唯立二嫡子一」という条文の直後に、「謂、庶人以上」と本注に明記されているので、大宝継嗣条でも「八位以上」という下限の規定がなかったと推論できる可能性があること。

第三に、継嗣令全体の構成としては、天皇一族の血縁範囲（皇兄弟子条）、父の地位の嫡子による継承および「五位以上嫡子」の官への届け出（継嗣条・定嫡子条）、皇族の同族婚および臣下との婚姻（王娶親王条）などに関する規定となっている。したがって、継嗣条の規定を「八位以上」という官人の蔭位継承のみに限定して解釈するのは、継嗣令全体の構成から考えると整合性がとれないこと。

第四に、大宝継嗣令定嫡子条でも冒頭部は「凡定五位以上嫡子者」と復元でき、継嗣条で広く父の地位の継承を規定し、その前提のもとに蔭位にあずかる「五位以上嫡子」の届け出を規定したと推論できること。

第五に、養老五年下総国戸籍の嫡子記載に規則性が欠けるのは、大宝二年西海道戸籍のそれと比べると、造籍作業そのものが弛緩したものであったと解釈でき、必ずしも両者の間の相違は明白ではなく、戸籍には一貫して嫡子が記載されていたと考えられること。

以上の五点により、蔭位の継承と強く関連づけられる「八位以上」の語句はなかったものと考え、本条の対象を「庶人」まで含め、広く父の地位の嫡子による継承ルールを定めたもの、という両氏の見解に従いたい。

このように、大宝継嗣条は唐の封爵令の規定をほぼそのまま受け入れて（文頭と文末以外は、まったく同一である）、前述したように一般的な父の地位の、嫡子による継承法として立法されたと考えられる。こうした条文制定のあり方は、本条と密接に関連する遺産相続規定であった大宝戸令応分条と比較すると、その特徴が一層顕著となろう。つまり、大宝戸令応分条は唐のそれを大幅に改変して作成された。そしてすでに指摘したように、その背後には実態とは大いに異なるにも拘わらず、唐制の父系的な「家」を強引に導入・定着させようとする意図を推定できたのである[11]。

この戸令応分条の作成経緯と比べると、本条が唐、封爵令の文言をほぼそのまま受け入れて嫡々相承を規定していることは、やはり大いに注意せねばならないだろう。一般的に、日本律令の条文が唐のそれをそのまま模したものは、社会実態から遊離した空文規定であった可能性が高いという認識が導き出せるのだが、本条ではそう簡単に判断するわけにはいかないだろう。というのも、こうした規定内容は、官人が「継嗣」として継承する客体である蔭位と直接関わる現実的な側面も確かにあったからである。すると、本条の規定はなんらかの実体を伴った意図を持つに違いないと考えざるを得ないだろう。むろん阿部氏の指摘のように、嫡々相承が日本古来の氏の継承法であったといえないのもおそらく明らかだろう。

では、その実体とは何かということになるが、この問題についても関口、吉川両氏がすでに一定の見解を示されている[12]。すなわち、関口氏は井上辰雄氏の研究[13]に基づきながら、本条を皇位継承における嫡系継承という政治的な意図をも組み込んだ、父の地位の嫡子による一般的な継承法規定と判断され、筆者もその驥尾に付して女帝史をすでに概観した[14]。また、大宝令、養老令ともに蔭位の継承法的側面も包含していたが、養老令ではそれがより明瞭に規定されるようになったと理解される。一方、吉川氏は法解釈論に限定して、家父長制に基づく血縁集団を「家」と概念規定し、それらを行政的に戸に組み入れて把握する、というあり方を大宝令制定者の構想ととらえ、本条はこうした「家」の代表者たる「家長」の地位の継承法であり、この「家」は広く貴族層から庶民層まで貫徹するものとされる。いずれも、大宝令制定者の明白な意図をその背後に想定され、本条が蔭位と関わる貴族層だけに限定されたものではなく、広く一般的な継承法として制定された、という点ではほぼ一致した見解といえるだろう。両氏の見解に筆者も基本的には同意したいと考える。

また、戸令応分条の古記一云が、養老五年籍式に関して「庶人聴レ立二嫡子一。即依二式文一、分レ財之法、亦同二八位以上嫡子一耳。」と述べていることについては、大宝二年戸籍に嫡子記載がひろく確認できることにより、この時点で「庶人」の立嫡がはじめて行われたのではないことは明らかである。ただ、これについて今江氏は、大宝令の規定では不明確であったため、改めて確認するために籍式で明言したと解釈され[15]、関口氏は大宝令の嫡妻長子を意味する嫡子から、郷房戸を継承すべき承家人としての嫡子への転化と解釈された[16]。これらに対して、吉川氏は嫡子に関する律令諸規定が全階層におけるその存立を前提としたものと理解されつつ、本条での古記が大宝令における「庶人」立嫡否定の立場に立つゆえに、養老五年籍式に「庶人」嫡子に関する規定があるのを見て、分財の法も八位以上と同じくすると考えたに過ぎないとされる[17]。筆者は吉川氏の嫡子理解に基本的に同意するので、ここでも氏の解釈に従いたいが、古代日本社会の実態から遠く離れた大宝令の理念的な規定を見ると、今江氏の見解も十分考慮に値するように思われる。したがって、養老五年籍式の嫡子規定は、そもそも大宝令の曖昧かつ理念的な規定を補足するために作成されたもので、『令集解』に引用されたものは、古記作者が分財に関する自説に即して解釈したものと考える。

ところが、ここに上記の理解を覆すかのような史料がある。それは大宝選叙令（選任令とするべきか）為人後者条、および『続日本紀』大宝元年七月戊戌条の太政官処分である。まず、為人後者条の復元案を一応掲げておく。

凡為二人後一者、不レ在二兄弟之子一、不レ得二出身一。（養老令は「凡為二人後一者、非二兄弟之子一、不レ得二出身一。」）

復元の根拠としては、集解本条の古記に「問、兄弟之子、得二嫡子蔭一以不。」とあり、また同書賦役令免期年徭役条の古記に「依レ令、凡為二人後一者、不レ在二兄弟之子一、不レ得二出身一。」とあるからである。大宝令の「不在」は養老令の「非」とは異なるが、その規定内容は養老令のそれとほぼ同様と推定してよいだろう。

そもそもこの「為人後者」とは子孫がない父系親族の後継者で祭祀権なども継承し、のちに述べる「嗣子」とほぼ同じ意味の語句であり、儒教道徳に即した名教的な意味合いを伴う。本条の規定は「謂、若取二兄弟之子一者、須叙二嫡子位一。即養父於後生レ子者、叙二庶子位一。其六位以下者、養子既得レ叙二嫡子位一、其子亦不レ可二出身一也。」という義解などの解釈を参照すると、官人の後継者は「兄弟之子」たる「養子」（「嗣子」とは異なる単なる後継者という意味で名教的な意味合いは削除されている）がなければ（あるいは「兄弟之子」たる「養子」でなければ）出身できないとする、官人の出身に限定した簡明な内容である。しかしながら、これは一般的な継承法である継嗣条の、嫡子の次も「嫡孫」が継承するという、嫡々相承の規定とは明らかに齟齬をきたすこととなる。

本条の母胎となった唐令は今のところ明白ではないが、次に掲げる唐の封爵令の復元案とは一定の関係を想定できるだろう。

諸王公以下、無二子孫一、以二兄弟之子一為レ後。生経二侍養一者、聴二承襲一。贈爵者亦准レ此。若死二王事一、雖レ不三生経二侍養一者、亦聴二承襲一。（唐、封爵令四条）

本条は爵位の継承において、直系卑属である「子孫」（つまり「嫡子」「嫡孫」）がいなければ、「兄弟之子」を「嗣子」として、被継承者の生前に「侍養」（儒教の徳目の一つで、子が親に孝養を尽くすこと）を経れば、その爵位を継承できる、とするものである。もちろん、唐の爵位の継承法はさきに紹介した封爵令二乙条の嫡々継承であり、本条の規定も「無子孫」の場合に限定するのでなんら矛盾はない。

しかし、大宝選叙令為人後者条はおそらくこの規定を参照しながら作成されたと思われるが、冒頭部で「為人後者」と始めつつ「生経侍養者」という条件は受け入れていない。もっとも「侍養」という儒教の徳目に即した観念は、当時の日本社会には根付いていなかったと推定できるので、「生経侍養者」という文言が除かれるのは当然であろう。やはり儒教道徳的な意味合いは削除されているわけだ。ちなみに本条の集解の諸注釈は、この点についてはなんら議論を交わしていない。したがって、継嗣条の一般的な継嗣法である嫡々相承と、本条の官人（集解の議論では「五位以上」か）の出身については「兄弟之子」である「養子」がなければならないとする規定とが、はたしてどのように関連するのかは判然としないのである。

そこで、大宝令施行直後の『続日本紀』大宝元年七月戊戌条の太政官処分を見ることとしたい。

太政官処分、（中略）又五位以上子、依レ蔭出身、以二兄弟子一為二養子一、聴二叙位一。其以二嫡孫一為レ継不レ得也。

この太政官処分の内容は、さきの疑問について一つの見通しを与えてくれるだろう。すなわち、本処分は「五位以上」の蔭による官人の出身において、「兄弟子」である「養子」には位を与えるが、「嫡孫」は後継者とせずとし、「嫡孫」よりも「兄弟子」である「養子」を優先するのである。[18]また、この直前には同じく太政官処分として「又功臣封応レ伝レ子。若無レ子勿レ伝。但養二兄弟子一為レ子者聴レ伝。其伝レ封之人、亦無レ子、聴下更立二養子一而転授上之。其計二世葉一、一同二正子一。但以二嫡孫一為レ継、不レ得レ伝レ封。」とあり、功封の継承ルールが記されており、「子」がない場合には功封は伝えられないが、「兄弟子」である「養子」があれば伝えられ、「嫡孫」には伝えられないと規定されるのである。ここでも、「嫡孫」よりも「兄弟子」である「養子」を優先するのである。

すると、さきの大宝選叙令為人後者条の規定に対して、一定の整合性ある理解が可能となるだろう。つまり、「五位以上」の官人において「無子」（つまり「嫡子」がない）の場合、「兄弟之子」である「養子」でなければ出身できず、[19]もし「嫡孫」があってもその資格を認めない、と。したがって、この規定の背後には、世代を超えて嫡子を優先する嫡々相承という理念はほとんどうかがえず、より近い世代の「養子」を優先するという考え方が存在すると推論できる。ならば本条の規定は、継嗣条の一般的な継承法と明らかに矛盾をきたすことになるのではないか。

しかも「養子」そのものについては、戸令聴養条集解の引く古記がその実態について「然今時人多以二己親弟、従父弟等一、為二養子一。此惑深何甚哉。」と述べているように、世代が子と同じ兄弟子を「養子」とする前近代中国的なあり方では必ずしもなく、己と同世代である弟（や従父弟）を「養子」とする（いわゆる順養子）、古代日本の特異性もうかがわれるようである。[20]

さらに、継嗣条の規定は唐制を変更して蔭位における嫡・庶の区別を明確にしたとも考えられるが、[21]「三位以上蔭及レ孫」として四位以下の孫には蔭が及ばないとした選叙令五位以上子条の規定とも、ある意味では齟齬をきたしているといえるかもしれない。だが、軍防令五位子孫条の規定などによれば、「四位」・「五位」の官人の孫をも含む「蔭子孫」という語句が存在していることにより、選叙令五位以上子条の規定の実効性には疑義が生じる。それゆえに、実質的にはあまり齟齬はなかったといえるだろう。しかしながら、本条の規定が五位以上子条の規定内容と正確に対応しているとは言いがたい。

以上のような指摘が肯首できるならば、継嗣条の規定は令の他の規定と食い違いが生じている面があり、一般的な継承法とみなす両氏の見解は成立し得ない可能性も出てくるだろう。しかし、そうとは考えない。まず第一に、母法である唐、封爵令をほとんどそのまま受け入れて条文としていることより、大宝継嗣条は当時の社会実態に必ずしも即したものではなく、きわめて理念的なものであったと考えられるからである（もちろん官人の蔭による出身という実際的な面もある）。第二に、次に分析する養老継嗣令継嗣条との比較を試みても、そのように理解できる蓋然性がより高くなると判断できるからである。では、養老継嗣条の分析に移ることとしたい。

二　養老継嗣令継嗣条について

まず養老継嗣令継嗣条を掲げる。

凡三位以上継レ嗣者、皆嫡相承。若無二嫡子一、及有二罪疾一者、立二嫡孫一。無二嫡孫一、以レ次立二嫡子同母弟一。無二母弟一、立二庶子一。無二庶子一、立二嫡孫同母弟一。無二母弟一、立二庶孫一。四位以下、唯立二嫡子一。謂、庶人以上。其八位以上嫡子、未レ叙身亡、及有二罪疾一者、更聴二立替一。其氏宗者、聴レ勅。

本条を大宝令のそれと比較すると、「三位以上」と「四位以下」とに二分して規定しているのが、その相違点として明瞭に指摘できる。すなわち、「三位以上」は大宝令と同じく嫡子の次も「嫡孫」とする嫡々相承だが、「四位以下」「庶人以上」（本注より）はただ嫡子を立てるとするのみで、「孫」の世代には言及していないのである。[22]また、本注では「八位以上」の嫡子は一定の条件のもと、立て替えができるとする。

この相違について、本条の集解の諸注釈はどのような理解を示しているのかを確認しておこう。まず義解は、「三位以上」に対して「謂、其子与レ孫、叙法各殊。即雖二嫡子已叙一、身死及有二罪疾一、猶亦得レ立二嫡孫一。若无二嫡孫一者、不レ可レ立二嫡子同母弟一。何者、為二嫡子前叙訖一故也。」とし、「叙法」すなわち蔭による出身に限定して、子と孫とは同列ではなく、嫡子に死去や罪疾という不都合があっても「嫡孫」を立てることが許されるとする一方で、「嫡孫」がない場合は「嫡子同母弟」は立てられず、その理由として嫡子がすでに出身していたからであるとする。これは明らかに選叙令五位以上子条の、三位以上の「嫡子」と「嫡孫」との蔭に差があることをふまえた、官人の出身に限定した理解であり、本条後文の「以レ次立二嫡子同母弟一」とする規定に反した解釈である。また、「四位以下」に対しても「謂、四位以下。其四位以下者、不レ立二嫡孫一、若嫡子已叙、身死及罪疾者、不レ聴二更立一。不レ可三再叙二嫡子之位一故也。」とし、やはり蔭としての「嫡子之位」を再び与えることはできないので、嫡子に死去などの不都合が生じた場合、嫡子をさらに立てることは許されないと理解するが、この理解は本条の規定と整合性を持つといえる。このように、義解は「三位以上」と「四位以下」とに二分した本条の規定を、官人の蔭位と関連した出身の場に限定して解釈し、「庶人」をほぼ埒外としているかのようである。

次に、令釈をみてみよう。まず「三位以上」に対して、「聴レ立二嫡孫一、謂下以レ孫非上レ為二嫡子一。凡此家嫡若无者、更聴レ立レ嫡。若以二子列一為レ嫡者、号為二嫡子一。若以二孫列一為レ嫡者、号為二嫡孫一。」とし、また中国の事例を引用したのちに「三位以上、嫡子死立二嫡孫一」とする。やはり義解と同様に、蔭位における「嫡子」と「嫡孫」の差を意識して、解釈しているといえるだろう。「四位以下」に対しては、ごく簡単に「四位以下、嫡子死後不レ得二更立一。」とするのみである。したがって令釈においても、蔭位との関係に終始して本条を理解しており、「庶人」はほとんど考慮されていないといえるのではなかろうか。もっとも、義解が多く令釈の解釈を参照して制定されていることからすると、両者の近似性は当然ともいえる。ただ、令釈が引用する朱説には「无二母弟一立二庶孫一者。未レ知、専全无二子孫一何、若如二庶人一取二四等以上親一養不。」とする記述があり、そのなかで「庶人」のように「四等以上親」から養子を取るのか否かと問題提起している。だが、その主たる関心は、文意より官人の継嗣であるのは明らかだろう。その後に、「凡三位以上立二嫡孫一、四位以下不レ立二嫡孫一、其志何。」という注目すべき問いが立てられているのだが、残念ながら回答は残されていない。

また、跡記は「養子」と関連づけて嫡子の立て替えに言及するが、やはり義解や令釈と同じく、官人の出身にその主眼はあるといえる。

穴記も同様に、有位者のみの嫡子の立て替えに関して言及している。ところが、戸令応分条における穴記では「於二庶人一不レ合レ有二叙位之類一。然則以レ次立替无レ禁。」とし、「庶人」にも嫡子を立てることを前提とする注釈を加えているのである。

一方、本条の注釈で「庶人」にはっきりと言及しているものもある。それは讃記であり、たとえば「雖レ不レ得二出身㆒為㆓身承㆑家更立㆑嫡、如㆓庶人㆒也。」とし、出身にかかわらなくても「庶人」のように「家」を継承する場合に嫡子を立てるとの理解を示し、また「初位及庶人、嫡子身死、更立替。」とも記し、その立て替えも認めている。本注の立て替え規定を「初位」や「庶人」にも適用すると解釈するのである。

以上のように、集解の諸注釈の多くが、官人の出身に関連づけて本条を解釈しようするのに対し、讃記と戸令応分条における穴記が「庶人」も含めて理解しようとするのである。

こうした諸注釈のあり方に対して、本条には「四位以下、唯立㆓嫡子㆒。謂、庶人以上。」とあり、これを素直に読む限り、前記したように「四位以下」「庶人以上」はただ嫡子を立てるという意味であり、また「八位以上嫡子」は一定の条件の下ではあるが、立て替えることが許されると理解できるのはまず間違いないだろう。すると、集解の中では少数派だが、讃記や穴記が「庶人」を含めて解釈するのはきわめて妥当だといえる。では、その他注釈は誤りだと簡単に退けることができるのかといえば、決してそうではない。というのは、養老継嗣条は大宝令のそれを大幅に改変したものだが、その目的はすでに先学によって指摘されているように(23)、当時の貴豪族層の「家」において継承の客体は主として蔭位であったゆえに、そのルールを明確にするためだったからである。したがって、讃記と穴記以外の諸注釈も規定内容に対して一定の整合性を持っていたといえるのである。

結局のところ、本条の諸注釈には「庶人」をその対象にするのか否かについて相違はあるが、その規定内容は「庶人」をも対象とする一方で、「八位以上」の官人の蔭位についても大いに配慮したものと判断してよいだろう。つまり、養老継嗣条も「庶人」を含めた一般的な継承法としての性格が明らかであり、規定内容は位階により二分されており、そうした意味において大宝継嗣条を詳細化、かつ具体化したものといえるだろう。

次に、本条の嫡子概念に基づいた戸令応分条の遺産相続規定との関係も考慮しておかねばならない。まず、本条の讃記が「問、八位以上嫡子、叙訖身死、不二更立替一、其若未レ処二分財物一者、一宅合二諸兄弟均分一、初位及庶人、嫡子身死、更立替、与二情願一宅一、何故八位以上倒下二於庶人一由何。答、依レ文習耳。又為二両度不レ可レ叙故。」と述べている。その文意は、「八位以上嫡子」が出身した後に死去した場合、本条の規定により立て替えはできず、その財産の処分も（応分条の規定により）諸兄弟間で均分するのに対して、初位及び庶人は嫡子が死去しても立て替えができ、願いにより新たな嫡子に対して「一宅」を与えるが、なぜこのように初位や庶人の嫡子が優遇されて、八位以上の官人のそれが冷遇されるのかと問いを発し、その理由として官人の出身が一度限りであるからと答える、というものである。つまり、この讃記は本条の嫡子と応分条のそれとの密接な関係性を認識して議論を交わしており、「八位以上」の嫡子と「庶人」のそれとの処遇が両条において必ずしも一致せず、矛盾があることを指摘しているといえる。

一方、応分条の「及嫡子、各二分」に対する穴記では「又問、叙了死者、不レ得二立替一、雖レ為二出身一不レ許、而与レ財承レ門、許レ立レ嫡哉。答、叙了、身亡不レ立耳。少不レ安。（中略）問、其八位以上嫡子叙訖、身死、更不二立替一、於二此処分一何。又庶人[24]（庶子）立二嫡子一、嫡子身死、更有二立替一乎。今説、兄弟亡者、子承二父分一、即明、嫡子之子承二父二分一、庶子之子承二父一分一、然則雖レ有下依二彼令一立上、而不レ与二嫡子之分一耳。答、於二庶人一不レ合レ有二叙位之類一、然則以レ次立替无レ禁、以レ此准、八位以上嫡子叙訖、身死者依二此令心一、更立替、与二二分一、但不レ聴二出身一耳。不レ依二此説一也。」と問答を交わし、さらに「但嫡子父前死亡矣。父以二庶子一立二嫡子一者、見在嫡子与二二分一耳。但前死亡嫡子之子、得二庶子之分一耳。師同レ之。」とする。やはり出身した嫡子が死去した場合を想定しての議論だが、それだけではなく一般論として嫡子の得分も注釈しているようだ。はじめの問答は、嫡子としてすでに出身して死去した場合、その立て替えは許されず出身も許されないとしても、（庶人のように）遺産や地位などを継承できる「立嫡」は許されるのではないかと問うが、やはり許されないとしつつも「少不レ安」と答える。

次に同様の条件の場合、「八位以上嫡子」の立て替えは許されないとする継嗣条の処分はどのように考えるのか、また「庶人」は立て替えができるのか、という二つの問いを発し、これに対して「庶人」には出身の問題が関わらないので立て替えができる、それと同じく「八位以上嫡子」も死去した場合でも立て替えができ、遺産も応分条の規定通り「二分」が与えられるが、出身はできないとする。ところが、その直後に「不レ依二此説一也」として以上の解釈を否定する。他方、「今説」では応分条に「兄弟亡者、子承父分」とあることにより、嫡子の子は父の二分を承け、庶子の子は父の一分を承ける、「彼令」（継嗣令継嗣条）に立て替えが許されるとあっても、新たに立嫡された嫡子の子には嫡子の分を与えないと説く。最後に、一般的に嫡子の立て替えを伴う遺産相続の場合、現在の嫡子がその地位を認められるのであり、死亡したかつての嫡子の子には庶子の分を与えるとし、「師」もこれを認めるのである。

つまり、応分条の穴記の基本的な立場として、「八位以上嫡子」は継嗣条の規定により立て替えを認められるが、すでに出身した場合はそれは認められず、一方、遺産の相続に関しては現に存在する立て替えられた嫡子（およびその子）がその権利を認められる、と解釈しているようである。これに対して、「今説」ではかつての嫡子（およびその子）に嫡子分の遺産相続が認められるとするのである。

いずれにせよ、讃記も穴記も継嗣条の嫡子と応分条のそれとは不可分の関係にあるということを前提として議論しているのは明らかである。ただし、前嫡子の死去による嫡子の立て替えという事態においてその見解が混乱し、なかでも「八位以上」の嫡子と庶人の嫡子との処遇（遺産相続）に相違が生じてしまう矛盾点を問題としており、現在の嫡子の立場が優先されるという解釈が優勢のようだが、一致した見解とはいえない。

このような庶人層をも含んだ養老令の矛盾を内包した嫡子概念のあり方より、義江明子氏は「養老令文自体に即していえば、同じ令文の規定として、継嗣条の嫡子と応分条の嫡子が密接不可分である限り、それは、かかる嫡子概念に基づく応分条の分財規定そのものが観念的な要素を多分に持つものであることを意味しているのではないだろうか。」とされ[25]、養老戸令応分条の規定が実態に基づいたものではなく、観念的なものであったとする氏独自の見解を導こうとされたのである。しかしながら、すでに批判を加えたように[26]、こうした見解は成立し得ず、認められるものではない。

では、養老令の矛盾を内包した嫡子概念をどのように考えればよいのだろうか。結論を先にいえば、大宝令とは異なって、継嗣令継嗣条の規定を官人層の嫡子の立て替えという実際的な問題を含んだものとしたゆえに、上記の矛盾が生じたものと考える。すなわち、養老令の継嗣条が「其八位以上嫡子、未レ叙身亡、及有二罪疾一者、更聴二立替一。」という本注を加えることにより、本条は嫡子とする直系卑属を中心とした親族の序列を規定するという本来の内容を逸脱したものとなってしまった。言いかえれば、本条は、嫡子とする親族の一般的な序列規定と、きわめて実際的・限定的な官人層の嫡子の立て替え規定とがともに含まれる条文となった。したがって、実際的・限定的な官人層の嫡子の立て替え規定部分は、一般的な遺産相続規定である応分条と対応しきれず、矛盾を包含せざるを得なくなったのである。もし、嫡子の立て替えについての条文を別に設ければ（むしろ次条の定嫡子条に含めるべきであったか）、こうした矛盾はある程度、解消することが可能であったと考えられるだろう。要するに、養老継嗣条と応分条との嫡子を巡る矛盾は、法理的なものではなく立法技術に関するレベルのものと判断できるのである。

以上のように、集解の諸注釈を検討した結果、やはり養老継嗣条の規定は大宝令のそれに比べると、詳細かつ実際的なものとなっているのが確認できるだろう。言い換えれば、大宝令のそれは理念的であったといえるのである。ただし、養老継嗣条は嫡子の立て替え規定を盛り込むことにより、定嫡子条と一部、重複する部分が生じてしまい、かつ応分条の規定と矛盾する点も内包することとなったのである。その一方で、庶人をもその対象としていたことは明白である。したがって、前述した矛盾は部分的には解消できることとなり、大宝継嗣令継嗣条の規定はやはり理念的で、なおかつ一般的な継承法とみなしてよいと判断できるだろう。

三　日本令における継嗣について

(1)　大宝令の継嗣

では、大宝令における継嗣の特徴を、応分条の嫡子と比較しながら見ていくこととしたい。前節までで確認したように、大宝令における継嗣のあり方は、父―嫡子―嫡孫という三世代にわたる嫡系を基軸とした唐、封爵令の嫡々相承主義をほぼそのまま受け入れた理念的なものであり、しかもこの点に注目すべきだが、唐とは異なり社会の全階層を対象としたものでもあった。これは、嫡子の相続分をきわめて優遇した応分条の嫡系主義に、まさに正しく対応したものといえるだろう。

ところが他方、官人の出身としては嫡孫ではなく兄弟子としての「養子」を優先する、選叙令為人後者条の規定や大宝元年七月の太政官処分も存在したのである。これを実証する史料はごくわずかながら存在しており[27]、こうした一面も否定できないものとして確認できるのである。

こうした矛盾するかのような継嗣のあり方を、どのように理解すればよいのだろうか。すでに指摘したが、大宝令が志向した嫡々相承主義はやはりきわめて理念的なものであり、律令官人の利害が直接、関わる実際的な場では、嫡孫より世代の近い兄弟子（あるいは弟など）としての「養子」を優先しようとしたと考えるのが妥当ではなかろうか。これは日本古代の地位相続のあり方を考察する際に、重要な示唆を与えてくれるものといえよう。また、このように理解することで、実態から遊離した理念的な応分条の嫡子規定とも整合性を持つこととなるだろう。

それゆえに、大宝令が意図的に導入しようとしたその一方で、古代日本の社会実態からかなり遊離した嫡子制（嫡々相承主義）は、皇位継承の場をはじめとして貴族層から庶人層に至る広範な社会階層を対象としたものであり、それを皇位継承の場では間接的に「不改常典」、律令貴族から庶人に対しては継嗣令継嗣条および戸令応分条などで表現したものといえるだろう。(28)

(2) 養老令の継嗣

右のような特質を持つ大宝令の継嗣に対して、養老令のそれはどのように理解できるだろうか。

注目すべきことは、「三位以上」と「四位以下」とで継嗣のあり方を二分したという点である。すでに指摘したように義解などの注釈により、選叙令五位以上子条の規定による蔭孫との関係を考慮すべきである。また「四位以下」が嫡々相承を放棄し嫡子のみを立てるとしている点も、選叙令五位以上子条の規定に対応しているといえるだろう。こうした点は養老令が令全体の整合性に十分配慮して改訂を行ったものと評価できるだろう（くり返しになるが、嫡子の立て替え規定を加えたことによる矛盾も抱えている）。逆にいえば、大宝令のそれはやはり理念的かつ杜撰なものであったと再確認できるだろう。

では、養老令での改訂の意図はそれのみであったのだろうか。いやそうではなく、その背後には、改訂を要請するような実情があったと考えられるのではないだろうか。つまり、大宝令が導入しようとした嫡々相承主義は、前近代中国のように親族組織の一定の世代深度が前提となるものである。ところが、古代日本の親族組織ではそのような特質がかなり不明瞭であったと考えられる。[29] したがって、嫡々相承主義は古代日本の地位の相続（氏や「家」などの継嗣）という事象において、必ずしも即応するものではなかったと理解できる。また、第一節で指摘したように、大宝令施行直後の太政官処分においても、官人の蔭による出身という実際的な場では嫡々相承という理念はうかがえなかった。こうした古代日本の社会実態を考慮すると、養老令での改訂は当然行われるべきであったといえよう。

しかしながら、「三位以上」は依然として嫡々相承主義を貫いているのである。これはどのように解釈すればよいのだろうか。その一案として、やはり皇位の嫡系継承と関連づけて理解できるのではないかと考える。[30] すなわち、天武・持統以降、皇位の継承は「不改常典」によって嫡系継承が規範とされたのはほぼ間違いなく、その継承法が「三位以上」の官人の継嗣にも適用されると養老継嗣令は明言したと解釈するのである。これを補足すると、日本律令は本来、議政官として直接天皇を輔弼するのは「三位以上」の官人と規定しており、その意味において「三位以上」の官人の継嗣も天皇のそれに準ずると、養老令の段階で明確に構想されたのではないだろうか。その事例として、藤原不比等の「嫡子」（継嗣）としての武智麻呂の存在が想定できるとともに、庶子に端を発する傍系の政治的、経済的な独立性も認められていたことが吉川敏子氏によって明らかにされている。[31] 養老戸令応分条の規定では、大宝令のような嫡子の圧倒的な優遇は姿を消していることなどから、氏の指摘は妥当なものといえるだろう。

このように養老令の継嗣において、「四位以下」は前近代中国とは異なる親族組織を基盤とした古代日本の実態に即し、嫡々相承ではないものとして合理的に改変される一方、天皇の真の藩屛たる上級貴族（「三位以上」）の継嗣は嫡々相承主義を貫き、天皇のそれに準じるように設定されたと考えるのである。

四　古代日本社会における地位などの相続

以上の考察をもとに、本節では古代日本の氏や「家」の長などという地位の継承について概観しておきたい。まず、古代日本における最上の地位である大王（天皇）位の継承は、さきにも述べたように天武・持統朝以降は「不改常典」によって嫡系継承が規範とされたが、それ以前において確固としたルールは見出し得ないといってよいだろう。通説のように、一定の年齢に達した王族のなかから個人の資質やその時々の政治状況などにより選定されたと考えるのが妥当ではないだろうか。その結果として、記紀記載を前提にする限りは直系継承よりは傍系継承の方が有力だったといえるだろう。近年では、一定の年齢が重要な目安とされるという見解が示されているが、記紀記載の信憑性という問題を抱える一方、それは規範といえるか否かについて疑義が生じるものでもあるだろう。そして、天武・持統朝以降の嫡系継承も称徳女帝を最後として皇位継承の場から消え去り、光仁・桓武朝以降は以前のように、あえていえば傍系継承的なあり方に回帰していったのである。

このように、古代日本の最上の地位である大王（天皇）位の継承は、そもそも明確な形態をとるものではなかったと考えられる。

次に貴豪族としての氏の首長位の継承については、すでに紹介したように兄弟（傍系）継承的であったことがほぼ首肯できるだろう。

そして、本章で明らかにしたように「三位以上」の貴族の「家」の長の継承は嫡々相承を規範としたが、「四位以下」「庶人」に至るまでの一般的な「家」の長の継承はそうではなく、兄弟子や弟としての順養子などを優先する傍系継承的なものであった可能性が高いと考えられるだろう。

これら各階層の長の継承形態を総合すると、古代日本における継嗣一般は嫡々相承ではなく、傍系継承的なものとみなして大過ないと判断できるだろう。

しかも、こうした継嗣一般のあり方は、養老戸令応分条に反映された古代日本の遺産相続形態（嫡子だけではなく他の兄弟姉妹にも一定の遺産相続を認める）とも整合性をもって対応するものと評価できるのである。

おわりに

以上のあり方を敷衍すれば、古代日本社会における地位の相続は、直系（嫡系）継承ではなく傍系継承的なものといえ、その基底には世代深度の深い父系的親族組織ではなく、世代深度の浅い双方的親族組織があったとみなせるのではなかろうか。

注

（1）阿部武彦「古代族長継承の問題について」（同著『日本古代の氏族と祭祀』吉川弘文館、一九八四年、ただし初発表は一九五四年)。

(2)拙稿「戸令応分条の比較研究」(『日本書紀研究』第二四冊、塙書房、二〇〇二年)。改題して本書第五章の「財産の相続」。

(3)仁井田陞著、池田温編『唐令拾遺補』(東京大学出版会、一九九七年)による。以下、唐令の引用はすべて本書による。

(4)池田温「中国律令と官人機構」(『仁井田陞博士追悼 前近代アジアの法と社会』勁草書房、一九六七年)。義江明子氏も「爵は子孫代々継承されるという点で、他の官と異質であり、『爵=所領支配』だったころの遺制をその原理としてひきついでいる。」(同著『日本古代の氏の構造』吉川弘文館、一九八六年の五一頁)と指摘する。

(5)中田薫「養老律令前後の継嗣法」(同著『法制史論集』第一巻、岩波書店、一九二六年)。また注4、義江著書所収の「日本令の嫡子について」では「内八位以上」と復元する。

(6)石井良助「長子相続制」(同著『日本相続法史』創文社、一九八〇年、ただし初発表は一九五〇年)。

(7)今江広道「戸籍より見た大宝前後の継嗣法」(『書陵部紀要』五、一九五五年)。

(8)関口裕子「律令国家における嫡庶子について」(同著『日本古代家族史の研究』上・下、塙書房、二〇〇四年、ただし初発表は一九六九年)。

(9)吉川敏子「大宝継嗣令継嗣条と戸令応分条についての基礎的考察」(同著『律令貴族成立史の研究』塙書房、二〇〇六年、ただし初発表は一九九八年)。

(10)末尾部分冒頭に「但」を補ったのは注7の今江論文によるもので、継嗣条の古記に「古記云、但其氏上者、聴レ勅。謂下諸氏上者、必勅定給、不レ論二嫡庶一。」とあり、大宝令文とみなせる可能性が高いからである。ところで、中村友一「大宝継嗣令考」(『続日本紀研究』三四四、二〇〇三年)は、「凡継嗣者、皆立レ嫡。若无二嫡子一、及有二罪疾一、立二嫡孫一。无二嫡孫一、以レ次立二嫡子一。但氏上者、聴レ勅。」という復元案を本条の古記に依拠して示す。しかし、本条の規定が古記の想定しているように、嫡子を決定する立場にある人物が「生存している」場合に限定できるのか否か疑問が残る。したがって、「立二嫡子一、若嫡子亡、及有二罪疾一、立二嫡孫一、无二嫡孫一者、以レ次立二嫡子一。」という古記の記述を大宝令の正しい引用ととらえて大宝令の本条が「无二嫡孫一者、以レ次立二嫡子一。」(つまり、嫡子を決定する立場にある人物が生存しているならば、嫡孫がなければ次第によって嫡を立てることができる、と解釈する）と終わっていた、と推論する可能性は低いと考える。それゆえに中村案を採らないこととする。なお、この中村案を採るとしても、以下に述べる論旨を大きく変更する必要はないと考える。

（11）注2、拙稿。
（12）注8、関口論文。注9、吉川論文。
（13）井上辰雄「戸令応分条の成立」（『日本古代史論集』下、吉川弘文館、一九六二年）。
（14）拙著『女帝の古代史』（講談社現代新書、二〇〇五年）。
（15）注7、今江論文。
（16）注8、関口論文。
（17）注9、吉川論文。
（18）この太政官処分のあり方について、吉田孝「律令時代の氏族・家族・集落」（同著『律令国家と古代の社会』岩波書店、一九八三年）は「律令国家の政策が父から子への継承を原理とする支配階層の組織化にあった」と指摘される。
（19）「養子」も「同宗昭穆」として男系のオイなどと規定する中国律令をそのまま受容したものではなく、日本律令は改変を加えており（養老令は「同宗」を「四等以上親」とする）、籍帳の分析などより女系の養子が認められていた可能性も推測されている（林紀昭「日本古代社会の養子」―大竹秀男ほか編『擬制された親子 養子』三省堂、一九八八年―所収）。
（20）ひろく知られているように「順養子」は古代だけではなく、はるかに時代が下った近世の江戸幕府法にも明白に規定されている。
（21）注5、義江論文では「唐封爵令の封爵継承のための立嫡規定が、我国では蔭の継承を目的とする継嗣令継嗣条の立嫡規定にくみかえられている」とある。
（22）注1、阿部論文は「四位以下」も含めて「嫡々相承主義を原則とするものである」とされるが、のちに本文で詳述するように、やや不正確な理解ではないだろうか。
（23）注5、中田論文。

(24) 来歴志本『令集解』(旧内閣文庫蔵)は「庶子」ではなく「庶人」と校訂し、三浦周行・瀧川政次郎編『定本 令集解釈義』(内外書籍、一九三一年)でも「庶人」と校訂する。文意からしてもここでは「庶人」とするのが妥当だろう。なお、来歴志本『令集解』(旧内閣文庫蔵)の影印本は関西大学東西学術研究所所蔵のものを実見した。そのご好意に対して謝意を表したい。

(25) 注4、義江著書の四八頁。

(26) 注2、拙稿。

(27) 注19、林論文によると、『続日本紀』天平宝字五年(七六一)四月癸亥条にみえる巨勢朝臣堺麻呂は、伯父の中納言邑治の養子となり、その蔭を利用して出身した可能性が推定できる。

(28) こうした認識は、注14、拙著『女帝の古代史』(講談社現代新書、二〇〇五年)の第四章の二「元明女帝」で詳しく述べたので、参照していただきたい。

(29) 本書第一章「親族」を参照のこと。

(30) こうした解釈は注13、井上論文以来、有力な仮説として認められている。

(31) 吉川敏子「律令貴族と功封」(同著『律令貴族成立史の研究』塙書房、二〇〇六年、ただし初発表は一九九四年)。

補論一　養老律における妻と妾

はじめに

養老律における妾の地位については、これまでも法制史の専家などから検討を加えられてきたが、近年、小林宏氏が詳細でかなり網羅的な研究を発表された[1]。つまり、氏は名例律八虐条、戸婚律以妻為妾条、同居父母夫喪嫁娶条、同和娶人妻条、賊盗律略売二等卑幼条、闘訟律殴傷妻妾条、同告五等四等卑幼条などをもっぱらの対象とされ、唐律とは異なり日本（養老）律において妻妾の地位がかなり近似しているという通説的見解を補強されたのである。しかしながら、氏が検討を加えられなかったり判断を留保されたりした、いくつかの条文に対して一定の評価が導けるのではないかと考え[2]、ここに新たに考察を加えるものである。

一　戸婚律の二条と闘訟律殴兄之妾条について

まず本節では、まだ検討を要する条文として戸婚律三四条（唐、戸婚律三四為袒免妻嫁娶条）と戸婚律娶所監臨女条（唐、戸婚律三七監臨娶所監臨女条）、闘訟律殴兄之妾条（唐、闘訟律三一殴兄妻夫弟妹条）の三条の逸文について検討することとしたい。

まず戸婚律三四条について、唐律為祖免妻嫁娶条を律疏とともに掲げ、その後に養老律本条の逸文を掲げる。

諸嘗為二祖免親之妻一而嫁娶者、各杖一百。緦麻及舅甥妻、徒一年。小功以上、以レ姦論。妾、各減二一等一。並離レ之。

【疏】議曰、(中略)既同二五代之祖一、服制尚異二他人一、故嘗為二祖免親之妻一、不レ合二復相嫁娶一。輒嫁娶者、男女各杖一百。「緦麻及舅甥妻」、謂下同姓緦麻之妻及為二舅妻、外甥妻一、而更相嫁娶者上。其夫尊卑有服、嫁娶各徒一年。「小功以上、以レ姦論」、小功之親、多是本族。其外姻小功者、唯有二外祖父母一。若有二嫁娶一、一同二姦法一。若経レ作二祖免親妾一者、各杖八十。緦麻親及舅甥妾、各杖九十。小功以上、各減二姦罪二等一。故云「妾各減二一等一」。並離レ之。(以下略)

(唐、戸婚律三四為祖免妻嫁娶条)

(凡)嘗為二父祖妻妾一而娶者、以レ姦論。

(養老戸婚律三四条逸文)

唐律本条は前条の同姓為婚条とともに近親婚の禁止を規定するもので、かつて父系親族(祖免親、緦麻親、小功以上)の妻および妾であった人物と婚姻した者を処罰し、婚姻は無効とされ、離別を命じられる。すなわち、かつて小功以上の親族の妻であった女性と婚姻したものは姦罪が適用され、徒一年半ないしは徒二年の刑に処せられ(雑律二二条)、緦麻親および舅甥の妻の場合は徒一年、祖免親の妻の場合は杖一百にそれぞれ処せられる。また妻ではなく妾であった場合は各々二等を軽減されるのである。

このように、唐律においての近親婚の禁止の範囲は父系親族のきわめて広範に及び、また妻であった者を娶る場合と妾であった者を娶る場合とでは、罰則において二等の差が設けられていた。

これに対して、養老律逸文では近親婚の禁止の範囲が「父祖」の妻妾という非常に狭小なものとなり、しかも「妻妾」とあるように、かつて妻であった者と妾であった者との間には、その罰則において差違が設けられていないのである。つまり、本条において妻妾の地位にはあまり大きな違いはなかったと考えてよいだろう。

こうした両者の相違は、唐制の「同姓不婚」を古代日本社会が受容しなかったということと大いに関連したものと考えられるが、「妾」の地位が両社会においてやはり異なったものであったことも明瞭に示しているといえる。

次に戸婚律娶所監臨女条について、唐律の監臨娶所監臨女条を律疏とともに掲げ、その後に養老律本条の逸文を掲げる。

諸監臨之官、娶下所二監臨一女上為レ妾者、杖一百。若為二親属一娶者、亦如レ之。其在レ官非二監臨一者、減二一等一。女家不レ坐。

【疏】議曰、「監臨之官」、謂下職当二臨統案験一者上、娶二所部人女一為レ妾者、杖一百。為二親属一娶者、亦合二杖一百一。親属、謂二本服緦麻以上親及大功以上婚姻之家一。既是監臨之官為レ娶、親属不レ坐。（以下略）

（唐、戸婚律三七監臨娶所監臨女条）

凡監臨之官、娶下所二監臨一女上為レ妻者、杖八十。（以下略）

（養老戸婚律娶所監臨女条逸文）

唐律本条は、滋賀秀三氏によると官吏が職権を利用して女色を漁り妾を納れる弊害を防止し、贈収賄の変形として婚姻を利用することを処罰する規定とされ[3]、その第一項に官吏が自らの職権がおよぶ女性を「妾」として娶ったり、親族のために娶ったりした場合に「杖一百」という刑が科せられるのである。問題は、妻ではなく「妾」として娶ることだが、これについても「妻を娶ることまで一律に禁じないのは、妻を娶る正式婚姻ならば弊害が少ないゆえであって、立法者の細心な心遣いと言うべきであろう」と指摘されている[4]。つまり、妻を娶るという正式な婚姻となると、官吏もその職権をむやみに乱用する余地がなくなるわけである。したがって、本条は前近代中国に固有な、「妻」と「妾」を婚姻儀礼やその社会的な地位などで明白に区別する婚姻システムに対応した規定ともいえるのである。

ところが、養老律のそれは「妾」ではなく「妻」とする。唐律本条が上記のような固有の婚姻システムに対応したものとすると、養老律における変更はきわめて当然な処置である。こう理解するのは、古代日本の婚姻システムは前近代中国のそれとはかなり異なったものであり、近親婚の禁止（インセスト・タブー）を伴った父系的な嫁取り婚ではなく、婚姻儀礼そのものも明白ではなく、婚姻後に夫婦が同居に至ることは必ずしも認められず、夫婦の財産所有も各々の独立性が強い夫婦別財制に近いものであり、妻妾の地位の差もあまり認められないものであったこと、などがすでに明らかとなっているからである[5]。

したがって、唐律の「妾」を「妻」と変更しても、その語義には「妾」も含まれることと理解され、本条の主旨を逸脱するものではなく、古代日本社会において官人の職権の乱用を十分に抑止することができたはずだろう。

最後に、闘訟律殴兄之妾条についても同じく、唐律の殴兄妻夫弟妹条を律疏とともに掲げ、その後に養老律本条の逸文を掲げる。

諸殴二兄之妻一及殴二夫之弟妹一、各加二凡人一等一。若妾犯者、又加二一等一。
【疏】議曰、嫂叔不レ許二通問一、所三以遠別二嫌疑一。殴二兄之妻一及殴二夫之弟妹一者、礼敬頓乖、故「各加二凡人一等一」。「若妾犯者、又加二一等一」、謂、妾殴二夫之弟妹一、加二妻一等一、総加二凡人二等一。夫之弟妹殴二兄妾一、以二凡人一論。（以下略）

（唐、闘訟律三一殴兄妻夫弟妹条）

（凡）殴二兄之妾一及殴二夫之弟妹一、各加二凡人一等一。

（養老闘訟律殴兄之妾条逸文）

唐律本条は、闘訟律殴傷妻妾条から始まる家庭内の秩序を維持するための一連の条文の一つで、キョウダイ間（各々の配偶者も含む）の暴力を抑止し、それを犯した場合には一般人に対するものよりも刑が加重される。すなわち、弟妹が兄の妻を殴打したり、兄の妻が弟妹を殴打したりした場合には、一般人がそうした行動をとった場合の刑より一等加重されるのである。律疏に一応その根拠が述べられているが、「若妾犯者、又加二一等一」とする規定については、「妾」が夫の弟妹を殴打した場合には「妻」への処罰に対してさらに一等が加えられるので、一般人の刑よりも二等加重されることになる一方で、夫の弟妹がその「妾」を殴打しても一般人の刑と同じとする。つまり、「妾」が加害者の場合は罰則が加重されるのに対して、「妾」が被害者の場合はその加害者（夫の弟妹）はなんら罰則を加重されることはないわけで、ここに「妾」が家族成員のなかでどのように処遇されていたのか、その一端がうかがえるのである。

これに比べ、養老律の逸文では唐律が「諸殴二兄之妻一及殴二夫之弟妹一」とするのに対して、「（凡）殴二兄之妾一及殴二夫之弟妹一」と変更しており、また「若妾犯者、又加二一等一」の文言も確認できないのである。本条の日唐の相違に関しては、はやく利光三津夫氏が闘訟律殴傷妻妾条の分析より、「妾」を殺害する処罰が唐律よりも数等重かったと推定されることも踏まえつつ、「妾を妻と同様に二等親に列する日本法と、妾を賤隷視して親族の範囲から除外している中国法との差異から生じたものであろう。」と指摘されている。(6) おそらく肯首できる推定だろうが、ここではもう少し詳しく見ておこう。

つまり、唐律の「兄之妻」を養老律が「兄之妾」と変更したことについて考えてみると、弟妹が兄の「妾」を殴打したり、兄の「妾」が弟妹を殴打したりした場合には、一般人がそうした行動をとった場合の刑より一等加重されることになるが、その「妻」は除外されたのではなく、当然のことながら「妾」のなかに含意されていると解釈すべきだろう。すなわち、この「妾」は「妻妾」と同一の意味であり、したがって「若妾犯者、又加二一等二」という文言も不要となるはずである。とするならば、本条の規定は「妾を妻と同様に二等親に列する」親族規定と不可分のものと推定できることとなる。一方、すでに指摘したように、(7) 大宝儀制令五等親条では「妾」は規定されていなかった可能性が高いのであり、それゆえに、本条の規定も大宝律では唐律のそれにきわめて近いものであったのではないかという推測も成立しうるだろう。いずれにせよ、養老律本条の規定は儀制令五等親条と大いに関連するものであったとしてよいだろう。

以上のように、小林氏が検討を加えられなかった諸条の規定でも、養老律では唐律とは異なり、妻妾の差があまり強く認められるものではなかったことが確認できるだろう。

二　賊盗律謀殺主条について

次に唐、賊盗律七部曲奴婢殺主条は、賤身分の部曲、奴婢がその主人や主人の親族などを殺そうと謀ったときの罰則を規定するものだが、律疏のなかでその主人たる身分に関しての定義が明記されており、注目すべきものである。

ではまず、唐律を律疏とともに掲げ、その後に養老律の逸文を掲げる。

諸部曲奴婢謀レ殺レ主者、皆斬。謀レ殺二主之期親及外祖父母一者、絞。已傷者、皆斬。

【疏】議曰、称二部曲奴婢一者、客女及部曲妻並同。此謂二謀而未レ行。但同籍良口以上、合レ有二財分一者、並皆為レ「主」。謀レ殺者、皆斬。罪無二首従一。「謀レ殺二主之期親一」、為レ別二戸籍一者、及外祖父母者、絞。依二首従一科。「已傷者、皆斬」、謂レ無二首従一。其媵及妾、在レ令不レ合レ分レ財、並非二奴婢之主一。

（唐、賊盗律七部曲奴婢殺主条）

凡家人奴婢謀レ殺レ主者、皆斬。謂二謀而未レ行。但同籍良口、合レ有二財分一者、並皆為レ主。謀レ殺者、罪無二首従一。謀レ殺二主之二等親及外祖父母一者、絞。已傷者、皆斬。主之二等親謂別二戸籍一者。

（養老賊盗律謀殺主条逸文）

律疏には「但同籍良口以上、合レ有二財分一者、並皆為レ主。」、「其媵及妾、在レ令不レ合レ分レ財、並非二奴婢之主一。」という注目に値する定義があり、家産を分割する場合にその権利を有する者が奴婢の「主」であり、他方、「妾（媵）」はその権利を有し得ないゆえに「主」たり得ないとする。この解釈は、「妾」には分財権が認められないとする唐の戸令応分条の規定と、整合性をもって密接に関連するものである。こうして、唐の律令制では妻妾の差違について、家産の分財権の有無という明確な基準が認められるのである。

一方、養老律では、本文の規定は唐律のそれにほぼ対応するものといえようが、その注では「但同籍良口、合レ有二財分一者、並皆為レ主。」とするのみで、唐律疏の「其媵及妾、在レ令不レ合レ分レ財、並非二奴婢之主一」という文言が認められない。この相違については、「養老戸令二三応分条で妾にも家産の得分を認めたことと関連する」という指摘がすでにあり、(8) そこから養老律令制下では「妾」は「妻」と同様に家人・奴婢の「主」たり得たという解釈が導き出されるだろう。

ところが、小林氏はこのような解釈にはなお疑問が残るとされる。その根拠は、養老雑律二三条の逸文に「主妾」などの文言が認められ、これは「主」の「妾」と理解できるので、「妾」は「主」から除外されていたことになると判断されるからである。(9) こうした理解が成立しうるのか否か、その根拠とされた雑律を検討してみたいと考える。

まず、小林氏があげられた逸文は、唐、雑律二三姦緦麻親及妻条に対応するものなので、これを律疏とともに掲げ、その後に養老律の逸文を掲げる。

諸姦二緦麻以上親及緦麻以上親之妻、若妻前夫之女及同母異父姉妹一者、徒三年。強者、流二千里。折傷者、絞。妾、減二一等一。余条姦レ妾、準レ此。

【疏】議曰、(中略)。得レ罪已重、故「妾、減二一等一」、謂レ減二妻罪一等一。其於レ媵、罪与レ妾同。注云「余条姦レ妾、準レ此」、謂、余条五服内及主之緦麻以上親、直有二姦名一而無二妾罪一者、並準二此条一、減二妻一等一。其奴及部曲、姦二主之妾及主期親之妾一、亦従下減二一等一之例上。

(唐、雑律二三姦緦麻親及妻条)

凡姦二父祖妻一者、徒三年。妾減二一等一。其奴及家人、姦二主妾及主親妾一、亦減二一等一。　（養老雑律二三条逸文）

唐律本条は前条から始まる一連の姦罪規定の一つだが、ここで姦罪一般の規定を見ておきたい。そもそも唐律における姦とは婚姻外の男女の性交渉のことをいい、雑律二二条がその一般的罰則規定である。そこでは、良人の男女間における和姦の場合、男女は共犯となり刑の軽重はないが、有夫の女性（妻妾の区別はない）には刑が一等加重される。また、良賤間の姦の場合、賤男が良女を姦した時には刑が一等加重されるが、良男が賤女を姦した時には逆に刑が軽減され、さらに強姦の場合は男性のみが処罰され、和姦に一等が加重されるのである。

こうした一般的規定のあとに本条があり、「緦麻以上親」などの遠戚者との間に姦が行われた場合の罰則が規定される。その疏に「其奴及部曲、姦二主之妾及主期親之妾一、亦従下減二一等一之例上。」という一節があり、賤身分の「奴及部曲」が「主之妾」や「主期親之妾」を姦した場合、各々の妻を姦した場合に比べて刑一等を軽減するというのである。この疏に対応して、養老律の注が「其奴及家人、姦二主妾及主親妾一、亦減二一等一。」とするのである。もちろん、養老律の本条は唐律の規定に比べてきわめて簡略化されたものだが、「妻」と「妾」は唐律にならって区別する。ちなみに妻を姦した場合は同二六奴姦良人条に規定されるが、さきの疏とも密接に関連するので、以下に掲げる（養老律の逸文も）。

諸奴姦二良人一者、徒二年半。強者、流。折傷者、絞。

【疏】議曰、（以下略）。

其部曲及奴、姦二主及主之期親、若期親之妻一者、絞。婦女減二一等一。強者、斬。即姦二主之緦麻以上親及緦麻以上親之妻一者、流。強者、絞。

【疏】議曰、其部曲及奴和姦レ主、及姦二主之期親若期親之妻一、部曲及奴合レ絞、婦女減二一等一。「強者、斬」、謂下奴等合レ斬、婦女不上レ坐。「即姦二主之緦麻以上親及緦麻以上親之妻一者、流」、婦女合二流二千里一。強者、奴等絞。若姦レ妾者、自レ主以下、準二上例一、並減二妻一等一。即妾子見為二家主一、其母亦与レ子不レ殊、雖レ出亦同。

（唐、雑律二六奴姦良人条）

凡姦二良人一者、徒二年半。其家人及奴姦レ主者、絞。

（養老雑律姦良人条逸文）

このように、唐律本条の第二項に賤民が「主」の妻などを姦した場合の処罰として「其部曲及奴、姦二主及主之期親、若期親之妻一者、絞。」と規定される。またその疏には「若姦レ妾者、自レ主以下、準二上例一、並減二妻一等一。」とあり、二三条の疏に対応するのである。一方、養老律逸文ではただ単に「其家人及奴姦レ主者、絞。」とあるのみで、その対象が「主」のみに限定され、しかもその注は不詳である。

さて、以上のような唐律と律疏、養老律と注との各々の対応関係を整理すると、二三条では唐律本文の「緦麻以上親及緦麻以上親之妻、若妻前夫之女及同母異父姉妹」が養老律本文の「父祖妻」に大幅に縮小されるが、律疏の「主之妾及主期親之妾」は養老律の注の「主妾及主親妾」にほぼそのまま対応しているのが理解でき、小林氏の指摘は首肯できることになる。

しかし、二六条では唐律本文の「其部曲及奴、姦二主及主之期親、若期親之妻一者、絞」が養老律本文の「其家人及奴姦レ主者、絞」に対応することになり、そもそも養老律では賤民が「主」を姦する場合のみを想定して規定しているのが明白であり、唐律のように「主之期親」や「期親之妻」までも想定していないのである。

ただし、養老雑律姦良人条に対応する戸令奴姦主条では「凡家人奴、奸二主及主五等以上親一、所レ生男女、各没官」とあり、「主」のみではなく「主五等以上親」を規定している。ちなみに唐令の復元案[10]では「其部曲及奴、姦二主緦麻以上親之妻一者、若奴姦二良人一者、所レ生男女、各合二没官一」とあり、「妻」を明示し、唐雑律二六条に対応している。したがって、養老雑律姦良人条にさらに一項、規定が加えられていた可能性は排除できないだろう。だが、それは現在確認されている逸文に直接、加え得るものではなく、別項として想定すべきものである。

すると、養老雑律二三条の注で「主親妾」に言及する必要はなく、この注は単に同条律疏の「主之妾及主期親之妾」に影響されたものに過ぎず、それゆえ、何らかの意味で養老雑律両条の間に混乱が生じていると解する方が無難であろう。あるいは「主妾」そのものも律疏の「主之妾」に引きずられた文言かもしれないが、「主」ではなく「主妾」としているのは一応留意しておく必要がある。そこには、「妾」は「主」には含まれないとする理解が横たわっていると推定できるからである。それゆえに、小林氏の指摘はいまだ有効だろう。

ところが、前節で紹介した戸婚律三四条はその規定内容から姦罪と深く関連するものといえるが、唐律が「嘗為二袒免親之妻一而嫁娶者、各杖一百。緦麻及舅甥妻、徒一年。小功以上、以レ姦論。妾、各減二二等一」として「妻」と「妾」を明確に区別するのに対し、養老律では「嘗為二父祖妻妾一而娶者、以レ姦論」とし「妻妾」を一括して規定しているのである。もちろん、この戸婚律三四条は婚姻に関連した規定なので、雑律二三、二六条のように良賤間の姦は全く想定されていないのだが、そのことと妻妾の区別の有無とは直接、関わるものではないだろう。そうであるならば、養老の戸婚律では「妻妾」を一括するのに対して雑律では両者を区別するということになり、同じ姦罪の罰則規定であるにも拘わらず、戸婚律と雑律との間で明らかな齟齬が生じていると判断せざるを得ないだろう。

では、いずれの規定を養老律本来のものと考えるべきなのか、これが問題となろう。結論を先に述べるならば、「妻妾」を一括して規定する戸婚律三四条を重視すべきであり、雑律の姦関連規定は唐律をほぼ模倣したものだと判断する。理由は以下の三点である。まず第一に、養老賊盗律謀殺主条逸文で唐律とは異なり、財産の所有権に関連して「主」の定義を変更し、「妾」までその範囲に含めたと推定でき、したがって、「妻妾」の区別が認められないと判断できること。第二に、戸婚律が規定する婚姻と雑律が規定する「姦」との認識に大きな相違があり、古代日本社会では、父系制下の単婚の成立と深く関わる唐制の「姦」がそのまま受容されなかったと推定でき[11]、ゆえに雑律の姦関連規定は唐律の影響を強く受けて成立したものと判断できること。第三に、一般的に古代日本では律よりも令が優先して受容され、その戸令応分条において「妾」に財産の所有権が認められるという大きな改変が加えられたことはきわめて注目に値し、そこには古代日本社会の実態と密接な関係がうかがわれるのに対して、唐律をそのまま模倣したかのような雑律の姦関連規定は、古代日本社会の実態から離れた卑小なものであったと推定できること。

以上により、養老雑律の姦関連規定は唐律のそれにほぼ準じたものに過ぎず、その規定内容は古代日本の社会実態から遊離したものにちがいなく、そのような規定を重視する必要はないと判断できるだろう。

それゆえに、小林氏が慎重にその判断を留保された、養老律令制下では「妾」は「妻」と同様に家人・奴婢の「主」たり得たという、戸令応分条や賊盗律謀殺主条の改変より導かれる解釈は認めてよいと考えられるのである。

三　服喪（葬礼）における妾の地位について

小林氏はまた職制律三〇匿父母夫喪条に着目され、唐律との比較より養老律においても「妾」は「二等」親族から除かれており、したがって「妻妾」は区別されていたのではないか、と推論される。しかし、この推論は成立しない可能性が高いと考える。以下に詳しく述べていこう。

まず、唐律を律疏とともに掲げ、その後に養老律の逸文を掲げる。

諸聞二父母若夫之喪一、匿不二挙哀一者、流二千里。（以下略）
【疏】議曰、（以下略）
聞二期親尊長喪一、匿不二挙哀一者、徒一年。喪制未レ終、釈レ服従レ吉、杖一百。大功以下尊長、各逓減二一等一。卑幼、各減二一等一。
【疏】議曰、「期親尊長」、謂、祖父母、曽高父母亦同、伯叔父母、姑、兄姉、夫之父母、妾為二女君一。（中略）其妻既非二尊長一、又殊二卑幼一、在二礼及詩一、比為二兄弟一、即是妻同二於幼一。（以下略）
（唐、職制律三〇匿父母夫喪条）

凡聞二父母若夫之喪一、匿不二挙哀一者、徒二年。（以下略）。
聞二祖父母外祖父母喪一、匿不二挙哀一者、徒一年。喪制未レ終、釈レ服従レ吉、杖一百。二等以下尊長、各逓減二一等一。卑幼、各減二一等一。聞二一等尊長喪一、匿不二挙哀一者、杖九十。（中略）其妻既非二尊長一、又殊二卑幼一、在二礼及詩一、比為二兄弟一、即是妻同二於幼一。（以下略）
（養老職制律聞父母夫喪匿条逸文）

唐律本条は、十悪のうちの「不孝」に当たる「聞祖父母父母之喪、匿不挙哀」「居父母喪、作樂、釈服従吉」や「不義」に当たる「聞夫喪、匿不挙哀、作樂、釈服従吉」などを行った場合、その当事者である官人には「議」「請」などの特典は認められず、「除名」という厳しい処分が下されることを明記したものである。律疏では、「期親尊長」の語釈のなかに「妾為㆓女君㆒」とあり、「妾」にとり「女君」（夫の妻）がその範囲に含まれることを示す。また、「妻」は「尊長」ではなく「卑幼」でもないが、同世代で年少のものをいう「幼」とするともある。つまり、本条は儒教的家族道徳観に基づいた名教的規定である、といえよう。こうした名教的な規定において「妻」と「妾」が峻別される傾向の強いことは、すでに滋賀秀三氏によって明らかにされているところである[12]。

これに対して、養老律同条逸文では唐律の「期親尊重」が「祖父母外祖父母」に、同じく「大功以下尊長」が「二等以下尊長」に各々変更され、唐の律疏で「期親尊長」に含まれるとする、「妾」からみた「女君」が注記されていないこと以外は、ほぼ同内容の規定である（他の律規定と同じく、処罰は和らげられている）。

こうした彼我の相違や、養老喪葬令服紀条に妾が服紀の対象から除かれていることなどより、小林氏は「養老律本条では、妾は『二等』から除かれていた可能性が大であると思われるが如何であろうか」とされたのである。

しかしながら、第一章で指摘したように養老喪葬令服紀条は唐制をかなり色濃く反映した条文でもあり、そこに「妾」に関する規定が省かれているのは、ある意味では当然であろう。また、なにより注目すべきは、「妾」からみた夫の妻を「女君」などとする認識が養老律逸文全体からは全くうかがえないことであり、『令集解』喪葬令服紀条の諸注釈でも、明法家たちがそのような認識を持っていたとは考えられないことである。すなわち、「妻」に対して古記は「夫為㆑妻服三月、次妻无㆑服也」と述べ、朱説は「問、妻者、未㆑知、於㆑妾何。額云、為㆑妾无服者」と述べているのみで、「妾」との直接的な身分関係など全く念頭にないようであり、夫が妻のために三月の喪に服するのに対して、「次妻」(古記)および「妾」(朱説)のためには喪に服することはない、と注釈する。また「本主」に対する注釈でも、「妻」と「妾」との関係についてはなんら言及していないのである。

したがって、養老律令では「妾」が夫の「妻」を「君」と尊崇せねばならないような、前近代中国特有の名教的な規範意識はなかったと判断してよいだろう。すると、養老律本条で「妾」に直接の言及がないとしても、それは前近代中国の名教的な規範意識を受容しなかったということの証左にとどまり、「妾」が「妻」に近い存在であったとすることの反証とは見なせないだろう。

つまり、唐律、養老律の本条は、名教的な規範意識によって「妻」と「妾」が厳格に差別化された認識を根底に持つ規定であり、唐律本条はそれを明確に表現するのに対して、養老律本条はそうした認識を受容しないまま成文化されたものであった可能性が高いと理解できるだろう。戸婚律三〇居父母夫喪嫁娶条もほぼ同様に理解できると想定するが、養老律逸文が唐律と比較できる程度には復元されていないので、論証は不可能である。

いずれにせよ、唐制では服喪などの名教的規定では「妻」と「妾」を峻別する傾向が強いものであったようだが、日本律令ではそうした規範意識は明瞭ではなく、養老律本条に「妾」について規定されていなくとも、古代日本社会において「妻」と「妾」とは大差ない存在であったと考える上で大きな支障とはならないと判断するが、いかがであろうか。

おわりに

以上のように、小林氏のご研究に導かれる形で、氏が判断を慎重に留保された律の諸条を検討した結果、やはり「妻」と「妾」の差別は明確ではなかったと判断してよいのではなかろうか。令の分析でも、ほぼ同様のことがすでに明らかにされているので、古代日本社会においては前近代中国とは異なり、家族成員として「妻」と「妾」とは大差ないものとして存在していたと考えてよいだろう。

注

（1）小林宏「日本律における妾の地位—唐律との比較から—」（『法史学研究会会報』八、二〇〇三年、のちに同著『日本における立法と法解釈の史的研究』第1巻 古代・中世、汲古書院、二〇〇九年、に所収）。令規定を中心とした「妾」の検討については関口裕子『日本古代婚姻史の研究』上・下（塙書房、一九九三年）がある。

（2）養老律の引用はすべて『譯註日本律令』二、三（東京堂出版、一九七五年）により、唐律のそれは『唐律疏議』（中華書局、一九八三年）によった。また、唐律および律疏の内容については、『譯註日本律令』五〜八（東京堂出版、一九七九〜一九九六年）を参照した。

（3）『譯註日本律令』六（東京堂出版、一九八四年）二九〇頁の解説（滋賀秀三氏執筆）。

（4）注3、著書。また同書には、明律では「為妾」を「為妻妾」に改めているとの指摘もある。

（5）注1、関口著書、拙著『日本古代の家族・親族』（岩田書院、二〇〇一年）、拙稿「戸令応分条の比較研究」（『日本書紀研究』第二四冊、塙書房、二〇〇二年、本書第五章）。

（6）利光三津夫『律令及び令制の研究』（明治書院、一九五九年）の八七頁。

（7）本書第一章。
（8）『律令』（岩波書店、一九七六年）の戸令補注の四三b（吉田孝氏執筆）。
（9）注1、小林論文。
（10）『唐令拾遺補』（東京大学出版会、一九九七年）による。
（11）注1、関口著書の第二編、第二章「日本古代における『姦』について」において精力的かつ網羅的に考証され、「日本的姦は唐律規定の姦（広くは中国社会の姦）とは別の概念であり、唐律との関係に引き付けて言えば、唐戸婚律に規定された婚姻禁止規定への違反が日本的姦の内容にほぼ近似すると言えるのである。」（上、一五二頁）と指摘されて、中国的姦＝家長の承認と婚姻儀礼を経ないすべての性関係、日本的姦＝日本社会での性慣行下で禁止ないし忌避されるべき性関係への違反、と理解される。
（12）滋賀秀三『中国家族法の原理 第二版』（創文社、一九七六年）の第六章第一節。

補論二　養老名例律婦人有官位条小考
―日唐の女性官人に対する待遇の相違を中心に―

はじめに

日本律令では、官人自身やその親族への優遇規定が蔭と称され、官人登用時の優遇、税負担の減免、刑罰の軽減などとして定められている。本稿では、従来あまり注目されることのなかった、女性に対する刑罰の軽減措置としての蔭を規定した名例律婦人有官位条（唐、名例律婦人官品邑号条）を取り上げ、その前提となる日唐の女性官人に対する待遇の相違を検討し、日唐律本条の正当な解釈を提示したいと思う。その作業過程で、唐の女性官人（というよりは有品女性など）とは異なる、律令制下における古代日本の女性官人の待遇を明らかにでき、その特性を示すことができると考えるからである。

一　日唐の名例律婦人有官位（唐律では婦人官品邑号）条について

まず、以下に唐、名例律婦人官品邑号条（律疏も含む）とそれに対応する養老名例律婦人有官位条を掲げる。[1]

諸婦人有二官品及邑号一犯レ罪者、各依二其品一、従二議請減贖当免之律一。不レ得レ蔭二親属一。

疏議曰、婦人有二官品一者、依レ令、妃及夫人、郡縣郷君等是也。邑号者、国郡縣郷等名号是也。婦人六品以下無二邑号一、直有二官品一。即媵是也。依レ礼、凡婦人、従二其夫之爵命一。注云、生礼死事、以レ夫為二尊卑一。故犯レ罪応二議請減贖一者、各依二其夫品一、従二議請減贖之法一。若犯二除免官当一者、亦準二男夫之例一。故云、各従二議請減贖当免之律一。婦人品命、既因二夫子一而授、故不レ得レ蔭二親属一。

若不レ因二夫子一、別加二邑号一者、同二封爵之例一。

疏議曰、別加二邑号一者、犯レ罪、一与二男子封爵一同。除名者、爵亦除。免官以下、並従二議請減贖之例一、留レ官収贖。

（唐、名例律婦人官品邑号条）

凡婦人有二官位一犯レ罪者、各依二其位一、従二議請減贖当免之律一。

（養老名例律婦人有官位条）

唐律の規定については、滋賀秀三氏による詳細な注釈がすでにある。[2] それによると、本条の第一項では五品以上の官人の母や妻（「妃」「夫人」などで外命婦に含まれる。妾のなかで官品を与えられ、「媵」と呼ばれる者も含む）は官品や邑号を与えられ、その婦人が罪を犯したとき、「議」（死罪の嫌疑が固まったとき、官司は判決を立案せず皇帝に特別の会議開催を奏請し、その会議における結論を皇帝が最終的に判断するという特典）、「減」（流罪以下の犯罪について、その処罰を一等減ずるという特典）などの刑罰の軽減措置を受けられるが、「婦人品命、既因二夫子一而授」として、その蔭は親族には及ばないとする。第二項では王事に尽くした賞などにより婦人独自に邑号が与えられ、その女性が罪を犯したときには、爵位を持つ男性と同じように刑罰の軽減措置が受けられるとする（したがって、当人以外の親族にもその蔭は及ぶ）。

　また、次条の五品以上妾有犯条でも「諸五品以上妾、犯㆓十悪㆒者、流罪以下、聴㆓以㆑贖論㆒。」とあり、五品以上の官人の妾（「媵」以外のもの）にも流罪以下の刑罰に相当する犯罪の場合には、贖銅で代替できるという刑法上の特典が認められるが、前条の律疏が「婦人品命、既因㆓夫子㆒而授、故不㆑得㆑蔭㆓親属㆒。」とすることより、その蔭は当人のみに限定されたと理解できる。

　このように、唐律では官品や邑号を持つ女性には、男性官人と全く同等とはいえないが、一定の刑法上の蔭が規定されていたのである。ただし、夫や子に由来して官品などを与えられた婦人の場合、その蔭は当人のみに限定されていた。

　これに対して、養老律では唐律にあった「不㆑得㆑蔭㆓親属㆒」という語句を削除し、その上、第二項も削除したかのような規定となり、各々の位にしたがって、官位を有する婦人は「議」や「減」などの刑罰の軽減措置を受けられるとするのである。つまり、養老律では刑法上の蔭が婦人当人のみに限定されるのではなく、その親族までもが蔭の対象となるわけである。

　こうした改変は注目すべきものであり、すでに青木和夫氏により「婦人でも有位者はその蔭を親族に及ぼし得ると解される。女帝の存在と共に、女性の地位を示す例である。」と指摘されている[3]。ちなみに、次条は「凡五位以上妾、犯㆓八虐㆒者、流罪以下、聴㆓以㆑贖論㆒」というもので、唐律のそれとほぼ同様であり、五位以上の官人の妾に対する蔭は当人のみに限定されたと推定できるだろう。

　ところが、こうした見解に対立する説がある。すなわち、高塩博氏は「養老律の婦人有官位條が、名例律議・

請・減・贖の各條（名例律8・9・10・11條）及び名例律官當・除名・免官・免所居官の各條（名例律17・18・19・20條）と重複する條文であることは、紛れもない事實である。」と指摘し、[4] 青木説を退けられるのである。

その根拠として次の五点を挙げられる。第一に、唐律本条の第一項について律疏で補足された事例以外に、皇帝の妾である「夫人」などの内命婦や後宮の女性官人である宮官などのように、婦人が独自に官品を与えられる場合があると想定できること。第二に、そのような官品を有した女性にも、男性官人と同等に親族も含めて「議」などの刑法上の特典が認められたと推論できること。第三に、古代日本では夫や子に由来して官位を授けられた女性官人は存在しないと推定できること。第四に、養老律の本条は唐律の第二項に近いものであり、それならば養老名例律の議条以下を適用すればよいこと。第五に、以上より養老律本条はもともと不要な規定であり、ある意味では養老律編纂作業の杜撰さを明証する条文であること。これらの諸点を論拠として、青木説を否定されるのである。

しかしながら、高塩氏の所論に対しては、唐や古代日本の律令制において男性官人と女性官人（有品女性など）への待遇を全く同等のものとみなせるのか否か、という疑義が直ちに生じるところであろう。このような視点を中心として、以下に検討を加えることとしたい。

二　日本令における女性官人の待遇について

日本令における女性官人の待遇については、野村忠夫氏をはじめとする先学の業績によりながら、[5] その根拠となった職員令中務省条、後宮職員令縫司条、禄令宮人給禄条などの令諸条を示しつつ、以下にまとめたい。

まず、官位令にはその職名が掲げられていないことにより、女性官人には厳密な意味での官位相当の規定がなかったことが指摘されている。ただし、以下に掲げる禄令宮人給禄条の規定より、官職と位とが全く関連していなかったともいえないのである。

凡宮人給レ禄者、尚蔵准二正三位一。尚膳、尚縫准二正四位一。典蔵准二従四位一。尚侍、典膳、典縫准二従五位一。尚酒准二正六位一。尚書、尚薬、尚殿、典侍准二従六位一。尚兵、尚闈准二正七位一。尚掃、尚水、掌蔵、掌侍准二従七位一。掌膳、掌縫准二正八位一。典書、典薬、典兵、典闈、典殿、典掃、典水、典酒准二従八位一。自余散事、有位准二少初位一。無位減二布壱端一。給徴之法、並准レ男。

（禄令宮人給禄条）

『令集解』本条の古記は、五位以上も六位以下もすべて「宮人」と注釈し、その後、朱説が「宮人給禄事、不レ依二本位一也。猶二依レ官給一耳。」とし、位によらず官職によって禄を給すると注釈している。こうした認識が、女性官人の待遇は男性官人のそれとは異なることを示しているといえるだろう。なお、『令義解』は「散事」の事例として氏女や女孺を掲げる。

次に、職員令中務省条の卿の職掌規定などから、女性官人の勤務評定が行われ、その評定者は男性官人であったことが明らかにされている。

中務省　管二職一、寮六、司三一。

卿一人。掌、侍従、献替、賛二相礼儀一、審二署詔勅文案一、受レ事覆奏、宣旨、労問、受二納上表一、監二修国史一、及女王内外命婦宮人等名

帳、考叙、位記、諸国戸籍、租調帳、僧尼名籍事。（以下略）　（職員令中務省条）

本条の義解は「宮人」の語に対して「案二後宮職員令一、内侍以下十二女司是。其氏女、御巫、縫女、乳母、東宮宮人、嬪以上女竪、歌女等名帳、考選、位記、亦皆惣掌也。」と注釈し、「宮人等」の範囲をより詳細に特定する。また、讃記は同一箇所で「私案、譬猶三男官与二式部一也。」とし、中務省を男性官人の考課を司る式部省に類するものとしている。ただし、本条の「考叙」（朱説は「考校」と「叙位」の二事とし、義解は「考選」とする）については、男性官人のように適材を選んで新たな官職に昇任させるという「考選」ではなく、新たな官職に昇任させるという意味がほとんどうかがえないことは、野村氏によって指摘されている。

ちなみに、考課令家令条の「嬪以上及内親王家事、隷二宮内省一。」という本文注に対して、令釈は「但女孺等考者、送二中務省一耳也。」として中務省条の規定を補足する。一方、古記は本文注に対して注釈を施したのちに「凡男考文皆送二式部一、女考文皆送二中務一可レ知也。」として、さきの讃記と同様の認識を示している。

いずれにせよ、男性官人の考課を司るのが式部省であるのに対して、女性官人の考課を主に司るのは中務省であったと理解してよいだろう。

次に、後宮職員令縫司条の直後の規定より、その考叙はすべて男性官人の内長上扱いであったことも指摘されている。

尚縫一人。掌、裁二縫衣服一、纂組之事。兼知二女功及朝参一。典縫二人。掌同二尚縫一。掌縫四人。掌、命婦参見、朝会引導之事。

右諸司掌以上、皆為㆓職事㆒。自余為㆓散事㆒。各毎㆓半月㆒、給㆓沐假三日㆒。其考叙法式、一准㆓長上之例㆒。東宮々人、及嬪以上女豎准㆑此。（後宮職員令縫司条）

まず「自余為㆓散事㆒」に対して朱説は「謂㆓采女女孺㆒也」とする。次に「其考叙法式、一准㆓長上之例㆒」に対する義解は「考者考課之年限、叙者選叙之階級。既称㆑准㆓長上之例㆒、明可㆑与㆓公勤不㆑怠、職掌无㆑闕之最㆒。」とし、古記には「一准㆓長上之例㆒、謂㆘散事考選与㆓長上㆒同㆖也。」とある。ゆえに、女性官人すべてが長上官と同様の待遇と理解できる。さらに朱説は「掌以上者、解官及除免官当者。」とも注釈して、掌以上の女性官人には「解官及除免官当」も適用されるとする。なお、伴が引用する古記にもほぼ同様の認識が示される（ただし、その末尾に「此云无㆓於古記㆒」とする）。

そして、後宮の雑務に携わる女孺や采女となる氏女や采女の採用規定が、次に紹介する氏女采女条である。

凡諸氏、々別貢㆑女。皆限㆓年卅以下十三以上㆒。雖㆑非㆓氏名㆒、欲㆓自進仕㆒者聴。其貢㆓采女㆒者、郡少領以上姉妹及女、形容端正者。皆申㆓中務省㆒奏聞。（後宮職員令氏女采女条）

本条によると、「氏女」はおもに畿内の中小豪族から、「采女」は郡司の少領以上からそれぞれ貢進されるが、跡記によれば「女孺等、雖㆓十三、始官仕合㆑叙㆑位、而待㆓年廿五㆒合㆑授㆑位也。」とあり、一三歳という出仕の時点では叙位されなかったようだ。もっとも、本条集解に引用される大同元年十月一三日官符では、年齢が三〇歳以上四〇歳以下に変更されている。

これら令規定以外に、次の五点も先学によりすでに指摘されている。

ア　令制定当初は、女性官人全般を「宮人」と称していたが、八世紀後半になると、「命婦」「女孺」「采女」「宮人」などに分化した呼称となったこと。(6)

イ　令制定当初は、女性官人全般を「宮人」と称していたが、八世紀末になると「女官」と称するようになったこと。(7)

ウ　八世紀の実例より、女性官人の昇叙には天皇の恣意が介入しやすいこと。(8)

エ　八世紀の実例より、女性官人の初任時には父の蔭は及ばないこと(9)（ただし、女王についてはその限りではない）。

オ　八世紀の実例より、地方豪族出身の女性官人が長年の勤務の後、五位以上の高位にまで昇叙し、出身氏族のカバネも上昇し得たこと。(10)

その後、吉川真司氏による新たな研究が公表された。(11)すなわち、氏は平安期の儀式書や王宮の空間構造の変遷といった従来とは異なる史・資料の分析により、大王（天皇）宮の閤門以内を大王（天皇）と「宮人」だけの空間ととらえ、男性官人とは隔てられた「宮人」が大王（天皇）に近侍・奉仕するのが本来的なあり方であり（後宮十二司が朝堂に朝座を持たないことはこうした見方を補強する）、八世紀を通じて「開かれた内裏」状況が次第に表面化し、八世紀後期にそれが確立することで、特権的内裏奉仕を意味する呼称であった「宮人」は八世紀末に「女官」と呼ばれるようになり、その役割は後退していくという女性官人の変化について大きな見通しを示され、また、その起源は大王の家政機構にあった、とも指摘された。

すでに明らかにされていた、女性官人には厳密な意味での官位相当の規定がなかったこと、女性官人全般の呼称が「宮人」から「女官」へと変化すること、女性官人の昇叙に天皇の恣意が介入しやすいことなどの各々の意味も、この研究により容易に解釈でき、しかも七世紀初めから九世紀におよぶ長期にわたる女性官人の変遷を概括した、評価すべき見解だろう。

しかしながら、大王（天皇）に近侍・奉仕する女性官人というあり方を明らかにされた吉川氏の見解をふまえても、女性官人が男性官人と全くの同等とはいえないにしても考課の対象となっていたことや、地方豪族出身の女性官人が長年の勤務の後、高い位にまで昇りつめることが可能であった、という点などについては今一つ明瞭には理解しがたいのではなかろうか。

したがって、吉川氏とは異なった視点からも、女性官人の存在形態を読み解く必要があると思われ、ここに唐制との比較を試みる意義が生じると考えるのである。

三　唐制における女性官人の待遇について

唐令はかなりの部分が散逸しており、本節のテーマに直接、関連する三師三公臺省職員令、内外命婦職員令なども きわめて不十分な復元状況であり[12]、多くを推論に頼らざるを得ないことをはじめに確認しておきたい。

基本資料である内外命婦職員令の宮官規定によると、尚宮局、尚儀局、尚服局、尚食局、尚寝局、尚功局の六局にわかれ、各々の職掌は『唐六典』巻十二の宮官条によると、ほぼ以下の通りとなる[13]。

・尚宮局＝司記、司言、司簿、司井闈などの四司があり、皇帝の命令の伝達、印の管理、宮人の名簿管理、後宮への出入りや鑰（カギ）の管理などを主に司る。

・尚儀局＝司籍、司樂、司賓、司贊などの四司があり、後宮の礼儀起居を中心として、四部経籍の教授、楽人の管理、賓客の接待などを司る。

・尚服局＝司寶、司衣、司飾、司仗などの四司があり、服飾などを司る。

・尚食局＝司膳、司醞、司藥、司饎などの四司があり、食膳や服薬などを司る。

・尚寝局＝司設、司輿、司苑、司燈などの四司があり、寝室や灯火などを司る。

・尚功局＝司製、司珍、司綵、司計などの四司があり、服飾品の製作などを司る。

これら六尚以外に「宮正」などがあり、後宮での綱紀粛正などを司る。

また、これらの女性官人には『唐六典』による限り、「正五品」から「正八品」までの品位が各々定められているが（もちろん品位が与えられない女史も多く存在した）、官品令には掲げられていない。

問題なのは、こうした女性官人に対する勤務評定がどのようにして行われ、その昇進がどのようであったのか、などについてはほとんど解明できないことである。たとえば『唐六典』によると、内侍省内侍の職掌に「掌下在レ内侍奉、出入二宮掖一、宣伝上制令一。惣二掖庭、宮闈、奚官、内僕、内府五局之官属一。」とあり、さらに内給事の職掌に「凡宮人之衣服、費用、則具二其品秩一、計二其多少一、春、秋二時、宣レ送二中書一。」とある。また掖庭局令の職掌に「凡宮人名籍、司二其除付一、功桑養蠶、会二其課業一。」とある。それゆえに、宦官で構成された内侍省が女性官人を管掌しており、古代日本の中務省にほぼ対応するものであったと理解できるだろう。

ところが、内給事が宮人の衣服、費用、品秩などを計って年に二回、中書省に送付したり、掖庭局令が宮人の名籍やその除付について管理したりするのを規定するのみで、女性官人に対する勤務評定やその昇進がどのように行われていたのかは明確な規定がなく、不明としかいいようがないのである。

一方、男性官人に対するそれは『唐六典』によると吏部尚書、侍郎などが司り、その職掌として「掌二天下官吏選授、勲封、考課之政令一。凡職官銓綜之典、封爵策勲之制、権衡殿最之法、悉以咨レ之。」と明記されているのである。

したがって、前節で紹介した古代日本の男性官人と女性官人とに対する待遇のあり方とは異なり、唐制において女性官人は考課の対象たり得なかった蓋然性が高いといえるのではなかろうか。それゆえに、唐制における女性官人のあり方はきわめて特異なものであり、そもそも厳密に考えれば官人といえる存在であったのか大いに疑問が生じるところである（したがって、有品女性と称した方が正確かもしれないのである）。ただし、残存史料の不在のみを根拠として上記の見通しを立てるのは、やや速断に過ぎる感もあるので、管見に入った近年の業績（といっても数多くはない）を参照しつつ、この問題について不十分ではあるが、今しばらく考察を続けたい。

まず、唐代の宮人（女性官人）の墓誌を分析された愛宕元氏の研究を見てみよう[14]。氏は百例あまりの墓誌の分析より、以下の諸点を指摘される。

・墓誌製作用の文例集のごときものがあったと推定できること。
・その文例はきわめて事務的、没感情的であること。
・宮人は個人としてではなく、没個性的な存在と見なされていたこと。
・掖庭宮の宮人に、没官された官賤人が多く当てられることがあったこと。
・宮人の死に対する粗末な扱いが見て取れること。
・長寿であったにも拘わらず、圧倒的多数の宮人が掖庭宮内から外部に出ることなく、生涯を終えていること。

・墓誌製作年次が武則天期に集中していること。

このように唐代の宮人は、華やかな後宮に生きた女性というイメージからかけ離れた、むしろ日陰の存在であった可能性が高く、しかも官賤人が多く当てられたという事実をふまえると、女性官人は厳密には官人といえる存在ではないだろう、という先の見通しがかなり有効のように判断できる。

しかしながら、氏の研究は武則天統治期のわずか百例あまりの墓誌の分析にすぎず、これを女性官人一般の属性に拡大するのは慎重でなければならないはずである。

次に、近年の中国における成果の一つである朱子彦氏の専著『帝国九重天』[15]の后妃や女性官人に対する指摘を簡単に紹介してみよう。

・漢代あたりから、民間の良家（あるいは官人）の子女（漢代では一三歳以上二〇歳以下）を後宮に選抜する制度があったこと。

・皇帝の代替わりの時などに后妃や女性官人などが解放されることもあったこと。

・后妃や女性官人には略奪・献上されたり、身分を賤に貶められたりした者もあったこと。

・後宮での女性官人の境遇には、悲惨な面もあったこと。

かなり不十分な紹介かもしれないが、先の愛宕氏の指摘とは異なり、民間の良家（あるいは官人）の子女が選抜される場合があったことも確認できるところである。ただし、その考課についてはなんら言及されていない。また賤身分の者が女性官人などとされるというのは、愛宕氏の指摘と一致する。

以上のように、管見に入ったわずかな業績による限りでは、やはり唐制の女性官人は通常の官人とは大きく異なった存在であったといえるだろう。もちろん、古代日本の女性官人ともそのあり方は違っていたと考えてよい。

またすでに指摘したように、前近代中国の社会では女性は婚姻を通して男性に従属する形でしか社会的な地位を認められなかった[16]、ということも想起したい。こうした社会実態を前提にすると、おそらく大半が未婚のまま後宮に召し上げられた唐代の女性官人もまた、その人格が社会的にひろく認知されたものとは考えにくいだろう。したがって、男性官人のように固有の人格やその能力を認められて昇進を遂げていくなどというあり方が、女性官人にそのまま適用できると推論するのはかなり難しいことになるだろう。また、古代日本では女性官人の昇進において天皇の恣意が介入しえたことをふまえると、唐においても皇帝の恣意がかなりの程度、女性官人の昇進などに介入した可能性を推測できるだろう。

もっとも、上記の私見は現時点におけるきわめて不十分な残存史料や業績に基づいた推論であり、今後の研究の進展により変更が生じるかもしれないことを考慮しておかねばならない。

いずれにしても、古代日本の律令制下における女性官人の待遇と唐制におけるそれとはかなり異なっていた、と推論することは認められてよいだろう。特に、女性官人が考課の対象となったのか否かについては、彼我の相違点として強調しておきたい。

四　養老名例律婦人有官位条などの解釈

前二節の分析をふまえて、再度、唐、名例律婦人官品邑号条と養老名例律婦人有官位条について考えてみたい。再び、各々の条文（唐の律疏は省略）を掲げてみる。

諸婦人有二官品及邑号一犯レ罪者、各依二其品一、従二議請減贖当免之律一。不レ得レ蔭二親属一。若不レ因二夫子一、別加二邑号一者、同二封爵之例一。（唐、名例律婦人官品邑号条）

凡婦人有二官位一犯レ罪者、各依二其位一、従二議請減贖当免之律一。（養老名例律婦人有官位条）

まず高塩氏の、唐律の第一項では律疏で補足された事例以外に、皇帝の妾である「夫人」などの内命婦や後宮の女性官人である宮官などのように、婦人が独自に官品を与えられる場合があり、その官品を有した女性官人にも、男性官人と同等に親族も含めて「議」などの刑法上の特典が認められたと推論できる、という唐律に対する指摘を検討する。

前節で指摘したように、唐制では後宮に仕える有品の女性官人は、考課の対象とはならず、賤身分の者が選抜されたりするように、一般的にいう官人とはかなり異なったものであった。したがって、男性官人に対して規定された名例律八議者条以下の諸条の規定がそのまま適用されたと推論するのは強引にすぎるだろう。むしろ宮官などの女性官人には八議者条などの刑法上の特典は認められていなかった、と推論するのが妥当だと判断する。

次に、皇帝の妾である「夫人」などの内命婦について考えねばならない。皇帝の正妻たる皇后に対しては、名例律八議条に「一曰議親。謂二皇帝袒免以上親及太皇太后、皇太后緦麻以上親、皇后小功以上親一。」とあり、その小功（古代日本の三等親に近い）以上の親族まで「議」などの特典に与れる、と規定される。一方、臣下の「媵」や「妾」は、さきに紹介したように当人には一定の刑法上の特典が認められていた。これらの規定をふまえて推論すると、皇帝の妾である「夫人」などの内命婦にも一定の特典が認められていたと考えるべきだろう。

しかしながら、「夫人」などは皇帝の配侍者であるのは明白であり、「夫」たる皇帝の存在ゆえに品位を与えられたと考えるべきである。すると、第一項の律疏が事例として挙げていた外命婦たる「妃及夫人」などと同様に、その特典は当人限りであったと推考するべきだろう。したがって、女性が独自に品位を与えられた事例に、皇帝の妾を加えるのは不適切となる。

このように理解すると、唐律の第一項に対する高塩説は成り立たないと判断してよいだろう。また第二項については滋賀氏の注釈に加えることはない。滋賀氏がすでに明言されたように[17]、本条においては夫や子に由来する官品を有した有品婦人が規定対象であり、後宮の宮人などの女性官人は規定対象外であったといって良いのではないだろうか。

以上の考察に大過なければ、養老律に対する高塩説もほぼ成立し得ないことになるだろう。すなわち、氏は女性官人に対する刑罰における蔭も、男性官人のそれを規定した議・請・減・贖の各条などをそのまま適用すればよく、本条を不要なものと判断されたが、決してそうではない。たしかに、古代日本では夫や子に由来して官位を授けられた女性官人は存在しない可能性が高く[18]、女性が独自に官位を与えられた事例が大半だが、すでに指摘したように男性官人とまったく同じ待遇であったとはいえないのである。特に、官位令に女性官人の官職名は登載されず、考課令にも考課の対象として掲げられなかった。それゆえに、男性官人を対象とした議・請・減・贖条などをそのまま適用することはできず、女性官人に対する刑法上の特典を新たに本条で規定したと考えるべきなのである。したがって、養老名例律の本条は高塩氏が指摘されたように、唐、名例律婦人官品邑号条の第二項に近いものだが、その内実は大きく異なるものであったといえる。その結果として、律編纂の杜撰さなどは到底指摘できないことになるだろう。

結局のところ、養老名例律婦人有官位条は、女性官人が独自に官位を与えられる場合を想定して作成されたものであり、男性官人と同様に、本人はもちろんその親族に至るまで刑法上の特典を享受できることを定めたものと評価できるのである。こうした点において、日本律令の独自性が確認でき、唐制に比べて官人レベルでも男女の差はあまり大きなものではなかったといえるだろう（もちろん外廷における男女格差は明らかだが）。その意味で、すでに紹介した「婦人でも有位者はその蔭を親族に及ぼし得ると解される。女帝の存在と共に、女性の地位を示す例である。」という青木氏の指摘は、本条に対する正当な評価といえるだろう。

そして、『日本書紀』天武二年五月乙酉条に「又婦女者、無レ問二有レ夫無レ夫及長幼一、欲二進仕一者聴矣。其考選准二官人之例一」とあることにより、女性が夫の有無や長幼に拘わらず独自に出仕でき、その勤務評定や昇進などが男性官人に準じて行われていたと理解できるならば、このような唐制とは異なる古代日本の女性官人の特性は、浄御原令の制定以前にまで遡ることができ、古代日本に固有のものであった可能性が高いと推論できるのである。

おわりに

日唐の女性官人の待遇差という視点から、養老名例律婦人有官位条を中心に考察を加えたが、唐制の分析については史料不足や先行業績の少なさなどから不十分なものとならざるを得なかった。

しかしながら、唐制の宮人などの女性官人にはその出自が賤身分の者も含まれており、勤務評定や昇進などに関しては明確な規定が確認できず、また宮人などは名例律婦人官品邑号条の規定対象とも考えられず、真正の官人というには大いに疑義が生じたのに対して、古代日本の女性官人は、外廷への出仕は閉ざされていたとはいえ、内廷での職務を全うすることにより、その勤務評定や昇進などが行われ、刑罰の軽減措置としての蔭も男性官人と異なるところはないと推定できた。さらに、こうした古代日本の女性官人の特性は、浄御原令の制定以前にまで遡る可能性も十分に考えられるという点も指摘できた。もちろん、その根底には男女格差の小さい双方的な古代日本社会があったと推考できるのである。[19]

今後、このような分野においても研究が一層進展することを願いつつ、本稿を閉じたいと思う。

注

（1）唐律の引用は『譯註日本律令二　律本文篇　上巻』（東京堂出版、一九七五年）により、養老律のそれは『日本思想大系　律令』（岩波書店、一九七六年）による。
（2）『譯註日本律令五　唐律疏議譯註篇一』（東京堂出版、一九七九年）。
（3）注1『日本思想大系　律令』（岩波書店、一九七六年）の名例律補注12（四九二頁）。
（4）高塩博「名例律婦人有官位條について」（同『日本律の基礎的研究』汲古書院、一九八七年）。
（5）野村忠夫『律令官人制の研究　増訂版』（吉川弘文館、一九七〇年）、同『古代官僚の世界』（塙書房、一九六九年）、同『後宮と女官』（教育社、一九七八年）。玉井力「天平期における女官の動向について」（『名古屋大学文学部二十周年記念論集』一九六八年）。須田春子『律令制女性史研究』（千代田書房、一九七八年）など。
（6）注5、野村著書。
（7）注5、野村著書。
（8）注5、玉井論文。
（9）注5、玉井論文。

(10)注5、玉井論文、須田著書。
(11)吉川真司「律令国家の女官」(同『律令官僚制の研究』塙書房、一九九八年、ただし、初発表は一九九〇年)、同「王宮と官人社会」(『列島の古代史 三 社会集団と政治組織』岩波書店、二〇〇五年)。
(12)仁井田陞著・池田温編集代表『唐令拾遺補』(東京大学出版会、一九九七年)。
(13)以下の引用はすべて『唐六典』(中華書局、一九九二年)による。
(14)愛宕元「唐代における後宮の女性たち」(『京都大学総合人間学部紀要』九、二〇〇二年)。
(15)朱子彦『帝国九重天―中国後宮制度変遷』(中国人民大学出版社、二〇〇六年、ただし原著は一九九八年)の第三章「后妃、宮人的来源与命運」による。
(16)拙著『日本古代の家族・親族―中国との比較を通して―』(岩田書院、二〇〇一年)、同『女帝の古代史』(講談社、二〇〇五年)。
(17)注2の著書で、滋賀氏は「流内の官職すなわち職事官はもっぱら男性のものであったことに留意すべきである。皇帝や皇太子の宮中には当然多数の宮官(いわゆる女官)が詰めていたけれども、彼女等はそのうち最高位の者が、皇帝・皇太子の寝所に進御する機能をも兼ねて、某妃・某儀・美人・才人、良娣・良媛等の称号とそれに対応する官品を有していたに止る」(八四頁)と述べられている。
(18)注5、須田著書によると、古代日本では夫や子に由来して官位を与えられたはずの外命婦の実例は、『万葉集』巻四、六六七番歌の後詞に記される安曇外命婦のみで、その実体は不明としかいいようがない。
(19)注16の両著で、このような点についてはすでに指摘した。

補論三　記紀の嫉妬譚と律令の「七出」について
―「皇后」イハノヒメ像の再構築―

はじめに

仁徳「皇后」イハノヒメは、その激しい嫉妬によって、記紀のなかでも非常に著名な女性の一人として位置づけられている。したがって、従来からその女性像をめぐって、主に国文学者の関心を集め、折口信夫以来、一定の研究の蓄積はあるが[1]、そのいずれもが聖帝としての仁徳「天皇」像を補強するものと見なした従属的な位置づけで、充分に納得できるものとは思えない。一方、歴史学からのアプローチははなはだ少なく、女性史を構築した高群逸枝の男女の対等性を強調した見解[2]以外に管見に入ったものは、直木孝次郎氏の論考[3]があるのみで、しかもそれは、専ら記紀と万葉における磐之媛像の相違に主眼を置かれつつ、光明立后との関連を論じられたもので、記紀の嫉妬譚を全面的に分析されたものとは言い難い。

そこで本稿では、先行研究ではあまり言及されなかった、律令の離婚要件の一つとされている「七出」に挙げられている「妬忌」との関連も視野に入れながら、記紀の嫉妬譚を全面的に分析し、そこから抽出される新たな「皇后」イハノヒメ像を提示したいと考える。

一　律令の「七出」及び「妬忌」

ア　中国律令の「七出」及び「妬忌」

そもそも唐代における離婚は、以下に詳述する「七出」以外に、「義絶」という法による強制的な離婚があり、さらには、法の干渉しない協議離婚もあったとされているが[4]、ここでは嫉妬と基本的には意味を同じくするはずの、唐、戸令の「七出」に含まれる「妬忌」を中心に見ていきたい[5]。

まず、復元された唐（開元二五年令[6]）、戸令三五条は次の通りである。

諸弃レ妻須レ有二七出之状一、一無レ子、二淫泆、三不レ事二舅姑一、四口舌、五盗竊、六妬忌、七悪疾、皆夫手書弃レ之、男及父母伯姨舅、幷女父母及伯姨舅、東隣西隣、及見人皆署、若不レ解レ書、畫レ指為レ記、雖レ有二弃状一、有二三不一レ去、一經レ持二舅姑之喪一、二娶時賤後貴、三有レ所レ受無レ所レ歸、即犯二義絶淫泆悪疾一、不レ拘二此令一。

本条は、中国古来の礼制に基づき、夫の一方的な意思により離婚できる七つの事由（但し、必ず離婚せねばならないというものではなく、その裁量は夫に委ねられる）、および夫の意思では離婚できない三つの事由を規定したもので、七出のうち「淫泆」と「不事舅姑」を除くと、その実効性は大いに疑問とされているが[7]、その六番目に「妬忌」が挙げられている。つまり、本条は妻の嫉妬などが夫の一方的な離婚申し立ての事由になるという、現代から考えれば到底容認できないような規定なのである。もっとも、夫側からの恣意的な離婚（棄妻）を抑制する面もあったようだし、また、条文に「男及父母伯姨舅、幷女父母及伯姨舅、東隣西隣、及見人皆署」と記されているように、夫の独断専行ですべてが行われるのではなく、「父母伯姨舅」（この連称は律令の条文にあってははなはだ異例で、むしろ令釈後云の引く、もう一つの唐令釈の「男之親屬」「女之親屬」の方がより相応しいように思われる）以下、すなわち男家側の親族だけではなく女家側の親族の承認も必要であった。また、『唐律疏議』の戸婚律、妻無七出而出之条には、

諸妻無二七出及義絶之状一、而出レ之者、徒一年半、雖レ犯二七出一、有二三不一レ去、而出レ之者、杖一百。追還合。若犯二悪疾及姦一者、不レ用二此律一。

とあり、その疏には「七出者、依レ令、一無レ子、二淫泆、三不レ事二舅姑一、四口舌、五盗竊、六妬忌、七悪疾。」と令を引用し、律と令が相互に補完しあった規定であるのは明らかである。

このほか、名例律、犯流應配条（流という強制移住を伴う刑罰の実質についての規定）の「妻妾從レ之」（強制移住先に妻妾が従う）に対する疏の問答にも「問曰、妻有二七出及義絶之状一、合レ放以否。答曰、犯二七出一者、夫若不レ放、於夫無レ罪。若犯レ流聴レ放、即仮偽者多、依レ令不レ放、於レ理為レ允。犯二義絶一者、官遣レ離レ之、違レ法不レ離、合レ得二徒罪一。義絶者離レ之、七出者不レ放」とあり（養老名例律、及びその注もほぼ同一の内容とみなしてよい）、妻が「七出」や「義絶」の状況にあった場合、「義絶」は離し（つまり、強制移住先には同行しない）、「七出」は強制移住先に同行させる、としていることから明らかなように、「七出」は絶対的な離婚の事由ではなく、離婚するか否かはあくまでも夫の意思に委ねられるものである。

以上が、唐の律令に確認できる「七出」及びその第六の「妬忌」であるが、これらの規定は、宋以降の前近代

中国の各法典に若干の変更はあるにせよ、受け継がれていくこととなるのである。

さて、律令に定着する以前の礼制における「七出」とは一体どのようなものであったのかを、先学の研究に依りながら述べていこう。[8] そもそも「七出」とは、漢代にまとめられた『大戴禮』の「本命」に「婦有二七去一、不レ順二父母一去、無レ子去、淫去、妬去、有二悪疾一去、多言去、竊盗去、不レ順二父母一去、為二其逆一レ徳也、無レ子、為二其絶一レ世也、淫、為二其乱一レ族也、妬、為二其乱一レ家也、有二悪疾一、為二其不一レ可三与共二粢盛一也、口多言、為二其離一レ親也、盗竊、為二其反一レ義也、婦有二三不去一、有レ所レ取無レ所レ帰不レ去、与更二三年喪一不レ去、前貧賤、後富貴不レ去」とあり、また、同じく『春秋公羊伝』の「荘公二七年何休注」に「婦人有二七棄五不娶三不去一。（中略）無レ子棄、絶レ世也。淫泆棄、乱レ類也。不レ事二舅姑一棄、悖レ徳也。口舌棄、離レ親也。盗竊棄、反レ義也。嫉妬棄、乱レ家也。悪疾棄、不レ可レ奉二宗廟一也。」とある、「三不去」などと共に「七去」「七棄」と記されたものであり、七つの事由の序列は律令のそれとは若干異なるが、その実質は明らかに同一であろう。

では、これらがなぜ離婚の要因とされたのであろうか。先学はすでにこのことについて「単に夫婦の個人的生活の障碍のみを理由とするのでなくして、むしろ父母・祖先・族・家等との関係が、当面の問題として多く考慮されているといっても過言ではなく、これらは支那旧来の婚姻法の超個人的性格とその基調を一つにしている」と概括され、[9] また、「妬忌（嫉妬）」については『大戴禮』『春秋公羊伝』ともに「乱家」とあることより、「これは一つには家族的生活秩序維持の為でもあるが、一つには無子即ち絶世を廻避せんとする一夫多妻制の肯定と表裏するもの」とも指摘されており、[10]「妬忌」による離婚の実例も『漢書』『後漢書』などから幾例か紹介されている。つまり、「七出」とは、儒教的道徳観に基づいた父系的な家族秩序を維持するために設定されたもののようである。

さらに、「七出（去）」を離れ、「嫉妬」あるいは「妬忌」という語句を単独で求めると、『詩経』の「周南」にそれぞれ確認できるが、漢代に作成されたと考えられる「詩序」の中の文言なので、周や春秋時代にまで溯るものではなく、「七出」と異なるものではなかろう。

このように、中国の礼制における「七出」及び「三不去」という概念は、父系的な家族秩序の維持のため、漢代において既に成立していたものであり、しかも単なる机上の規範ではなく、一応実態を伴っていたと判断できるものであった。したがって、「七出（去）」の第六の「妬忌（嫉妬）」も同様に考えてよいと思われるのである。

このような歴史的背景を持った、父系的な家族秩序維持のための、離婚事由としての「七出」及び「妬忌」が唐代の律令に明記されるに至ったのである。

イ　日本律令の「七出」及び「妬忌」

では、このような唐の律令規定が養老戸令ではどのようになっているのか、検討してみよう。養老戸令の七出条は次の通りである。

凡棄レ妻。須レ有二七出之状一。一無レ子。二淫泆。三不レ事二舅姑一。四口舌。五盗竊。六妬忌。七悪疾。皆夫手書棄之。与二尊属近親一同署。若不レ解レ書。畫レ指為レ記。妻雖レ有二棄状一。有二三不一レ去。一経レ持二舅姑之喪一。二娶時賤後貴。三有レ所レ受無レ所レ帰。即犯二義絶一。淫泆。悪疾。不レ拘二此令一。

本条の実効性は前近代の中国以上に疑問であるが、[11] やはりその六番目に「妬忌」が挙げられている。但し、古記を見ると、「問。妻有二六出之状一不レ棄。其夫科レ罪不。」とあり、大宝令では「七出」ではなく「六出」であり、七番目の「悪疾」がなかったものと推定されている(12)。

さて、この「妬忌」についての諸注釈を挙げてみると、まず義解は「謂。以レ色曰レ妬。以レ行曰レ忌也。」と、令釈は「毛詩箋曰。以レ色曰レ妬。以レ行曰レ忌。妬音當故反。」と、古記は「妬忌。謂三妾為二憎嫌一也。」と、それぞれ解釈しているが、いずれも女性の男性に対する愛情表現の一種である、通常の嫉妬と何ら異なるところがない。ただ、古記のみが「妾」の「憎嫌」であると、その主体を「妾」に特定しているのが注意される。また、条文に「与二尊属近親一同署」と明記されているように、夫の独断専行ですべてが行われるのではなく、「尊属近親」（集解の諸説によると、夫側だけでなく妻側も含むようである）の承認が必要であった、という点も唐令とほぼ同様である。さらに、日本古代の家族の実態から遊離した規定であろうと考えられるものでもある。

次に、唐と同様に、令だけではなく、戸婚律の逸文においても離婚事由としての「七出」が確認できる。すなわち、以下の通りである。

（凡）妻無二七出及義絶之状一。而出レ之者。徒一年。雖レ犯二七出一。有三三不レ去。而出レ之者。杖八十。追還令レ復。若犯二悪疾及姦一者、不レ用二此律一。

本条は、七出条に違反した場合の罰則規定で、令を補完しているのは明らかであろう。

しかし、何よりも注目すべきは、『万葉集』巻一八所収の「教二喩史生尾張少咋一歌一首并短歌」（四一〇六）の題詞に次のように記されていることである。

七出例云、但犯二一條一、即合レ出之。無二七出一輙弃者、徒一年半。三不去云、雖レ犯二七出一、不レ合レ弃之。違者杖一百。唯犯レ奸悪疾得レ弃之。兩妻例云、有レ妻更娶者徒一年、女家杖一百離之。詔書云、愍二賜義夫節婦一。謹案、先件數條、建レ法之基、化レ道之源也。然則義夫之道、情存レ無レ別、一家同レ財。豈有二忘レ舊愛レ新之志一哉。所以綴二作數行之歌一令レ悔二弃レ舊之惑一。

これは、大伴家持が越中守として在任中の天平感宝元年（七四九）に、属僚の史生尾張少咋を教え諭すために作った歌の題詞であり、「七出例」「三不去」「兩妻例」「詔書」などを引きながら、旧妻を忘れ新妻に心を傾けようとする尾張少咋に注意を喚起しようとしたものである。この題詞でまず注意すべきは、律令官人の末端に位置する国衙の「史生」に対し、長官である家持が律令に規定されている「七出」や「三不去」などを示しながら説いていることであり、また、すでに先学が議論されているように[13]、大宝令施行時でありながら、「六出」ではなく「七出例」を引用していることである。つまり、第二の相違はにわかに断定できる史料もなく、大宝令との齟齬をどのように理解するべきかの判断を留保せざるを得ないが、第一の、専ら律令や詔書に依りながら部下を諭そうとする家持の態度には、やはり注目したい。なぜならば、家持が示した態度は彼個人のものではなく、ひろく律令官人一般のものと考えられるからである。

すなわち、大宝律令制定後、律令政府が官人たちに度々律令の読習の機会を与えていた事実からそのようにいえるだろうし、また、日本古代の男女関係においてあまり問題とならなかったであろう、中国伝来の「姦」の規定などが律の罰則規定を伴った形で運用されており[14]（たとえば『続日本紀』天平十一年三月庚申条に「石上朝臣乙麻呂坐レ姦二久米連若賣一、配二流土左國一。若賣配二下総國一焉。」とあり、また宝亀三年十月壬子条に「中務大輔従五位上兼少納言信濃守菅生王、坐レ姦二小家内親王一除名。内親王削二属籍一。」とある）、律令官人達が律令規定そのものに対して一定の理解を示さざるを得なかったと考えられるからである。したがって、この題詞は、八世紀半ばにおいて、少なくとも上国の国司の長官という中級官人達の間でも、日本古代社会の実態に即さないであろう中国伝来の律令規定（特に親族・家族に関するもの）が観念上だけでなく、法の実際の運用面でも周知、遵守されていたことを教えてくれるのである[15]。

要するに、古代日本の離婚の実態とはおそらく異質であろう律令規定の「七出」（大宝令では「六出」か）や「三不去」などは、律令制定後、約五〇年を経過した段階では律令官人として中級クラスの官人達にも観念的に認識、受容され、さらに法規範として実際に遵守されるべきものであったと考えられ、したがって、「七出」の第六である「妬忌」も同様に理解してよいといえるだろう。

二　書紀の嫉妬譚

右のような「妬忌（嫉妬）」が古代日本の律令制下に確認できるとするならば、記紀に見える「皇后」イハノヒメなどの嫉妬譚は、一体どのように理解すべきなのであろうか。もちろん、記紀は八世紀初頭の編纂物であり、前述のような「七出」の第六としての「妬忌（嫉妬）」を観念的に認識し、現実のあるべき法規範として受容していた律令官人である編纂官達の手によって編纂・述作されたものであるが、古代日本の家族・親族原理は、中国のように父系的ではなく、双方的なものであり[16]、婚姻・離婚の実態も異なっていたと推定されている[17]。ところが、記紀には特定の「皇后」「大后」「嫡后」に嫉妬譚が付随しているのである。

そこで、まず考えねばならないのは、記紀の嫉妬譚が大王（天皇）の「皇后（大后）」や神の「嫡后」などを記述した物語に登場するということであり、離婚という結末も記されていない（但し、後述するように、仁徳紀にイハノヒメの死去が記されるのは、ある意味では実質的な離婚と解することもできよう）ということである。つまり、第一に基盤となる家族・親族原理が異なっているゆえに、中国から受容した律令と記紀との「嫉妬」そのものの内容がまったく同一のものであるとは考え難いこと。第二に特定の「皇后（大后）」や「嫡后」などの属性として律令的な負の意味を持った「妬忌（嫉妬）」をことさらに付加したとは、特定の要因がない限り、そしてそのようなものを確認することが出来ないゆえに、想定し難いこと。この二点に留意しておきたいのである。

後者を補足すると、通常、記紀において「天皇」もしくはそれに準ずる人物に負の属性を付与する場合、何らかの合理的な要因を想定できるであろう。例えば、書紀において暴虐な君主とされる武烈「天皇」は、いわゆる王統交替を間接的に示したものと解されるし、また本節で述べるイハノヒメの嫉妬は、仁徳の聖帝観を補強するものと解されていた。しかしながら、記紀の嫉妬譚の主人公は、後述するようにイハノヒメのみではなく、允恭「皇后」の忍坂大中姫や大国主神の「嫡后」である須勢理毘売も加えることが出来る。しかも允恭「天皇」は聖帝もしくは「聖君主」と位置づけられていないし[18]、大国主神ももちろんそのような存在ではないのである。さらに、忍坂大中姫や須勢理毘売という女性自身に負の属性を付与することに特段の意味は認められないであろう。ならば、イハノヒメなどに「嫉妬」という負の属性を付与する、特定の要因は想定できないと言わざるを得ないであろう。

したがって、これらの嫉妬譚における「嫉妬」は、律令の「妬忌（嫉妬）」とは、やや異質なものであると考えるべきであろうし、また、律令の「妬忌（嫉妬）」が受容される以前に成立していたと推定するべきであろう。すなわち、「嫉妬」の意味が、夫からの一方的な離婚要因となるような律令的な負の意味ではやはり理解し難く、折口信夫や高群逸枝がすでに指摘しているように[19]、肯定的な意味で理解する方向も考えるべきであり、また、嫉妬譚の核心部分は記紀編纂以前の古い伝承資料に依ったものとする蓋然性が高いとするべきであろう。

このような基本的な視点から、そして、記紀はそれぞれ完結した世界を示した書物であるという当然の立場から、直接的に両者の嫉妬譚を比較するのではなく、各々の世界の中でどのように分析できるのかという観点に立って、本節では書紀に見える二つの嫉妬譚に分析を加えてみたいと考える。

まずは、著名な仁徳紀の「皇后」イハノヒメの嫉妬譚である。そこで、この嫉妬譚に関係する限りにおいて仁徳紀の構成を簡単に示すと、

① 出自などの帝紀的記載
② 菟道稚郎子との皇位の譲り合い
③ イハノヒメの「立后」と子女の記載
④ 仁徳の聖帝的記載
⑤ 「皇后」イハノヒメのための葛城部の設定
⑥ 仁徳の聖帝的記載
⑦ 堀や池の開削、架橋などの土木事業の記述
⑧ 「皇后」イハノヒメの嫉妬譚 ― 宮人、桑田玖賀媛に対するもの
⑨ 「皇后」イハノヒメの嫉妬譚 ― 八田皇女（菟道稚郎子の同母妹）に対するもの
⑩ 「皇后」イハノヒメの死と八田皇女の「立后」

⑪　菟餓野の鹿の夢占い譚
⑫　雌鳥皇女と隼別皇子の謀反譚
⑬　その他

となっている。

これらの記述の中で第一に注目したいのは、④の聖帝的記載の中での「天皇居㆓台上㆒、而遠望之、烟気多起。是日、語㆓皇后㆒曰、朕既富矣。更無㆑愁焉。皇后対諮、何謂㆑富矣。天皇曰、烟気満㆑国。百姓自富歟。皇后且言、宮垣壊而不㆑得㆑脩。殿屋破之衣被露。何謂㆑富乎。天皇曰、其天之立㆑君、是為㆓百姓㆒。然則君以㆓百姓㆒為㆑本。是以、古聖王者、一人飢寒、顧之責㆑身。今百姓貧之、則朕貧也。百姓富之、則朕富也。未㆓之有㆒、百姓富之君貧矣。」（七年四月条）という仁徳とイハノヒメとの問答である。この問答は、仁徳の聖帝としての人物像を明確に示すと共に、逆にイハノヒメはそれを強調するための対比的人物として描かれているといえよう。つまり、イハノヒメは「其天之立㆑君、是為㆓百姓㆒。然則君以㆓百姓㆒為㆑本。」という「聖王」の徳に迂闊にも気付くことができず、ただ「宮垣壊而不㆑得㆑脩。殿屋破之衣被露。何謂㆑富乎」と不平を述べる人物として描写され、仁徳に比べると、はるかに劣った人物として造形されているのは間違いなかろう。

また、⑧のイハノヒメの八田皇女に対する嫉妬譚のなかでの仁徳とイハノヒメとの問答で「天皇語㆓皇后㆒曰、納㆓八田皇女㆒将為㆑妃。時皇后不㆑聴。爰天皇歌、以乞㆓於皇后㆒曰、」（二十二年正月条）として、歌のやり取りが記され、結局、「皇后遂謂㆑不㆑聴、故黙之亦不㆓答言㆒。」とあるが、これも仁徳が「以乞㆓於皇后㆒曰」にも拘わらず、イハノヒメは一向に承諾しなかったのであり、七年四月条と同様の両者の人物像が確認できる。さらに、「時皇后令レ奏言、陛下納二八田皇女一為レ妃。其不レ欲下副二皇女一而為上后、遂不二奉見一。乃車駕還レ宮。天皇、於是、恨二皇后大忿一。而猶有二恋思一。」（三十年十一月条）とあり、イハノヒメがやはり「其不レ欲下副二皇女一而為上后」と言い、仁徳との面会に応じなかったにも拘わらず、仁徳のイハノヒメに対する心情として「而猶有二恋思一」と記されているのである。この記述も前二者と同様、仁徳の包容力のある聖帝としての人物像を一層強固に印象づけると同時に、イハノヒメが自分の感情にこだわり一層強硬な態度を貫こうとする愚昧な人物として描かれているのが明瞭に読みとれる。[20] そして、⑨の三十五年六月条にイハノヒメ「皇后」の薨去が記されるのである。

　こうした一連の記述は、はじめに確認した基本的な視点を早々に覆すに足るものと考えられ、あるいはまた、律令的な嫉妬観が混入しているのではないかとの疑問が湧く。すなわち、イハノヒメの嫉妬は明らかなのだが、離婚するか否かはあくまで夫の裁量にかかっており、夫である仁徳は最後の段階に至っても離婚の意思を表明せず、いや、むしろこの期に及んでも「而猶有二恋思一」という愛情をイハノヒメに示し、包容力のある聖帝として描かれるが、イハノヒメの死によって離別を果たす、という解釈が成立するのである。結局、嫉妬譚として、律令的な負の意味を濃厚に所有するものと評価できることが明らかであろう。

　これら以外にも、⑩の菟餓野の鹿の夢占い譚も同様の示唆を与えてくれよう。すなわち、三十八年七月条に、仁徳と八田「皇后」が菟餓野より鹿の鳴き声を聞き、哀れみの情をもって臣下に問う場面で、牡鹿が夢の内容を牝鹿に問い、牝鹿の答え通り牡鹿が狩人に射殺される現実が生じる、という夢占い譚が語られるのだが、これとほぼ同じ伝承が摂津国風土記逸文にも見えるのである。[21] ところが、そこには書紀にない、牝鹿が嫉妬の情を持って夢占いをする（そのため、牡鹿が死ぬという悪しき結果が生じる）という要素が記されているのである。つまり、これを一つの寓話に解すると、嫉妬された男性は死ぬこととなり、仁徳紀では仁徳自身の死を招来することとなるので、割愛されたと解釈できる。要するに、この伝承もまた、嫉妬というものを否定的にとらえた資料と見なせるのである。

また、イハノヒメの嫉妬が、彼女とほぼ対等の地位の女性であろう八田皇女だけではなく、「宮人」の桑田玖賀媛に対して向けられていることにも注意するべきであろう。

最後に、③の子女の内、大兄去来穂別「天皇」、瑞歯別「天皇」、雄朝津間稚子宿祢「天皇」の三名も王位を継承していることを確認しておきたい。

では、この仁徳紀の記述のみで前述した基本的な視点が覆るのか否かを判断する前に、書紀にもう一つ確認できる允恭紀の嫉妬譚を分析してみよう。

すなわち、允恭「皇后」忍坂大中姫の嫉妬譚が記されているので、これも嫉妬譚に関連する限りで、簡単に允恭紀の構成を示してみると、

①　出自などの帝紀的記載
②　即位の辞退譚（結局、忍坂大中姫の勧めにより即位する）
③　忍坂大中姫の「立后」
④　忍坂大中姫「皇后」のための刑部の設定と子女の記載
⑤　忍坂大中姫に対する闘雞国造の無礼譚
⑥　「皇后」の妹、弟姫に対する忍坂大中姫の嫉妬譚
⑦　弟姫のための藤原部の設定

⑧　その他

となっている。

まず、ここで注目すべきは、②に、即位を辞退する允恭に対し、群臣達の意向を汲んで、忍坂大中姫が「大王辞而不レ即レ位。々空之、既経二年月一。群臣百寮、愁之不レ知二所為一。願大王従二群望一、強即二帝位一。」と述べ、それでも允恭の気持ちが即位に傾かないと見るや、「於是、大中姫命惶之、不レ知レ退而侍之、経二四五剋一。当二于此時一、季冬之節、風亦烈寒。大中姫所レ捧鋺水、溢而腕凝。不レ堪レ寒以将レ死。」と、まさに身を挺して即位を促し、允恭の即位において決定的な役割を演じていることである。また、⑤では、無礼を働いた闘鶏国造を、忍坂大中姫自身の判断により寛大な処分で終わらせている。

さらに、⑥の一連の嫉妬譚では、「皇后」自身の舞の後、当時の慣例に従って「奉二娘子一」と言わねばならなかったようだが、突然、「皇后」は「失二常礼一」という失態を演じ、允恭に問い詰められ、ようやく自らの妹、弟姫を奉ることになり、嫉妬譚が開始されるのだが、その開始がいかにも唐突である。[22] そしてその後、「然皇后之色不レ平。是以、勿レ近二宮中一、則別構二殿屋於藤原一而居也。適下産二大泊瀬天皇一之夕上、天皇始幸二藤原宮一。皇后聞之恨曰、妾初自二結髪一、陪二於後宮一、既経二多年一。甚哉、天皇也、今妾産之、死生相半。何故、当二今夕一、必幸二藤原一、乃自出之、焼二産殿一而将レ死。天皇聞之、大驚曰、朕過也、因慰二喩皇后之意一焉。」(七年十二月条)という嫉妬譚の核心部分が記されるのだが、ここで留意すべきは、妻である「皇后」の出産の際に夫、允恭が別の女性のもとを訪れ、それを妻から非難されると允恭は「朕過也」と簡単に謝罪してしまう、ということである。つまり、妻の忍坂大中姫の側に正当性があり、夫の允恭は非難を浴び、自らの非を詫びて当然な、まことに凡庸な帝として描かれているのである。

このように、允恭紀の嫉妬譚にあっては、仁徳紀の聖帝としての「天皇」と愚昧な「皇后」という関係は一転して、むしろ、凡庸な「天皇」と賢明な「皇后」といえるような関係に描かれているといえ、[23]ゆえに、この嫉妬には律令的な負の側面ではなく、肯定的側面が包含されていると解釈することが可能なように考えられるのである。つまり、仁徳紀とは反対に、先述した基本的視点が生きているといえるのではなかろうか。また、④の子女の内、穴穂「天皇」、大泊瀬稚武「天皇」の二名が即位していることも確認しておきたい。

その他、書紀には推古紀の十七条憲法や舒明即位前紀にも「嫉妬」は登場するが、いずれも男女間の愛情表現としての嫉妬ではなく、考察の対象とはならない。したがって、書紀において、仁徳紀、允恭紀の相対立するいずれの嫉妬譚が本来のものなのか、あるいは、嫉妬を肯定的に捉えようとする基本的な視点が正しいのか否か、については簡単に判断は下せず、ここでは保留したまま、次に進まざるを得ないだろう。最後に、一つ補足を加えておきたい。というのは、引用史料からも了解できるように、書紀の嫉妬譚そのもの（推古紀や舒明紀は除く）には、一度も「嫉妬」あるいは「妬忌」という語句は用いられていない、ということである。古事記との比較の際に、再度触れることになろう。

三　古事記の嫉妬譚

古事記では、仁徳記のイハノヒメの嫉妬譚以外に、上巻に須勢理毘売の嫉妬譚が見えるのだが、やはりまずイハノヒメの嫉妬譚の分析から始めよう。そこで、嫉妬譚に関連する限りで、簡単に仁徳記の構成を紹介すると、

① 出自、子女などの帝紀的記載
② 「大后」イハノヒメの「御名代」、葛城部などの設定
③ 仁徳の聖帝的記載
④ 「大后」イハノヒメの嫉妬譚 ― 吉備海部直の女、黒日売に対するもの
⑤ 「大后」イハノヒメの嫉妬譚 ― 八田若郎女に対するもの
⑥ 速総別王と女鳥王との反逆譚
⑦ その他

となっている。

まず、指摘したいのは、④のイハノヒメの嫉妬譚を記すはじめに、「其大后石之日売命、甚多嫉妬。」とあり、「嫉妬」という語句を堂々と記し、以下二つの具体的な物語を記述していることである。あまりに明確に「嫉妬」と記し、かえって律令的な負の意味を持った「嫉妬（妬忌）」など一切考慮していないかのように思わせる記述態度である。そして、イハノヒメの人物像も、書紀のように愚昧な女性という点はほとんど強調されず、ただただ率直に嫉妬の情を露わにする女性として描かれているのである。逆にいえば、仁徳の聖帝像はそれほど強固なものになっておらず、例えば、「於レ是天皇、恋二其黒日売一、欺二大后一曰、欲レ見二淡道嶋一而」とあるように「大后」を欺いたり、⑥の速総別王に対する女鳥王の言葉として「因二大后之強一、不レ治二賜八田若郎女一。故、思レ不二仕奉一。吾為二汝命之妻一」と記され、その人格が非難されたり、さらにまた、「天皇聞二此歌一、即興レ軍欲レ殺」と、女鳥王

の歌を聞き、即座に二人を殺そうとしたりするという記述がある（ちなみに、仁徳紀では、二人の態度に何度か憤りを覚えつつ、そのつど我慢し、最後になってようやく「朕以二私恨一、不レ欲レ失レ親、忍之也。何璺矣私事将及二于社稷一、則欲レ殺二隼別皇子一」と述べ、兵を挙げて二人を殺すのである）。むしろ、仁徳は聖帝などではなく、単なる凡庸な「天皇」であったかのようである。さらに、仁徳のイハノヒメに対する愛情の確認というものもほとんどなく、彼女の死も明記されていないのである。つまり、仁徳記全体が、仁徳の聖帝像というのは付加的要素で、さほど愚昧ではないイハノヒメの嫉妬譚がその主要素となっていると言っても過言ではない程である。

ただ、①の子女記載で、イハノヒメ所生の大江之伊耶本和気命、蝮之水歯別命、男浅津間若子宿祢命の三名が即位しているのはもちろん変わらない。また、イハノヒメの嫉妬が、八田若郎女以外に吉備海部直の女である黒日売に対しても向けられ、対等の地位の女性のみが嫉妬の対象とはならなかったのも、書紀と同様である。

このように、書紀に比べると、嫉妬譚の構成、及び、仁徳・イハノヒメの人物像はかなり異なっているといえよう。両者の相違は一体何に起因するのだろうか。

このことを考える前に、古事記に見えるもう一つの嫉妬譚として、須勢理毘売のそれを見ておこう。これは、記紀神話における唯一の嫉妬譚で、スサノオノ命の娘で大国主神の「嫡后」である須勢理毘売が「其神之嫡后、須勢理毘売命、甚為二嫉妬一」と、やはり「嫉妬」という語句が明記され、例えば、「畏二其嫡妻須世理毘売一而、其所レ生子者、刺二挟木俣一而返。故、名二其子一云二木俣神一、亦名謂二御井神一也」という記述などがある。しかし、両者の間には所生の神はないし、大国主神が聖なる神としてことさら強調されているのでもない（もちろん、古事記上巻の結構からいえば、国譲りを決断する偉大なる神である）。ただ、注意したいのは、大国主神が須勢理毘売に求婚した際（「為二目合一而、相婚」と記すが）に、その父、スサノオノ命が数々の難題をもちかけ、大国主神は様々な危機に直面するのだが、そのつど「其妻」須勢理毘売が知恵を授け、その危機から脱出することを助けることである。それ以外、両者の関係を明確に特徴づける属性はないようである。

では、以上のような古事記における二つの嫉妬譚をどのように評価できるのであろうか。まず、最初に記したように、ともに男女間の愛情表現として「嫉妬」を明記しており、律令的な負の意味合いは全く無視されているかのようであり、率直なもの（日本古代社会に存在したであろう固有の側面を持った嫉妬）として記されていることを重んじたい。つまり、嫉妬譚としてはより純粋で、整序されたものと評価できよう。但し、よりオリジナルに近いものという評価までは下せない。次に、イハノヒメと須勢理毘売に共通する属性は、ともに嫉妬の激しい女性（女神）である、という点しか指摘できず、それ以外に見出すものがないということである。

結局、古事記の嫉妬譚は、他の要素は混入せず、女性（女神）の嫉妬をあるがままに素直に描いていることが大きな特徴であるといえ、律令的な否定的側面が強いのか、あるいは基本的な視点として提示した肯定的な側面が強いのかは、にわかに判断し難いといえるが、「嫉妬」という語句を明記しているところからすると、かえって律令的な否定的観念は薄弱ではなかったかと推定できると思われる。

四　「皇后」イハノヒメ像の再構築

以上のように、三節にわたり述べ来ったところを、ここでまとめておきたい。まず、日本古代の「嫉妬」には、律令の「七出」の検討から、前近代中国の離婚要因の一つとしての「妬忌」が受容された側面があり、八世紀代の律令官人たちの間でも観念的だけではなく現実の法規範として受け入れられていたと推定できる。したがって、記紀の「皇后」「大后」などに付随する四つの嫉妬譚も、このような歴史的背景を考慮しなければならず、律令的な負の意味とは少しく異質なものと考えざるを得ない。すなわち、記紀の嫉妬譚は、おそらく律令受容以前に成立していたものであり、「嫉妬」の内実は肯定的な側面をも含んでいたであろうと考えるべきである。このような基本的な視点を確認して記紀の嫉妬譚を分析したが、古事記の二つのそれは判断し難く、ある意味では中立的（といっても律令的側面は薄弱であったろう）と言わねばならず、一方、允恭紀のそれはむしろ肯定的な側面が強く表れていると評価でき、結局、仁徳紀に見えるイハノヒメの嫉妬譚のみが、律令的な否定的側面が濃厚であるといえることとなる。ならば、記紀編纂時の大局的な歴史的状況から導き出した前記の基本的な視点は、やはり覆らず、仁徳紀の記載のみが他の要素（仁徳聖帝観の強調）の混入の結果、やや異例な嫉妬譚として記述されたものと判断するべきであろう。

　このような前提を確認し、仁徳紀を排除し、専ら古事記、允恭紀の記載をもとに、「皇后」イハノヒメ像を再構築していかねばならない。まず、四つの嫉妬譚の主な属性を表にしてみると、次のようになる。

	「嫉妬」の明記	嫉妬の実態	賢妻的側面	愚妻的側面	複数の所生子の即位
須勢理毘売・古事記	○	○	○		
イハノヒメ・古事記	○	○			○
忍坂大中姫・允恭紀		○	○		○
イハノヒメ・仁徳紀		○		◎	○

すなわち、古事記によると、イハノヒメはただただ率直に激しく嫉妬する女性として描かれており、もう一人

の須勢理毘売も嫉妬する女神と描かれているのだが、その夫神である大国主神の様々な危機を助けている点で、允恭紀の、自らの身を挺してまでも即位を勧めたという忍坂大中姫の属性と相重なる。つまり、三者は激しく嫉妬する女性であるという点で共通するが、須勢理毘売と忍坂大中姫は、ともに夫（神）を援助できる能力（いわば賢妻的側面）を持った女性として共通する。もちろん、これは仁徳紀の愚昧（いわば愚妻的側面）なイハノヒメと対置できる属性である。また、須勢理毘売の所生の神は確認できないが、記紀ともにイハノヒメは、その所生子が複数、王位を継承しているのは明らかであり、忍坂大中姫もその所生子が複数即位している。すなわち、三者のうちイハノヒメと忍坂大中姫の二者は、複数の所生子が王位を継承しているという点で共通する。

以上の分析から、三者に共通する属性は嫉妬しかないが、各々二者ずつで共通する属性、つまり、一つは夫（神）を援助できる能力を持った女性として描かれている側面もあること、二つは所生子の複数が王位を継承していること、という属性を指摘することができる。とすると、仁徳の聖帝観の強調という要素の混入によって、歪曲されたであろう仁徳紀のイハノヒメも、夫（神）を援助できる能力を持った女性という側面を当初、所有していたと推論できるのではないだろうか。

したがって、「皇后」イハノヒメの嫉妬譚は、通説のように単に聖帝・仁徳を補強する素材ではなく、彼女自身の属性として、豊かな感情、能力を持った人物であること、さらに複数の所生子が王位を継承できる母でもあったこと、この二つの属性をも所有していたことを間接的に表現したものであると考えられよう。須勢理毘売をも加えて敷衍して言うならば、日本古代の支配階層の女性の嫉妬は、われわれが通常考える否定的（律令的）なものだけではなく、また、必ずしも対等の地位の女性に対してのみに発動されるものでもなく、優れた資質を持った女性自身の豊かで大きな愛情表現という側面をも包含し、そうした表現を付随させた女性は、いわば地母神的な存在として伝承世界に定着していったのではなかろうか。但し、そこに男女（夫と妻）の対等な関係がうかがえるか否かは、以上の分析のみでは判断を保留せざるを得ないだろう。

結論として、「皇后」イハノヒメは、このような属性を持った伝承を早くから伴った、豊かで優れた資質（多産ということも含め）に恵まれた、存在感溢れる女性でもあったと推定できる。したがって、夫の帰りを待ちわびる妻の切ない恋慕の心を歌ったと評される『万葉集』巻二の歌（後代の作との説が有力だが）との断絶を強調される直木説[24]にも否定しがたい魅力を感ずるが、以上の理解に立てば、記紀の嫉妬譚との整合性はそれなりに確保できるものではないかと思われるのである。

おわりに

最後に、イハノヒメの出身氏族の葛城氏との関係、御名代としての葛城部との関係など、論じ残した点もあるが、四、五世紀に御名代の存在を推定するのは疑問であるし、葛城氏の勢力と記紀に定着したイハノヒメ像とそれほど密な関係であったのか、今一つ明快な確証が得られず、今後の課題としたく、敢えて触れなかった次第である。したがって、数少ない史料からの一面的な考察に終わるのを避けるために、律令規定を分析し、立論を補強したものである。先学諸兄姉のご批判を乞いつつ、擱筆したい。

注

（1）折口信夫「日本文学史2」（『折口信夫全集』ノート編第三巻、中央公論社、一九七一年）が「昔は、嫉妬はある点はよいことと思っていた。嫉妬せられるのは男がえらいし、はげしい嫉妬をする女は、だからえらい男の妻ということになる。」（二三七頁）と指摘して以来、多くの研究があるが、その一つの到達点として、吉井巌「石之日売皇后の物語」（同『天皇の系譜と神話二』、塙書房、一九七六年）を挙げておく。

（2）高群逸枝『招婿婚の研究一』（理論社、一九六六年、ただし、初版は一九五三年）は、スセリ姫とともにイハノヒメの嫉妬を取り上げ、「夫と対等の恋愛をしている女性が、夫のみに偏向した行為があるとき、つよく反発し、独占欲をきたした現象」（一七三頁）と述べている。

（3）直木孝次郎「磐之媛皇后と光明皇后」（同『飛鳥奈良時代の研究』、塙書房、一九七五年）。その他に泉谷康夫「磐之媛命と忍坂大中姫命」（角田文衛博士古稀記念『古代学叢論』角田文衛博士古稀記念事業会、一九八三年）、吉村武彦「古代王権における男女関係史論」（『歴史学研究』五四二号、一九八五年）などがあるが、いずれも新嘗における一夜妻という視点から議論されており、嫉妬譚を直接扱ったものではない。

（4）仁井田陞『中国身分法史』（東京大学出版会、一九八三年、但し、初版は一九四二年）、滋賀秀三『中国家族法の原理』（創文社、一九六七年）、日本思想大系『律令』（岩波書店、一九七六年）、戸令の補注28ａ（吉田孝氏執筆）。

（5）以下の記述には、奥村郁三「七出と三不去」（『飛鳥史学文学講座』第八講、関西大学飛鳥文化研究所、一九八四年）、同「日本古代律令の中国法継受の一側面」（『関西大学法学論集』三五―三・四・五合併号、一九八五年）を参照し、さらに奥村先生から直接、御教示も得た。また、注4、仁井田著書の「第五章　婚姻法」も参照した。

（6）仁井田陞著、池田温編集代表『唐令拾遺補』（東京大学出版会、一九九七年）。

（7）注4、『律令』に同じ。

（8）注5に同じ。

（9）注4、仁井田著書、六七五頁。

（10）注4、仁井田著書、六七四頁。

（11）注2、高群著書では、古代日本における本条の空文性がすでに指摘されており、関口裕子『日本古代婚姻史の研究』上・下

（塙書房、一九九三年）においても、それは追認されている。

(12)注4、『律令』、戸令の補注28b（吉田孝氏執筆）。しかしながら、第四章で紹介したように、これに対立する説として利光三津夫「名例律八虐六議条について」（同著『律令制の研究』一九八一年、慶應義塾法学研究会、ただし初発表は一九七七年）があり、日本律令が唐制を変更する積極的な理由は想定できず、あるいは写本の誤記ではないかと推定する。

(13)注12。また、注6、『唐令拾遺補』の第三部「唐日兩令對照一覧」の戸令「備考」（坂上康俊氏執筆）にも研究史が略述されている。

(14)中国律令の「姦」と日本古代の「姦」については、注11、関口著書に詳しく論じられている。

(15)注5、奥村「日本古代律令の中国法継受の一側面」では、『万葉集』巻一八の大伴池主の戯歌も分析され、「戯歌に法智識を利用するのであるから、十分な智識を持っていたであろうことはいうまでもないが、正贓・倍贓・併満というのは律の通則であるから、片言隻語の智識でなく基本的智識を持っていたといって差し仕えないであろう。」（一七頁）とすでに指摘されている。

(16)吉田孝『律令国家と古代の社会』（岩波書店、一九八三年）、義江明子『日本古代の氏の構造』（吉川弘文館、一九八六年）、明石一紀『日本古代の親族構造』（吉川弘文館、一九九〇年）、拙著『日本古代の王位継承と親族』（岩田書院、一九九九年）など。

(17)注2、高群著書、注11、関口著書など。

(18)河野勝行「記紀構成原理の一つとしての『聖君主』観」（『歴史学研究』三八九号、一九七二年）は「聖君主」を広く捉え、仁徳以外に、神武以下の八「天皇」も「聖君主」とするが、允恭はその中には加えられていない。

(19)折口信夫「日本文学の発生」（『折口信夫全集』第七巻、中央公論社、一九六六年、但し、初出は一九四七年）は「嫉妬《ウハナリネタミ》」について「第一の妻—こなみ—が嫡妻として、若き妻なる後入《ウハナリ》妻を夫に近づけまいとする行動又は、その感情を言ふ語である。単なる嫉妬ではない。だから、此嫡妻の女性としての怒りは、正当なものと考へられてゐたのだ。」（一五二頁）と指摘し、注2、高群著書には「後代の妻の末期的嫉妬とはその段階を異にするものがあるから、あらわれかたも陰性でなく、堂々として輝かしい嫉妬である」（一七三頁）と述べている。なお、注11、関口著書も高群と同様の視座である。

(20)注11、関口著書（上巻）では、このイハノヒメの態度を典型的ではないが、女性の離婚権保持の例とされる（三三六頁）が、史料批判も一切行われないままの性急すぎる判断と思われ、従えない。

(21) 津田左右吉『日本古典の研究　下』(岩波書店、一九五〇年)は「兎餓野の鹿の物語はその一例であり、それによって佐伯部の鹿を献じた話が作られ、またそれが安芸の渟田の佐伯部の起源説話とせられたのである。(中略)摂津風土記の話はそれから発展して複雑な形となったものである。」(六一頁)と指摘しているが、本文のように解することもあながち不可能ではないだろう。

(22) 西村亨『新考　王朝恋詞の研究』(桜楓社、一九八一年)は、「娘子は、なかつひめ自身の分身なのである。それに対して嫉妬を感ずることは異例である」(九三頁)と指摘される。

(23) 注1、吉井論文は、「忍坂大中姫にも二天皇の母、特に雄略天皇の母として、古代の偉大な皇后の一人という性格がある。それ故、激しい嫉妬とこれを和める天皇、これに対して二人の間に生まれた御子たちの輝かしい系譜というものが、ここでもあい応じて語られているといえるのである。」(三七六頁)と述べられ、やや曖昧ながらも允恭紀と仁徳紀の嫉妬譚を同質のものと捉えられていた。

(24) 注3、直木論文。

補注一

第四章の補注ですでに述べたが、注12で先学の業績を紹介しつつ、古記の注釈通り大宝令では「七出」ではなく「六出」の可能性も考えた。しかし、本文で言及した『万葉集』巻一八所収の「教ニ喩史生尾張少咋一歌一首并短歌」(四一〇六)の題詞―大宝令施行時―には「七出」とある(ただし、ここでの引用は唐律であると先学がすでに指摘されている)。また本書の複数箇所で指摘したように、大宝令はかなり唐令を意識し、それに倣おうとしていたと考えてよいだろう。こうした大宝令制定者の認識において唐令の「七出」をわざわざ変更しようとする意図が働いたとは考えにくい。したがって、注12の利光三津夫説のように、この「六出」は筆写の過程の誤記ではないかと推定し、本文の記述もそのように読み取っていただきたい。

補注二

本稿執筆時には判断を下せずに言及しなかったが、実はあの『魏志倭人伝』にも「妬忌」という語が記されている。それは「其の俗、國の大人は皆四、五婦、下戸も或いは二、三婦、婦人淫せず、妬忌せず、盗竊せず、諍訟少なし」という倭の風俗を紹介した記述部分で、「淫」「盗竊」などと併記されている。本文にも記したように、おそらく中国社会では漢代には「七出」に相当する観念が成立していたと考えてよく、この記述もその傍証として理解できるだろう。それが倭の風俗として否定的に紹介されている。本書では、これまで律令の家族法分野を分析してきたわけだが、その主旨である双方的社会としての古代日本を想定できるならば、この記述は一定程度信頼できると考えてよいだろう。なぜならば、双方的社会としての古代日本では、三世紀頃でも男女格差は小さく妻の自立性も強く、したがって、妻側からの「嫉妬（妬忌）」はそれほど強いものではなかったと推定できるからである。

補論四　律令の休暇制度について

はじめに

律令における官人の休暇に関する研究は山田英雄、丸山裕美子両氏のものがあるのみで[1]、現時点で十分な共通認識が得られているとは言い難い。そこで、本稿ではその基礎的作業として諸規定に対し網羅的に検討を加え、その後、唐制との比較を行い、さらに正倉院文書に残されている写経生たちの休暇申請書を分析し、その実態に迫ってみたいと考える。

一　養老令の諸規定

まず、養老假寧令の主だった休暇規定をすべて掲げてみる。

A　凡在京諸司。毎㆓六日㆒。並給㆓休假一日㆒。中務。宮内。供奉諸司。及五衛府。別給㆓假五日㆒。不㆑依㆓百官之例㆒。五月八月給㆓田假㆒。分為㆓両番㆒。各十五日。其風土異㆑宜。種収不㆑等。通随㆑便給。外官不㆑在㆓此限㆒。

（給休假条）

B　凡文武官長上者。父母在二畿外一。三年一給二定省假卅日一。除レ程。若已経レ還レ家者。計二還後年一給。（定省假条）

C　凡職事官。遭二父母喪一。並解官。自余皆給レ假。夫及祖父母。養父母。外祖父母卅日。三月服二十日。一月服十日。七日服三日。（職事官条）

D　凡改葬。一年服給二假廿日一。五月服十日。三月服七日。一月服三日。七日服一日。（改葬条）

E　凡聞レ喪挙哀。其假減半。有二乗日一者。入二假限一。（聞喪条）

F　凡請レ假。五衛府五位以上。給二三日一。京官三位以上。給二五日一。五位以上。給二十日一。以外。及欲レ出二畿外一奏聞。其非レ応レ奏。及六位以下。皆本司判給。応二須奏一者。並官申聞。（請假条）

G　凡外官任訖。給二装束假一。近国廿日。中国卅日。遠国四十日。並除レ程。其假内欲レ赴レ任者聴之。若有レ事須二早遣一者。不レ用二此令一。旧人代至亦准レ此。若旧人見有二田苗一。応レ待二収獲一者。待二収獲訖一遣還。（外官任訖条）

これら以外に、夭折した者の服喪について規定した無服殤条、師の喪に対する休暇を規定した師経受業条、喪の際の往復の日程について規定した給喪葬条、喪假給与を規定した給喪假条、外官および使人の挙哀を規定した外官聞喪条などもあるが、ここでは省略に従いたい。

では、これらの休暇規定について簡単にまとめておくと、

A　在京の諸司には「六假」（六日に一日の休暇、ただし供奉の諸司などには一度に五日の休暇）や「田假」が与えられること

B　文武の長上官には「定省假」（遠隔地の親を訪問するための休暇）が与えられること

C　職事官の親族に喪が発生した際、その親疎により官を解かれたり、休暇（「喪假」）が与えられること

D　死者を改葬する際に休暇（「改葬假」）が与えられること

E　親族の死亡が遠隔地で発生した際、「喪假」の半分の挙哀のための休暇（「挙哀假」）が与えられること

F　五衛府の五位以上および京官に特別な事情による休暇（「請假」）が与えられること

G　外官に赴任する際に、その準備のための休暇（「装束假」）が与えられること

などとなり、その大半は唐令に準じていると考えられる。

さらに各規定を詳しく見ていくと、Aは在京の諸司に与えられる定期的な休暇で、「六假」とは各月の六日、一二日、一八日、二四日、晦日であったことがすでに解明されている。[2] また、「田假」は農繁休暇のことで、学令、放田假条にみえる「授衣假」も収穫期の休暇で基本的には同一のものと考えてよいだろう。[3] そして、この規定がどの範囲の官人までに適用されるのかは今一つ明瞭ではないが、本条の集解が引く朱説は「在京諸司者。未レ知。主典以上歟。若史生使部等皆同不。答。主典以上耳。史生以下上番十五日内不レ給二假日一。」「五月八月給二田假一者。未レ知。此史生使部等皆同不。答。不レ可レ給者。」などと説き、長上官以上に限定している。そもそも選叙令職事

官患解条の集解には「於二分番一者。无レ有二假日一者。是法所レ立也。」（令釈）とあり、分番には休暇（ここでは「六假」をいう）は与えられないとし、後述する正倉院文書にある写経生の請暇解などを見ても、朱説の解釈通りであったことが確認できよう。

しかし、令にはほかにも定期的な休暇について次のような規定がある。

① 右諸司掌以上。皆為二職事一。自余為二散事一。各毎二半月一。給二沐假三日一。其考叙法式。一准二長上之例一。東宮々人。及嬪以上女竪准レ此。（後宮職員令）

② 凡学生。先読二経文一。通熟。然後講レ義。毎レ旬放二一日休假一。々前一日。博士考試。（以下略）（学令、先読経文条）

③ 凡防人在レ防。十日放二一日休假一。病者皆給二医薬一。遣二火内一人一。専令二将養一。（軍防令、休假条）

④ 凡流徒罪居作者。皆着二鈦若盤枷一。有レ病聴レ脱。不レ得レ着レ巾。毎レ旬給二假一日一。不レ得レ出二所レ役之院一。患假者陪レ日。役満逓二送本属一。（獄令、流徒罪条）

⑤ 凡官戸奴婢者。毎レ旬放二休假一日一。父母喪者。給二假卅日一。産後十五日。其懐妊及有二三歳以下男女一者。並従二軽役一。（雑令、放休假条）

①は女官に与えられる半月毎に三日の休暇で他とは異なるが、②～⑤はすべて十日毎に一日の休暇（「旬假」）で共通している。与えられる対象は②では大学、国学の学生だが、假寧令給休假条集解には「休假釋見二学令一。其大学典薬等博士與二学生一同。」（令釈）「其諸儒與二学生一同。」（古記）とあり、学生を教授する諸博士も同様であった（ただし、義解は諸博士も「六假」が与えられると解釈する）。③では防人に与えられ、④では流罪、徒罪に服している罪人に与えられ、⑤では官戸や奴婢に与えられるのである。つまり、「旬假」が与えられるのは、②の諸博士を除くと通常の官人ではないのである。

ここで想起されるのが書紀、持統三年四月己酉条の「詔、諸司仕丁、一月放二假四日一」という記事である。様々な雑役に奉仕していたであろう仕丁に、一月に四日の休暇が与えられたのである（一括してか分散してかは不明）。一月に四日という休暇日数は「六假」「旬假」のいずれにも当たらないが、仕丁の身分は③の防人と同様なので、持統三年四月（浄御原令施行の直前）の時点において養老令（大宝令もほぼ同様）に規定された「旬假」に相当する休暇が仕丁に与えられていたと推定してよいだろう。ところが、養老令に仕丁の休暇が明記されていないことから考えると、これは浄御原令段階の特別な規定であったのかもしれない。

以上のように、養老令の定期的な休暇には「六假」「旬假」の二系統が存在していたわけで、この形態については先学もすでに議論されているが、詳しくは第二節の唐令との比較の中で述べることとしたい。

次に、Bの「定省假」についての集解諸説をみると、いずれも『礼記』曲礼上の「昏定晨省」（親に対する朝夕の礼の一環としての子の行為）[4]という文言の引用のうえ解釈されていることから分かるように、儒教の「孝」観念と密接なものであり、古代日本の実態に即したものとは考えられないだろう。またBの規定対象は文武の長上官であり、給休假条集解の朱説を採ればAとほぼ同一と考えてよいだろう。

C、D、Eの「喪假」「改葬假」「挙哀假」は一括して扱うこととする。なぜかといえば、Cの職事官条の集解諸説は「分番遭二父母及餘親喪一者。解官并給レ假。並皆同二職事一。」（義解）「番官不レ解者非。」（令釈或説）「喪為二父母一並解官。自餘皆給レ假。謂長上分番並同。」（古記）などと述べ、交替勤務の番上官まで規定の対象としている点で共通しており、またEはCの規定を前提としたものであり、Dも同様に考えられるからである。つまり、これら三者（親族の死に遭遇した際のいわば不定期な休暇）の規定対象はいわゆる正規の官人だけではなく、番上官という下級官人も含まれていたと考えられるのである。これはA、Bとは大いに異なり、留意しなければならない。また、外官聞喪条の義解によれば「謂。假日之内。仍得レ居二館舍一。」とあり、あるいは外官にも「挙哀假」が与えられたと考えてよいかもしれない。さらに、軍防令、衛士下日条によると、分番奉仕の衛士はたとえ父母の喪に遭ったとしても帰郷は許されなかったが、上番中には「旬假」が与えられた、いわば長上奉仕の防人には、『日本霊異記』中巻、第三話（防人が同行の母を殺し、その喪のための帰郷を図ろうとした説話）より、親族の喪による一定の休暇が認められていたと推定できよう。

Fの「請假」は各人の特別な事情による臨時の休暇で、集解諸説は「此條與二上在京諸司條一。義不二相渉一也。」（令釈）、「問。此條為レ請レ給二諸假一立レ例。未レ知。初條。諸司毎二六日一並給二休假一日一請不。答。不レ為レ請也。以外皆為レ請也。問。中務以下衛府以上。不レ依二百官之例一。別給二假五日一。未レ知。為レ請以不。答。為レ請入二此條一也。」（古記）と説き、Aの「六假」以外の休暇はすべて各官人がその事情を申請せねばならなかったようである。したがって、その対象は長上官、番上官ともに含まれると推論できよう。学令、請假条にも学生に与えられる「請假」の規定がみえるが、義解は「其休假及田衣等假。不レ在二此限一。」と述べているのに対し、古記は「請レ假。謂二田假并種々私假等一。毎旬假者非。」と解していることから、義解と古記の解釈は異なり、古記の解釈ならば假寧令と同一といえるが、義解は「田假」を含む点で異なっている。Gの「装束假」は京官が外官に任じられて、任地に赴任するまでの準備のために与えられた休暇で、外官に適用されるものではない。

このように令における休暇規定では、まず定期的な休暇である「六假」「田假」（「装束假」も含めてよいかもしれない）は在京の長上官を対象としていたと理解できるのに対し、「旬假」は通常の官人ではなく、官僚予備軍としての学生、防人としての公民、服役中の罪人、官戸・奴婢などに与えられていたと考えられる。次に、不定期な「喪假」「改葬假」「挙哀假」「請假」などは必ずしも在京の長上官、学生のみに対象が限られるものではなく、番上官あるいは外官（おそらく「挙哀假」のみか）、防人（おそらく「喪假」のみか）までも含まれていた可能性を考えてよいだろう。

つまり、「六假」「旬假」という二系統の定期的な休暇は、無原則に混在していたのではなく、それが与えられる階層によって区分されていたと考えるのが妥当な理解であり、一方、不定期な休暇は申請が認められれば、下級の官人（番上官）あるいは外官、さらには遠隔地での長上奉仕の防人にまで与えられる可能性があったと理解できよう。こうした休暇規定の構造を考慮しながら、次節の考察に移ることとしたい。

二　日唐令の比較

ここでも休暇に関連した、養老令と異なる唐、假寧令の主な条文をすべて掲げてみる(5)。

はじめに、假寧令全体について補足しておくと、養老令Dの「改葬假」は唐令にもあったと推定されており、

Eの「挙哀假」、Gの「装束假」を規定した条文はともに唐令として復元されており、養老令との異同もさしてない。またこれら以外の条文にも大きな異同はない。したがって、ここに掲げたものは両者間の相違が顕著なもののみで、すなわち、アルファベットの小文字で表記した条文は養老令のそれに対応しつつ大きな相違があり、片仮名で表記したそれは養老令には全く見られないもの、ということである。

a　諸元日・冬至並給二假七日一。（節前三日、節後三日）寒食通清明、給二假四日一。八月十五日(6)・夏至及臘各三日。（節前一日、節後一日）正月七日・十五日・晦日・春秋二社・二月八日・三月三日・四月八日・五月五日・三伏・七月七日・十五日・九月九日・十月一日・立春・春分・立秋・秋分・立夏・立冬、及毎レ月旬、並給二休假一日一。内外官、五月給二田假一、九月給二授衣假一。分為二両番一、各十五日。田假、若風土異レ宜、種収不レ等、通随給之。（開元七、二五年、假寧令一）

ア　諸百官九品、私家祔廟、除レ程、給二假五日一、四時祭祀、各給二假四日一。（並課二主祭一者）去二任所一三百里内、亦給レ程。（若在二京都一除レ祭日、仍各依二朝参一）（開元七、二五年、假寧令一五）

b　諸文武官若流外已上者、父母在二三千里外一、三年一給二定省假三十日一。五百里五年一給二拝レ墓假十五日一。並除レ程。若已經レ還レ家者、計二還後一給。其五品已上、所司勘當、於二事毎一闕者奏。不レ得二輙自奏請一。（開元七、二五年、假寧令二）

イ　諸冠、給二假三日一。五服内親冠、給二假一日一。並不レ給レ程。（開元七、二五年、假寧令三）

ウ　諸婚、給二假九日一。除レ程。周親婚嫁五日、大功三日、小功已下一日。並不レ給レ程。周以下無レ主者、百里内除レ程。（開元七、二五年、假寧令四）

c1　諸喪、斬衰三年、齊衰三年、齊衰杖朞、為二人後一者、為二其父母一並解官。（勳官不レ解）申二其心喪一。諸軍校尉以下、衛士防人以上、及親・勲・翊衛備身、假給二一百日一。父卒母嫁、及出妻之子、為二父後一者、雖レ不レ服、亦申二心喪一。其継母改嫁、及父為二長子一、夫為レ妻、並不二解官一。假同二齊衰一。（開元七年、假寧令五）

c2　諸齊衰・周、給二假三十日一、葬五日、除服三日。齊衰三月・五月、大功九月、竝給二假二十日一、葬三日、除服二日。小功五月、給二假十五日一、葬二日、除服一日。緦麻三月、給二假七日一、出降者三日、葬及除服各一日。（開元七、二五年、假寧令六）

エ　諸私忌日、給二假一日一。忌前之夕聴レ還。（開元七、二五年、假寧令一二）

f　五品已上、請レ假出レ境、皆吏部奏聞。（開元七年、假寧令一三）

オ　諸本服周親已上、疾病危篤、遠行久別、及諸急難、並量給レ假。（開元二五年、假寧令一六）

では、日唐令の相違について分析を始めることとする。まずaが養老令のそれと相違することについては、すでに山田、丸山両氏が次の諸点に注目されている。すなわち、唐令は定期的な休暇が「旬假」であったこと、節日の休暇（「節假」）がかなり多く規定されていること、「田假」の対象が内外の官人であったことの三点である。第一点について、中国でも漢から晋までは「六假」であったが、唐令では「旬假」に変更されており（もっとも「六假」と「旬假」の関係は実際にはこれほど単純ではなく、複雑に錯綜して存在していたことを丸山氏が詳しく述べられている(7)）、この変更がいつ行われたのかについて両氏の見解は異なっている。つまり、山田氏は『隋書』礼儀志の記述を根拠として後斉、隋の時期に変更が行われたと解されるのに対し、丸山氏は『唐会要』巻八二休假の記述を根拠として永徽三年と考えられるのである。

この問題を考える前に、やはり假寧令以外の定期的な休暇規定を見ておこう。

②諸学生、先読二経文一通熟、然後授レ文講レ義。毎レ旬放二一日休假一。假前一日。博士考試。（以下略）

（開元七、二五年、学令六）

④諸流徒罪居作者。皆著レ鉗。若無レ鉗者、著二盤枷一。病及有レ保者聴レ脱。不レ得レ著二巾帯一。毎レ旬給二假一日一。臘・寒食各給二二日一。不レ得レ出二所レ役之院一。患假者陪レ日。役満逓二送本属一。

（開元三、七、二五年、獄官令一八）

⑤諸官戸・奴婢、元日・冬至・寒食、放二三日假一。産後及父母喪・婚、放二一月一。聞二親喪一放二七日一。

（開元七年、雑令二四）

養老令との差異を確認しておくと、唐令では①に対応する条文は確認できず、③の軍防令に関しては現在のところ復旧されていないが、存在した可能性も推定されている。[8]また、②は養老令と大差ないが、④は臘・寒食という「節假」が加えられており、⑤は「旬假」が削除されている代わりに、元日・冬至・寒食という「節假」や婚姻による「婚假」、親族の喪などによる「喪假」が加えられている。これらの相違について、「節假」の存在に関しては唐令のみに確認でき、養老令全体が継受していないことより理解できるが、⑤の「旬假」の削除および婚姻、親族の喪などによる「婚假」、「喪假」の添加については留意しておきたい。そして唐、假寧令の定期的な休暇との差は、②は「節假」が削除されていること、④も「節假」が削減されていること、⑤は「旬假」が削除された上に「節假」も削減されていること、などである。したがって、假寧令に規定されている内外の官人の定期的な休暇とは異なっており、唐令にも階層差による休暇日数の相違があったといえるだろう。

さて、先ほどの問題に対し明快な解答が準備できているわけではないが、そもそも唐令での「六假」から「旬假」への変更はやや理解し難い。官人の仕事量が時代が下るにつれ増大していったとは考えられるが、「旬假」への変更は「節假」が別途多数設けられたことと関連するのではなかろうか（「節假」を加えた唐令の休暇総日数は、「六假」などが基本で「節假」を継受していない養老令の休暇日数よりも多くなることなどより）。もちろん漢代にも冬至、夏至、伏日のなどの「節假」はすでに設定されていたようだが、[9]唐令のように多種多数ではなかった。したがって、「節假」の拡充がいつの時点で行われたのかが肝要だと考えるが、それを明確にする資料は未だ確認できない。

結局、現状では山田、丸山両氏のいずれの説に左袒するべきか判断を保留せざるを得ないが、唐令では内外の官人が「旬假」、「節假」ともに与えられていたのに対し、学生、服役中の罪人、官戸・奴婢などではいずれかの休暇が削除あるいは削減されているのと同様に、日本令でも先に指摘したとおり、階層の相違により「六假」と

「旬假」に区分されていたことに注目したい。つまり、唐制では「旬假」が基本となり、階層の相違により「節假」を調整することで休暇日数を変更したと考えられるが、日本では数多くの「節假」をすべて削除する一方で、長上官（外官は除く）には「六假」が、学生や防人、服役中の罪人、官戸・奴婢などには「旬假」がそれぞれ与えられ、番上官にはおそらく定期的な休暇は与えられなかったのであろう。したがって、「六假」が先行して存在し、その後、唐の影響を受けて「旬假」が導入されたとは必ずしもいえず、休暇制度を継受した際、唐制に倣って階層差により二系統に分けて受容したと考えられないではない（もちろん「旬假」以外に「六假」を承知しているのが前提となるが）。そしてその時点は、仕丁の休暇記事から少なくとも浄御原令段階にまで溯ることは可能であろう。

第二点の多数の「節假」については、すでに丸山氏の詳細な研究があるのでそれに譲り、第三点の「田假」（前項で規定している「節假」、「旬假」も含めてよいか）の対象が唐では内外の官人であったのが、養老令では在京の諸司であったことの相違について考えるが、ここでも先学両氏の見解は分かれている。すなわち、山田氏は「京官のみの優遇を意図している」と述べられるのに対し、丸山氏は「唐制に倣った官僚制乃至政務運営の制度が透徹する範囲が、令を継受した時点の日本では在京諸司に限られていたことを示しているのではないか」と述べられるのである。いずれをよしとするのか決定的な根拠はないが、律令制そのものが中央集権制と不可分なものであり、中央の律令政府の意思を体現する国司がかなり早い時期から地方に派遣され、しかも外官と位置づけられていることを考慮すれば、丸山氏のようには評価し難いであろう。また、国司にも赴任する時点で「装束假」が与えられることを勘案すれば、一切の休暇規定から除外されている郡司とは明らかに異なっている。したがって、国司を含む中央の官人と在地首長である郡司とは、休暇制度においても異質の論理がそれぞれ適用されていると考えられよう。ただ、それが京官の優遇といえるのか否かは少々慎重にならざるを得ない。

次にbの相違について。先に指摘したように、「定省假」は儒教の「孝」観念と密接に関係したものと考えられるが、唐令の規定はより細かくなっており、第二項として「五百里五年一給㆓拝㆑墓假十五日㆒」の文言が加えられている。つまり、官人の父母が都から五百里離れていると、五年に一度の墓参のための休暇が与えられるのである。しかも流外官という下級の官人までがその対象に含まれる。これを養老令が削除していることからすると、「定省假」そのものだけではなく、墓参という行為も古代日本の社会生活の実態から乖離した習俗であったと考えてよいのではなかろうか。

そしてcの相違について。一見して了解できるように唐令は二つの条文にわたっており、非常に詳細な規定となっている。なかでもc1の「諸軍校尉以下、衛士防人以上、及親・勲・翊衛備身、假給㆓一百日㆒」の文言は注目される。すなわち、衛士・防人は府兵制によって徴集された公民であり、親・勲・翊衛備身は父祖の蔭を有する貴族の子弟であり、それぞれ「喪假」として一百日が与えられるなら、第一項の規定対象はおそらく内外の官人であったと推定できよう。つまり、本条（c2も含む）の規定はかなり幅広い対象を想定することができ、これは先に述べた養老令の規定に対応するものと考えてよいだろう。ただし、さきの文言は開元二五年令の復元案では削除されている。また親子関係を服制に基づき細かく類型化し、「心喪」という喪服を着けずに心の中で喪に服する形式まで規定している。一方、c2では五服制の親疎に基づき、「葬（儀）」や「除服」（忌み明け）に要する日数をも規定している。このように唐令は、養老令の規定に比べれば遥かに詳しい規定となっており、この背後に中国の伝統的な「礼」の存在を想定するのは容易だろう。ちなみに、喪服は五礼のうちの凶礼に当たる。[10]

最後にfの相違についてだが、復元されている唐令は一部に過ぎず、むしろオのような規定があったとも考えられよう。いずれにせよ、十分な比較の対象とは言い難い。

ところで、ここまで唐の開元七、二五年令と養老令を直接比較してきたが、この方法は本来意味をなさず、唐の永徽令を復元し、その上で養老令と比較しなければならない。しかし、現状では永徽令を正確に復元するのはほとんど不可能であり、したがって、無謀を承知で従前の方法を採ってきたのである。もっとも、先に掲げた諸条文以外は開元令と養老令とが大差ないことから、永徽令も大差ないものと推論できる。またaの「節假」はすでに漢代にみえ、「旬假」も隋代からの可能性もあり、「田假」は養老令に確認できることなどにより、永徽令の本条も開元令とほぼ同様であったと推定できよう。bの「定省假」も中国古来の儒教の「孝」観念に基づくものであり、永徽令だけ異なっていたと推論する余地はおそらく少ないだろう。cの「喪假」も五礼の一つである凶礼に関連するものであり、やはり同様に考えられよう。したがって、大勢として永徽令も開元令とほぼ同様の規定が設けられていたと考えてよく、これまでの方法も大きな誤りではないといえるのではなかろうか。

さて、以上のようにa、b、cの条文の日唐の相違について述べてきたが、これら以上に注目しなければならないのが、ア～エの特定の休暇規定が唐、開元令のみに見えることである。養老令の規定から推論すると、唐制でもおそらくこれらの休暇については各人がそれぞれ申請をしたと考えられ、「請假」の中に含まれるのであろう。これらの規定について、以下に詳しく考えてみたい。

まず、アの「私家祔廟」と「四時祭祀（『唐六典』では「四時祭」）」について。『大漢和辞典』巻八によると「祔」とは、「亡き親の霊を祖廟に合せまつること。」「新たに祖廟にあはせ祭った祖先。」とあり、さらに「死三日而殯、三月而葬、遂卒哭、云云、明日以二其班一祔」（『儀礼』士虞礼）、「祔、祖也。（注）祔、付也、付二新死者於祖廟一。」（『爾雅』釈詁）をそれぞれ引用している。これによれば、「私家祔廟」とは各家の祖先を祭る廟に親などの霊を合祀することであり、要するに祖先祭祀の一つの行事と解することができる。また、「四時祭祀」とは、『礼記』王制では「天子・諸侯宗廟之祭、春曰レ礿、夏曰レ禘、秋曰レ嘗、冬曰レ烝。」と、『爾雅』釈天では「春祭曰レ祠、夏祭曰レ礿、秋祭曰レ嘗、冬祭曰レ烝。」とあり、表記に若干の違いはあるが、四季毎に行う宗廟祭祀のことである。その実態については後漢の『四民月令』[11]に一端がうかがえ、年に七回もの祖先祭祀が行われている。つまり、両者とも各家の祖先祭祀の行事であり、九品以上の官人にそれぞれ五日と各四日の休暇が与えられるのである。そして『開元礼』（巻一四〇　凶礼　三品以上喪之三など）によれば「私家祔廟」は五礼のうちの凶礼に含まれ、一方「四時祭祀」は吉礼に含まれると理解できる。

イの「冠」とは冠礼すなわち男子の成人儀礼のことで、中国古来の伝統的な通過儀礼であり、「冠礼の関係者には、君・郷大夫・郷先生・賓等、同族以外の人々を含み、これなくしては冠礼は完成せず、この意味においては冠礼は家族或いは宗族の範囲を越えた社会的な行事であるともいうことができ、また兄弟や姑姉など広く『親戚』もこれに関係するが、しかしその主人となるのは冠者の父であり、母もまた冠礼において重要な役割を演ずるという意味において強い家族的行事の色彩をもつことが注意される」といわれるもので[12]、ここではおそらく子に対して冠礼を行えば三日の休暇、五服内の親族が行えば一日の休暇が、それぞれ与えられるのであろう。そして古くから冠礼は五礼のうちの嘉礼に含まれるものである。

ウの「婚」とは言うまでもなく婚礼のことで、嫁取り婚が早くから定着していた中国の社会的儀礼の一つであり、『礼記』昏儀には「昏礼者、将下合二二姓之好一、上以事二宗廟一、而下以継中後世上也。故君子重レ之。」とあり、古くから重んじられていた。そして婚姻当事者の双方の父（祖父）が主婚となって婚礼を取り仕切り、「冠礼同様に家族的行事の色彩が強い」とされている[13]。与えられる休暇日数は冠礼に比べるとやや多く、しかも親疎による区分が細やかである。また先に指摘したとおり、「婚假」は官戸・奴婢などにも与えられていた。そして婚礼も五礼のうちの嘉礼に含まれるものである。

エの「私忌日」は『唐律疏議』の雑律第二条にも「諸国忌廃レ務日作レ楽者、杖一百。私忌、減二二等一。」とあり、疏は何代の祖までを対象とするのか明らかにしないが、国忌が廃務の日に限られることから、私忌も給假の日すなわち父母の忌日のみとなろう[14]。この規定を養老律の逸文では確認できるが、令では継受していないのである。律と令とのこの齟齬は理解に苦しむが、一般的に言われるように律の方が唐制をそのまま継受するケースが多く、雑律第二条もその一例なのであろうか。もちろん、唐の律令は開元期のものだが、『礼記』祭儀には「君子有二終身之喪一、忌日之謂也。忌日不レ用、非二不祥一也。言四夫日、志有レ所レ至、而不三敢尽二其私一也。」とあり、親の命日である忌日には悲しみを新たにして何事も行うべきではないとし、凶礼に含まれるものである。また「国忌」の規定は日本令に確認できることから永徽令に遡ることができ、伝統的な儒教の「孝」観念から皇帝の忌日である「国忌」が拡大される形で「私忌」として定着したと推論できる。ゆえに、「私忌（日）」に関する規定が永徽の律令にもあったと推定できよう。もっとも、『唐会要』巻八二、休假には「永徽四年五月二十一日勅、高祖大武皇帝既開二洪業一、不レ可レ限以二常礼一、忌日特宜二廃務一。」と永徽令頒布後の勅が記されるので、あるいは永徽令には「忌日」に関する規定がなかった可能性もある。いずれにせよ、先述したように「定省假」のなかに「墓参」が含まれるなど、「孝」の観念が色濃く影を落とす唐の制度にあって、「私忌（日）」を全面的に否定することはできず、したがって、「私忌（日）」による休暇規定の有無は日唐令の相違の一つとして認定できるのではないだろうか。

このように、ア～エの休暇規定は開元令のものだが、各行事はいずれも漢代に設定された五礼に関連するものと考えられ、古い伝統を持つ。ならば、唐初の永徽令にも同様の規定があったと推論することは大いに可能であろう（『開元礼』に先行するものとして唐初には『貞観礼』『顕慶礼』などもすでに編纂されており、唐代全般を通じて礼制の整備が行われたことも傍証となろう(15)。ところが、これらを日本令は全く継受していないのである。大いに着目しなければならない相違であろう。

以上のような日唐の休暇規定の相違をまとめると、次のようになろう。はじめに、ほぼ同一の内容ながら明瞭な差異が認められるＡa、Ｂb、Ｃcの三条については、

・唐制の「旬假」「節假」という定期的な休暇のうち、日本令では「節假」は受容せず、「旬假」を「六假」に変えて継受したこと

・「旬假」「節假」という定期的な休暇が唐では内外の官人に与えられたのに対し、日本令では在京の官司だけに限定されたこと

・階層に応じて「節假」を調整し、休暇総日数を変更する唐のシステムを日本令も継受したが、「六假」と「旬假」の二系統に整理し、受容したこと

・唐制の不定期な休暇である「定省假」について日本令は一応受容したが、おそらくその実態を伴っていなかったであろうと考えられること

・唐制の不定期な休暇である「喪假」は詳細に規定されていたが、日本令はかなり簡略化して受容していること

・唐制の「請假」などの不定期な休暇は、日本令の規定より推論して番上官にも与えられたと考えられること

の六点を指摘できる。

また、唐令にあって日本令では全く削除されているア〜エについては、

・唐制の吉礼（あるいは凶礼）に関連する祖先祭祀についての休暇、嘉礼に関連する冠礼と婚礼についての休暇、および凶礼に関連する忌日についての休暇などが、日本令では全く規定されていないこと、したがって、祖先

祭祀、冠礼や婚礼、忌日に行われる一定の行事などが古代日本社会において定着していなかった可能性を推定できること

とまとめることができよう。

これら七点の異同を確認して、日本における下級官人の休暇実態を正倉院文書に多数存在する請暇解を素材に分析していきたい。

三　正倉院文書の分析

正倉院文書には「写経司解案」(『大日本古文書』二四―一一六)という著名な文書がある。これは写経生たちの待遇改善を六項目に分けて要求したもので、そのなかに毎月五日の休暇を求めている一項がある。したがって、写経生たちには定期的な休暇である「六假」は与えられておらず、第一節で述べたように假寧令、給休假条の集解が引く朱説の解釈が妥当と判断できる。また、その勤務および休暇の実態については栄原永遠男氏がすでに明らかにされており、それによると年末・年始には一定の休暇が与えられていたが、劣悪な労働環境の中で過酷な勤務を強いられていたようである。[16] つまり、写経生たちには年末・年始の休暇以外に定期的な休暇は与えられておらず、必要が生ずれば各自がその事情を記して請求する「請假」が唯一の休暇であったということになる。

では、請暇解を詳しく見ていくが、全体の状況はやはり栄原氏が休暇申請理由による表を作成されているので、ここでは「請假」「喪假」などに関連するであろう親族の死亡や神事・仏事などの祭礼が理由とされた文書を中心に分析することとする。その作業に入る前に、冠礼や婚礼による休暇が全く申請されていないことに注意してお

きたい。この事実により、冠礼や婚礼は令文において削除されただけではなく、実態としても古代日本にあって社会的儀礼（通過儀礼）として定着していなかったと結論できるのではないだろうか。

さて、休暇申請理由のうちの親族の死（「喪假」に相当する）一二例と神事・仏事などの祭礼（唐令の「私家祔廟」「四時祭祀」「私忌日」などによる「請假」に相当するか）一三例の一覧を示す。まず、親族の死による休暇申請の一覧表は次の通りである。

申請者名	死去した親族	休暇日数	年月日	大日本古文書における所在
史戸赤麻呂	姑	三日	天平宝字四年九月一八日	四―四三一
賀茂馬養	親父	不明	天平宝字五年二月二七日	四―四九四
丸部豊成	兄	一〇日	神護景雲四年八月一五日	六―八三
音太部野上	伯	七日	宝亀二年二月二日	六―一一六
丸部大人	男	一四日	宝亀二年二月一〇日	六―一一七
高大麻呂	従母	一〇（七）日	宝亀二年閏三月一八日	六―一六五
足奈公麻呂	姑	五日	宝亀二年四月一三日	六―一七〇
巨勢村国	男	四日	天平宝字五年二月一三日	一五―九九
弓削伯麻呂	後父	不明	天平宝字七年五月一八日?	一六―三八四
大宅童子	妹	一二日	不詳	一七―五六一
八木宮主	家内人	七日	宝亀二年四月一七日	一八―四六九
荊国足	妻之兄	不明	宝亀三年八月二一日	二〇―五四

内訳は直系親族四例、傍系親族六例、姻族一例、不詳一例となるが、申請している休暇日数に假寧令、職事官条のような親等差による整然とした序列は認められない。たとえば、巨勢村国解では男（子）の死去による休暇を

四日間申請しているが、丸部豊成解では兄の死去による休暇を一〇日間も申請しているのである。といっても、全体の傾向としてやはり兄妹などの近親者の死去による休暇がより長いのは明らかであろう。

次に、神事・仏事などの祭礼が休暇申請の理由とされている二三例の一覧を掲げる。

申請者名	申請理由	休暇日数	年月日	大日本古文書における所在
高橋息島	私可斎食為	三日	天平宝字四年一〇月二二日	四—四四五
巨勢村国	依私斎食設	三日	天平宝字四年一二月一三日	四—四五八
韓国毛人	縁親母服関斎食	五日	天平宝字五年正月一九日	四—四八六
三嶋縣主百兄	以去年二月二七日百兄男死亡、欲為斎食	五日	天平宝字五年二月二三日	四—四九四
安宿廣成	為私斎食	一〇日	宝亀二年二月一四日	六—一一七
土師守山	為斎食	四日	宝亀二年三月一〇日	六—一二七
物部道成	為奉知識悔過	三日	宝亀二年閏三月六日	六—一六一
八木宮主	為祠祀	五日	宝亀二年四月一〇日	六—一六九
氏部小勝	為私神祀奉	三日	宝亀二年四月一一日	六—一六九
安宿廣成	為私神祭祀	三日	宝亀二年四月一五日	六—一七一
不詳	欲鴨大神又氏神祭奉	二日	宝亀二年四月一三日?	六—一七一
物部道成	為奉御燈	六日	宝亀三年九月一日	六—三九六
美努石成	依可私氏神奉	五日	宝亀三年一〇月二八日	六—四〇七
粟田君足	依可奉御油期日	一日	天平宝字二年九月二五日	一四—一七七
小治田弟成	斎食可為	三日	天平宝字五年正月二〇日?	一五—九〇
韓国千村	縁祖母服関斎食	二(三)日	天平宝字五年正月二一日	一五—九一
三尾子牛甘	為私祖母欲斎会	二日	天平宝字五年二月二一日	一五—一〇〇

占部忍男	依菩薩御油可奉	二日	宝亀元年一一月七日	一七―五五七
長江田越麻呂	縁応斎食	三日	神護景雲四年七月一四日	一七―五七〇
岡大津	為書一切経籤	四日	宝亀二年三月九日	一七―五九六
若倭部益国	三宝為供養	二日	宝亀二年三月五日	一七―五九八
三嶋子公	為私祭礼	二日	宝亀元年一一月二五日	一七―六〇六
荊国足	縁私経奉写	不明	宝亀三年八月二一日	二〇―五四

大別すると仏事（「斎食」や「知識悔過」など）が一七例、神事（「私神祭祀」「氏神祭奉」など）が六例となるが、興味深い事例がいくつか確認できる。たとえば、三嶋縣主百兄解では申請理由に「以二去年二月二七日一百兄男死亡、欲レ為二斎食一」とあり、男（子）の一周忌の法事として休暇を申請していると考えられ、これは唐令の「私忌日」に相当するといえるのではないだろうか。また韓国毛人解および韓国千村解ではそれぞれ「縁二親母服闋斎食一」「縁二祖母服闋斎食一」とあり、母および祖母の「服闋」、すなわち忌み明けによる法要を親子で行っているのが了解でき、三尾子牛甘解では「為二私祖母一欲二斎会一」とあり、やはり祖母の供養のために斎会を催そうとしている。このように、奈良時代後半期の都周辺では死者供養としての仏事がかなり広範に浸透していたのではないかと推定できる。さらに平安初期になると、『日本霊異記』の説話群に豊富な仏事関係の資料が存在する。

一方、氏名不詳の解（宝亀二年四月一三日か）では、「欲二鴨大神又氏神祭奉一」とあり、また美努石成解でも「依レ可二私氏神奉一」とあり、それぞれ「氏神」を奉祀していることも明らかである。ただし、現状では通説のように「氏神」祭祀＝祖先祭祀が日本に古くから成立していたとはいえず、中国の祖先祭祀の影響を受け、日本在来の祭祀が変質し、祖先祭祀としての「氏神」祭祀が成立してくるという見解が有力となっている。[17] いずれにせよ、八世紀後半での「氏神」祭祀は中国の祖先（宗廟）祭祀に匹敵するものと考えてよく、したがって、これらの事例は唐令の「私家祔廟」に相当するものと推定できるのではなかろうか。

さらに、二通の安宿廣成の解に目を転ずると、宝亀二年二月のものでは「為二私斎食一」とあり、仏事による休暇を申請しているのに対し、宝亀二年四月のそれでは「為二私神祭祀一」とあり、神事による休暇を申請している。同一人物がわずか二ヶ月という期間しか隔てずに仏事と神事の双方を執り行っているのである。下級官人の階層ではすでに神仏の祭礼がなんらの違和感もなく併存していたのであろうか。

以上のように、下級官人の「請假」「喪假」などによる休暇の実態を勘案すると、養老假寧令では削除されていた、唐令の「私家祔廟」や「私忌日」による休暇に当たるものが、古代日本では現実に与えられていたと考えられるのではなかろうか。ただ、これらの規定を削除した形で假寧令が八世紀初頭に制定されたことからすると、当該時点ではそのような事由による休暇は律令官人達の念頭にはあまりなく（ということは社会の実態としてもそのような行事はあまり頻繁に催されていなかったか）、時代が下るにしたがってこのような仏事、神事が古代日本社会に広く普及していった状況をこれらの請暇解が示しているとも解釈できよう。

おわりに

これまで述べてきたように、官人の休暇制度において唐制を継受する際に、日本令は与えられる階層により区分される休暇規定の二重構造はそのまま受容したが、「旬假」ではなく「六假」を中核とし「節假」は削除する、などの改変を加えた。また、冠礼や婚礼による休暇も受容されなかった。これらの事実より、節日の行事、冠礼、婚礼などはおそらく古代日本の社会的儀礼としては広く定着していなかったのではないかと推定できるのである。ただ、中国での「六假」から「旬假」への転換時点やその理由、日本令がいつの時点で（および同時かあるいは時間差があったのか）、「六假」と「旬假」を受容したのかなどを明らかにすることができず、今後の課題として残さざるを得なかった。

注

（1）山田英雄「律令官人の休日」（同著『日本古代史攷』岩波書店、一九八七年、初出は一九七八年）および丸山裕美子「仮寧令と節日」（池田温編『中国礼法と日本律令制』東方書店、一九九二年）。池田温「東亜古代仮寧制小考」もあるようだが、海外で発表されたもので未だ入手できず、参照することができなかった。ほかに、黛弘道氏による假寧令の注釈（日本思想大系『律令』岩波書店、一九七六年）がある。

（2）注1、山田論文。

（3）注1、丸山論文。

（4）詳しくは牧野巽「儀礼及び礼記における家族と宗族」（同著『牧野巽著作集　第一巻　中国家族研究（上）』御茶の水書房、一九七九年、ただし初出は一九四二年）を参照のこと。

（5）以下に引用する唐令は、仁井田陞『唐令拾遺』（東京大学出版会、復刻版　一九六四年、初版は一九三三年）、仁井田陞著・池田温編『唐令拾遺補』（東京大学出版会、一九九七年）による。

（6）池田温「天長節管見」（青木和夫先生還暦記念会編『日本古代の政治と文化』吉川弘文館、一九八七年）によれば、正しくは「八月五日」で玄宗皇帝の誕生日である天長節のことである。

（7）注1、丸山論文。

（8）菊池英夫「日唐軍制比較研究上の若干の問題」（『隋唐帝国と東アジア世界』汲古書院、一九七九年）。

（9）大庭脩「漢代官吏の勤務と休暇」（同著『秦漢法制史の研究』創文社、一九八二年）。注1、丸山論文。

（10）礼をその性質から吉・賓・軍・嘉・凶の五種類に分類する五礼は、唐代の『開元礼』『唐六典』『通典』などに多く登場するが、西晋一郎・小糸夏次郎『礼の意義と構造』（畝傍書房、一九四一年）、小島祐馬「中国古代の祭祀と礼楽」（同著『古代中国研究』平凡社、一九八八年、初出は一九四一年）、宇野精一「『周礼』に見える礼に就いて」（『宇野精一著作集　第二巻』明治書院、一九八六年、初出は一九七八年）などによると、すでに『周礼』に見え、後漢の大儒、鄭玄はその注で『周礼』本文の記載を吉礼一二、凶礼五、賓礼八、軍礼五、嘉礼六に区分し、それ以後の礼分類の基準となり、なかでも祖廟を始めとして天地山川、日月風雨、先聖先師等を祭る吉礼が最も重んじられた、という。

（11）崔寔（渡部武訳注）『四民月令』（平凡社、一九八七年）。

（12）注4、牧野論文。

（13）注4、牧野論文。

（14）『譯註日本律令　八』（東京堂出版、一九九六年）の九六、九七頁（川村康氏執筆）。

（15）その間の事情は、池田温「大唐開元禮解説」（『大唐開元禮』汲古書院、一九七二年）に詳しい。

（16）栄原永遠男「平城京住民の生活誌」（岸俊男編『日本の古代9　都城の生態』中央公論社、一九八七年）。

（17）田中久夫『祖先祭祀の研究』（弘文堂、一九七八年）、同著『氏神信仰と祖先祭祀』（名著出版、一九九一年）、義江明子『日本古代の氏の構造』（吉川弘文館、一九八六年）などを参照のこと。

あとがき

本書は、私がこれまで携わってきた日本古代史研究のおそらく最後の著書となるものだろう。早いもので、最初の著書(『日本古代の王位継承と親族』岩田書院、一九九九年)を上梓してから二〇数年という時間が経過した。この間の日本社会の歩み(というか停滞ぶり)と学界の動向を簡単に振り返っておきたい。というのも、私の研究活動は古代史研究という枠組みに閉じこもるものではなく、日本社会の動向とそれなりに関係性を取り結ぼうと意識してきたものだからである。それゆえに、第三著(『女性と穢れの歴史』塙書房、二〇〇三年)や前著(『男尊女卑』明石書店、二〇二一年)のように、特定のテーマについては日本古代史に限定したものではなく、自らの非力をも省みずに通史として執筆したわけだ。

さて、一九九九年以前からすでに始まっていたが、バブル経済が崩壊して以降「失われた三〇年」と称される日本社会の停滞(むしろ後退か)はいまも継続している。だから、社会のあらゆる分野で滞留(退行)現象がみられ、日本古代史学界もご多分に漏れないだろう。またIT化が急速に進み、大半の人々は眼前の情報洪水に押し流されないよう自己を保持するのに精一杯で、過去を振り返るなどという余裕を失い、歴史そのものを顧みることも少なくなった。さらに経済力の衰退とともに精神的にも余裕が失われ、実学重視という風潮が学問世界全体をおおい、それとは縁遠く即効性も認めにくい人文諸学は軽視されることとなった。したがって、歴史学も軽んじられ、各大学での学科再編とともに歴史学関係の講座(授業)数は減少し、当然のことながら研究者の数も減り、歴史研究そのものが冬の時代に入ってしまったかのようだ。

こうした時代状況の下、日本古代史学界では戦後第一世代の研究者たち(石母田正、井上光貞、直木孝次郎、岸俊男など）の輝かしい成果を十分に継承できず、研究レベルも低下し保守化した後進の研究者たちが存在しているように、私には思える。歴史研究の中核たる舞台と考えられていた政治・経済史の主要なテーマが先学たちによってかなりの程度解明されたゆえに、後学の徒は新たな研究分野を探索せねばならないことになる。しかし、いわゆる大化前代の研究では史・資料が僅少で、しかも王権による編纂物としての基本史料である記紀に対する、つねに有効だといえる史料批判の方法も明確には確立されていない。そのうえ、理論的な枠組みを提供していた史的唯物論も力を失ってしまった。こうした三重苦ゆえに研究が低調になるのもやむを得ないだろう。

ところが、その間隙をぬって記紀批判が十分になされないままに、まるで戦前に回帰したかのような研究が跋扈しているような一面もある。なるほど戦後の前のめりに過ぎた一部の研究状況からの揺り戻しはある意味では当然だろうが、考古資料と史料批判を加えないままに記紀の記述とを適当につなぎ合わせて、新たな古代史像を提示したなどと主張する研究は噴飯物だろう。しかも、古墳研究の基準となるべき大王（天皇）陵古墳の学術調査がいまだに行われない、という制約を抱えた現在の日本考古学には、いささか歪曲された一面もあるはずだ。このような欠陥を含んだ考古資料と記紀の表面的な記述は部分的には対応するかもしれないが、だからといってそれを数少ない論拠として三・四世紀史、五・六世紀史などが直ちに構築できるわけではない。

さらにいうと、歴史研究において考古資料は文字情報を伴わないと曖昧なものに止まってしまうおそれがあり、それを整理・分析する研究者の主観が混入することも懸念される。もちろん文字を伴った考古資料、たとえば百済の武寧王陵出土の墓誌や稲荷山古墳出土の鉄剣、また時代は下るが平城京遺跡などから出土した大量の木簡などは、非常に豊かで確実な史実を伝えてくれた。しかしながら、こうした考古資料は例外といえるほど少数で、きわめて幸運な出会いを通してしか入手できないものである。やはり文字が付随しない考古資料は補助的なものであり、基本とするべきは文字資料である記紀などの記述であろう。その史料批判なくしての研究などというのは、学問の名に値するものではなく民間の好事家の行為といわざるを得ない。

たしかに細分化した分野での研究（対外交渉史など）では見るべきものもあるが、大化前代の全体を大きく見渡した研究というものはほとんどみられない。史的唯物論が後退して以降、全体を束ねる歴史理論は生み出されず、ただ重箱の隅をつついたような「実証的」研究が山のように積み重なっているのみだ。なんとしても合理的で恒常的に有効な記紀の史料批判の方法を確立したいものである。

次に日本古代史全体に視野を広げると、女性史や家族史などの社会史研究が大きく進展したが、その多くを戦後に登場した女性研究者が担い、男性研究者はあまり関心を向けないのが現状だろう（こうした分野の研究を中心に進めてきた私のような存在は、例外としかいいようがない）。だが、このような男性研究者たちの姿勢には疑問を持たざるを得ない。男女平等の実現へ向かおうとしている現代日本社会の動向（もっとも二〇一〇年代以降の保守政権下での、この動向に対するサボタージュはかなり強力で、いまだに一定の影響力を残している）は、古代史学界ではまだまだ本物になってはいないといえるだろう。

他方、木簡学の進展・蓄積により八世紀代の詳細な行政実態が明らかにされ、儀式・儀礼研究も大きく進捗した。また古記録の読解などが進められた結果、九世紀以降の平安時代史の詳細な研究も大幅に進んだ。男性研究者の多くはこれらの分野に集まっているといえるが、時代認識がさほど変革したとはいえないだろう。

以上のような古代史研究の現状把握は、極めて偏見に満ちているとの批判もあるだろうが、高齢研究者の繰り言としてやり過ごしてもらっても構わない。ただし、こうした認識もあるということを、研究者である限りは承知しておいてほしい。

では、本書執筆の意図をあらためて述べておきたい。序章で記したように、まずは研究史の欠落を埋めるためである。だがそれ以上に意を用いたのは、現行民法の構成に準拠するように律令法を順序づけて整理、記述したことである。なぜか。それは、やはり現代的な問題意識を重視したいからである。つまり、前著『男尊女卑』で指摘したように家族法の領域における養老令の規定は、意外なことに現行民法の規定に類する面がかなりある。そのことを現行民法の各条項の配列に対応させつつ、より明らかにしたいと考えたのが、その理由だ（ただし明治民法の「家督相続」規定に対応する第六章は除く）。ただし親子規定や離婚規定などは唐令と養老令においてあまり差違がないゆえに、養老令の特性を明確に抽出するのは難しく、必ずしもその作業は十分とはいえないだろう。

また、律令法と現行民法を直接比較するのは乱暴に過ぎるが、両者の対応関係を現代の目から見るのは一定の意味があると考える。こうした態度は客観性の確保という点では疑問も生じるが、干からびた「歴史的真実」を追究し続けようとする姿勢は、ただ学問研究としての「免罪符」を誇示しているかのように思えてならない。学問研究も現実世界と恐れることなく切り結ぶ姿勢が必要だと考えるが、いかがだろうか。

たとえば相続における女性の権利を、文明化された（＝家父長制に覆われた）地域の前近代社会はほとんど認めていなかった。だが近・現代社会では女性の社会進出の結果、その権利を認めるケースが多くなり、それに伴って女性の社会的地位も高まったと理解してよいだろう。こうした経緯ゆえに、現代日本社会の大きな課題である男女平等という理念の実現に、大国・唐からの圧倒的影響にも拘わらず女性の相続権をすでに認めていた古代の律令（養老令）についての知識が何らかの形で生かせる可能性があるのではないだろうか。

同じく前近代社会の大半では、婚姻は親の意向に従うのが通常のあり方だった。それが近代化の進展とともに、男女当人の意向によるものへと変化を遂げてきた。ところが、本文で指摘したように、わが古代社会では唐の影響にも拘わらず男女当人の意向がそれなりに尊重されていたのではないかと推論できた。したがって、やはり婚姻という事象においても、古代の律令（養老令）についての知識を何らかの形で現代に生かす方策が見出せるのではないだろうか。

いずれにせよ、夫婦別姓問題などが含まれる夫婦関係の変化、親子関係の変化、婚姻率や出生率の低下、少子化・高齢化、一家（一族）単位の墓の維持や廃絶、さらには同性婚の容認など家族の実態が大きく変動し、その内実である精神面までも分析されつつある現代社会でも、遠い過去である八世紀の法規定に思いを及ぼすのは決して無駄ではないだろうと考える。もちろんその根底には、「核家族」と称される通時的・普遍的な家族形態モデルが存在しているはずである。したがって、律令法と現行民法の規定との比較からわれわれが何かを学び取ることも大いにあり得るのではないだろうか。それゆえに、今後は男性研究者も女性史や家族史などの社会史研究に積極的に参加して、女性研究者とともに未踏の分野などをどんどん開拓してほしいと切に希望するものである。

おわりに、本書の企画段階では第三著と同様、寺島正行さん（社長の白石タイ氏も）にお世話になった。現在の出版不況下で私のような在野の研究者の著書を出版するというのは、かなりの経済的リスクを抱えるはずだが、なんとか受け入れて下さった。ただただ感謝するほかない。そのうえ実際の編集作業では白石氏のお手を煩わした。深甚の謝意を表したいと思います。

二〇二四年一二月

成清弘和

事項索引

【あ行】

【か行】

【さ行】

【た行】

【な行】

【は行】

研究者名索引

成　清　弘　和（なりきよ・ひろかず）

略　歴

1951年兵庫県生まれ
早稲田大学第一文学部史学科日本史学専攻卒業
日本古代史（男女関係史、家族・親族史）専攻
大阪大学外国語学部・関西大学文学部・神戸学院大学人文学部などの非常勤講師を歴任

主要著書

『日本古代の王位継承と親族』（岩田書院、1999年）
『日本古代の家族・親族』（岩田書院、2001年）
『女性と穢れの歴史』（塙書房、2003年）
『女帝の古代史』（講談社現代新書、2005年）
『男尊女卑』（明石書店、2021年）

律《りつ》令《りょう》家《か》族《ぞく》法《ほう》の研《けん》究《きゅう》

2024年12月1日　第1版第1刷

著　者　成　清　弘　和
発行者　白　石　タ　イ

発行所　株式会社　塙　書　房
〒113-0033　東京都文京区本郷6丁目26－12
電話　03(3812)5821
FAX　03(3811)0617
振替　00100-6-8782

富士リプロ・弘伸製本

定価はケースに表示してあります。落丁本・乱丁本はお取替えいたします。

ISBN978-4-8273-1355-0 C3021